Roger Liebi

Herkunft und Entwicklung der Sprachen

Roger Liebi

Herkunft und Entwicklung der Sprachen

Linguistik contra Evolution

Die Deutsche Bibliothek
CIP-Einheitsaufnahme

Ein Titeldatensatz für diese Publikation ist bei
Der Deutschen Bibliothek erhältlich

ISBN 3-7751-4030-1
Best.-Nr. 394.030
2. Auflage 2004
Herausgegeben von der Studiengemeinschaft
Wort und Wissen e. V.

Satz: Studiengemeinschaft Wort und Wissen
Titelbild: Johannes Weiss, CH-Stäfa
Printed in Germany

Für Haniel Menachem

Als ich dieses Buch schrieb,
hast Du mich oft erfreut
durch Deine Fortschritte
im Sprechen.

Inhalt

Abkürzungen, bibliographische Hinweise und Transkriptionen

Abkürzungen der Bibelbücher

Altes Testament

Gen	Genesis (1. Mose)	Spr	Sprüche
Ex	Exodus (2. Mose)	Pred	Prediger
Lev	Levitikus (3. Mose)	Hld	Hoheslied
Num	Numeri (4. Mose)	Jes	Jesaja
Deut	Deuteronomium (5. Mose)	Jer	Jeremia
Jos	Josua	Klgl	Klagelieder
Rich	Richter	Hes	Hesekiel
Ru	Ruth	Dan	Daniel
1Sam	1. Samuel	Hos	Hosea
2Sam	2. Samuel	Joel	Joel
1Kön	1. Könige	Obd	Obadja
2Kön	2. Könige	Jon	Jona
1Chr	1. Chronika	Mi	Micha
2Chr	2. Chronika	Nah	Nahum
Esr	Esra	Hab	Habakuk
Neh	Nehemia	Zeph	Zephanja
Est	Esther	Hag	Haggai
Hi	Hiob	Sach	Sacharja
Ps	Psalmen	Mal	Maleachi

Neues Testament

Mat	Matthäus	1Tim	1. Timotheus
Mark	Markus	2Tim	2. Timotheus
Luk	Lukas	Tit	Titus
Joh	Johannes	Phlm	Philemon
Apg	Apostelgeschichte	Heb	Hebräer
Röm	Römer	Jak	Jakobus
1Kor	1. Korinther	1Pet	1. Petrus
2Kor	2. Korinther	2Pet	2. Petrus
Gal	Galater	1Joh	1. Johannes
Eph	Epheser	2Joh	2. Johannes

Phil	Philipper	3Joh	3. Johannes
Kol	Kolosser	Jud	Judas
1Thess	1. Thessalonicher	Off	Offenbarung
2Thess	2. Thessalonicher		

Allgemeine Abkürzungen

a.a.O.	am angeführten Ort
AT	Altes Testament
Bd.	Band
Bde.	Bände
d.h.	das heißt
etc.	et cetera, und so weiter
fem.	femininum
ff.	folgende
griech.	griechisch
hebr.	hebräisch
Jh.	Jahrhundert
lat.	lateinisch
m.E.	meines Erachtens
mask.	maskulinum
n. Chr.	nach Christi Geburt
neutr.	neutrum
Nr.	Nummer
NT	Neues Testament
o.J.	ohne Jahrgang, keine Jahrzahlangabe
o.O.	ohne Ortsangabe
Pers.	Person
Pl.	Plural, Mehrzahl
RL	Roger Liebi
S.	Seite/Seiten
s.	siehe
s.d.	siehe dort
Sing.	Singular, Einzahl
u.Ä.	und Ähnliches
u.a.	unter anderem
u.U.	unter Umständen
v. Chr.	vor Christi Geburt
vgl.	vergleiche
z.T.	zum Teil

Bibliographische Hinweise

Bibliographische Angaben werden wie folgt verzeichnet:

Bereits bei erstmaliger Anführung von Literatur, wird in den Fußnoten eine abgekürzte bibliographische Angabe vermerkt (in der Regel: Autor, Titel und Seitenzahlen). Die vollständigen Angaben sind alphabetisch geordnet im Literaturverzeichnis aufgeführt.

Bibelzitate

Die Bibelzitate erfolgen nach der Elberfelder-Übersetzung, Wuppertal-Elberfeld 1905, allerdings in einer durch Roger LIEBI leicht revidierten Form. Die Grundlage für das AT bildet der masoretische Text der Biblia Hebraica Stuttgartensia.[1] Im NT fand der Mehrheitstext in der Edition von ROBINSON und PIERPONT Verwendung.[2] Bei poetischen Texten wurde jeweils auf die Wiedergabe der Verszeilen geachtet.

Transkriptionen

Hebräisch und Aramäisch

In der Hebraistik hat sich bis heute keine allgemein verbindliche Transkription durchgesetzt. Deshalb habe ich in diesem Buch von der nach wie vor bestehenden Freiheit Gebrauch gemacht, eine besonders einfache Umschrift anzuwenden. Leser, die kein Hebräisch verstehen, können so die Aussprache mühelos nachvollziehen. Solche, die das Hebräische beherrschen, sind in der Lage im Allgemeinen ohne Schwierigkeiten sofort auf die dahinter liegende hebräische Schrift zurückzuschließen.

Die folgenden Angaben zur Aussprache des hebräischen bzw. aramäischen Konsonanten-Alphabets orientieren sich an der heutigen in Israel allgemein üblichen Aussprache.

1 Biblia Hebraica Stuttgartensia, 4. korrigierte Aufl., Stuttgart 1990.

2 ROBINSON, M.A./PIERPONT, W.G.: The New Testament in the Original Greek according to the Byzantine/Majority Textform, Introduction and appendix by the editors, executive editor W.D. MCBRAYER, Atlanta 1991.

Bezüglich der Vokal-Transkription ist Folgendes zu sagen: Bei den Vokalen *a, e, i, o* und *u* in der Umschrift wurde weiter nicht zwischen kurz und lang unterschieden, nicht einmal da, wo es sich lediglich um den Murmelvokal Schwa handelt. Die Vokalqualität von *e* hat in der Aussprache vielfach eine leichte Neigung hin zum *ä*.
Konsonantenverdoppelungen infolge des bestimmten Artikels wurden nicht transkribiert.

Hebräisch	*Transkription*	*Aussprache*
א	' (Aleph als nicht hörbare Lesestütze wurde nicht transkribiert)	wie der Knacklaut vor *ei* in *ent-eisen* (nicht: verreisen)
בּ	**b**	wie *b* in *Bote*
ב	**v**	wie *w* in *wir*
ג	**g**	wie *g* in *gut*
ד	**d**	wie *d* in *dieser*
ה	**h**	wie *h* in *heute*
ו	**w / o / u**	wie *w* in *wir* wie o in *wollen* wie u in *unter*
ז	**z**	stimmhaftes *z* wie in Französisch *zero*
ח	**ch**	wie *ch* in *Loch* (schweizerdeutsch ausgesprochen); oder stark gehauchtes *h* ohne Kratzen
ט	**t**	wie *t* in *Tier*
י	**j / i**	wie *i* in *singen* bzw. *dienen;* wie *j* in *jener*

כּ	**k**	wie *k* in *keiner*
כ	**kh**	wie *ch* in *Loch*
ל	**l**	wie *l* in Lied
מ	**m**	wie *m* in Mann
נ	**n**	wie *n* in *nie*
ס	**s**	wie *s* in *essen*
ע	**ʻ**	wie der Knacklaut vor *ei* in *ver-eisen* (nicht: verreisen); oder Knacklaut mit Kehlkopfpressung
פּ	**p**	wie *p* in *Palme*
פ	**ph**	wie *f* in *fahren*
צ	**tz**	wie *tz* in *sitzen*
ק	**q**	wie *k* in *keiner*
ר	**r**	wie *r* in *reiten*
שׂ	**s**	wie *ss* in *essen*
שׁ	**š**	wie *sch* in *schön*
ת	**th**	wie *t* in *Tier*

Griechisch

Die folgenden Angaben zur Aussprache des griechischen Alphabets orientieren sich an der im deutschen Sprachraum allgemein verbreiteten Schulaussprache. Da, wo in der dritten Spalte der Tabelle keine Bemerkung vorliegt, entspricht die im germanischen Kulturkreis übliche Aussprache der deutschen Transkription.

Griechisch		*Transkription*	*Aussprache*
Α	α	a	langes od. kurzes *a*
Β	β	b	
Γ	γ	g	
Δ	δ	d	
Ε	ε	e	kurzes *e*
Ζ	ζ	z	
Η	η	ê	langes *e*
Θ	θ	th	wie *Th* in *Thon*
Ι	ι	i / j / ï	langes od. kurzes *i; j* wie in *Ja*
Κ	κ	k	
Λ	λ	l	
Μ	μ	m	
Ν	ν	n	
Ξ	ξ	x	
Ο	ο	o	kurzes *o*
Π	π	p	
Ρ	ρ	r	
Σ	σ	s	
Τ	τ	t	
Υ	υ	y	*ü*
Φ	φ	ph	
Χ	χ	ch	
Ψ	ψ	ps	
Ω	ω	ô	langes *o*
῾		h	
γ γ		ng	wie *ng* in *ging*
γ ξ		ngx	wie *ngx* in *sphingx*
ε υ		eu	wie *eu* in *heute*
ο υ		ou	*u*

Sumerisch, Akkadisch, Ägyptisch etc.

Bei der Transkription von Wörtern aus dem Sumerischen, Akkadischen, Ägyptischen etc. war ich darauf bedacht, eine möglichst einfache Schrift, die jedoch das hier verfolgte Ziel erfüllt, zu verwenden. Bei der vorliegenden Publikation handelt es sich um eine interdisziplinäre Arbeit, die einer möglichst breiten Leserschaft zugänglich gemacht werden soll. Durch komplizierte Umschriften würde dies unnötig erschwert werden.

Vorwort

Bei der vorliegenden Veröffentlichung handelt es sich um eine wissenschaftliche Arbeit, die ich für eine amerikanische Hochschule geschrieben habe, nämlich für das Whitefield Theological Seminary in Lakeland (Florida), und zwar in Verbindung mit seinem europäischen Studienzentrum, dem Martin Bucer Seminar. Sie wurde im Juni 2000 bei Herrn Prof. Dr. Thomas SCHIRRMACHER (Theologie, Anthropologie) eingereicht.

Bei dieser Studie geht es um eine interdisziplinäre Untersuchung, hauptsächlich in den Bereichen Linguistik, Philologie und Theologie. In den Randbereichen spielen allerdings noch weitere Fachgebiete hinein. Diesem besonderen Umstand entspricht die allgemeinverständliche Sprache in diesem Buch. Die hiermit veröffentlichten Ergebnisse sollen nicht fachspezifisch gehütet werden, sondern jedem Interessenten zugänglich sein, von welcher Seite er auch herkommen mag. Deswegen habe ich z.B. auch auf die Verwendung von hebräischen und griechischen Zeichensätzen verzichtet und stattdessen eine sehr einfache Umschrift verwendet.

Im Blick auf die Drucklegung habe ich verschiedene Hinweise und Korrekturen, die ich der Linguistin Frau Prof. Dr. Ursula WIESEMANN verdanke, eingearbeitet. An dieser Stelle danke ich ihr herzlich für die Durchsicht des Manuskripts.

Im Kern gehen die nachfolgenden Ausführungen zurück auf ein Buch, das ich bereits 1991 unter dem Titel „Der Mensch – ein sprechender Affe?" veröffentlicht hatte. U.a. wurde ich durch die sehr positive Reaktion, die ich daraufhin von dem weltweit bedeutenden Philologen Prof. Dr. Shelomoh MORAG (Hebräische Universität Jerusalem) erhalten hatte, sehr ermutigt. Was vor Jahren ein Anfangswerk war, habe ich später durch weitere Forschungen stark ausgebaut und vertieft. Das Ergebnis liegt nun vor.

Es ist mein Anliegen, dass der nachfolgende Beitrag zur Auseinandersetzung um Schöpfung und Evolution klärend wirkt und zu weiteren Arbeiten anregt, zumal die hier vorgetragenen Argumente aus einer eher überraschenden und in den vergangenen Jahrzehnten in diesem Zusammenhang vernachlässigten Stoßrichtung eingebracht werden.

Roger Liebi

März 2003

1. Einleitung

1.1 Zur Geschichte des Evolutionismus

1.1.1 Darwins Publikationen

Im Jahr 1859 gab der Engländer Charles Darwin sein Buch „Die Entstehung der Arten durch natürliche Selektion"[3] heraus. 1871 folgte eine weitere Veröffentlichung mit dem Titel „Die Abstammung des Menschen".[4] Der Erfolg dieser Publikationen war enorm. Darwin gelang es dadurch, den Gedanken einer biologischen Evolution im Abendland bei vielen Intellektuellen populär zu machen.

Es ist nicht so, dass Charles Darwin etwa der Erfinder des Evolutionsgedankens gewesen wäre. Er hat ihn lediglich zu einem Zeitpunkt, als das geistige Klima unter den Akademikern dafür überaus empfänglich war, in einer damals ansprechenden Art publizistisch neu aufgemacht und durch seine Forschungsergebnisse aktualisiert. Die durch den Zeitgeist bedingte allgemein große Akzeptanz einer biologischen Entwicklungslehre war bereits durch die Aufklärung sorgfältig und behutsam vorbereitet worden. Der Glaube an eine soziale, kulturelle und ökonomische Evolution war ja unter den progressiven Philosophen der Aufklärung im 18. Jahrhundert weit verbreitet. Aber auch sie waren nicht die Urheber der Entwicklungslehre. Die Idee einer Evolution findet man schon bei vielen der antiken griechischen Philosophen.[5]

1.1.2 Die Evolutionslehre in der Antike und in der Frühgeschichte

Thales z.B. glaubte, dass die Welt aus dem Wasser heraus entstanden sei. Heraklit meinte dagegen, dass vielmehr das Feuer als Urkeim aller Dinge betrachtet werden müsste. Anaximenes sah die Luft als den Ausgangspunkt des Seins an. Anaximander lehrte, dass die Tiere sich durch Hitze und Feuchtigkeit aus der Erde heraus entwikkelt hätten.

3 Originaltitel: On the Origin of the Species.
4 Originaltitel: The Descent of Man.
5 Ouweneel: Evolution in der Zeitenwende, S. 19-21; Ouweneel: Gedanken zum Schöpfungsbericht, S. 24.

Man kann aber noch viel weiter zurückgehen: Im Grunde genommen sind die noch bedeutend älteren von Naturgöttern geprägten Weltentstehungsmythen der Sumerer, der Babylonier und der Ägypter nichts anderes als Evolutionslehre, d.h. Glaube an kosmische Kräfte in der Natur, die alles immer höher und weiter entwikkelt hätten.[6]

Durch die Verbreitung des Evangeliums in Europa wurde der Evolutionsgedanke nach und nach zurückgedrängt. Die Bibel unterscheidet ja mit Nachdruck und Deutlichkeit zwischen *Gott* und der *Natur*. Dies geht bereits aus dem allerersten Vers der Heiligen Schrift hervor (Gen 1,1):

„Im Anfang schuf Gott den Himmel und die Erde."

„Gott"[7] ist Subjekt im Satz. Die Natur, „Himmel und Erde",[8] bildet hingegen das Objekt. Die Grammatik der biblischen Sprache macht den Unterschied glasklar: Der Schöpfer ist nicht mit der Schöpfung identisch, er ist auch nicht Teil von ihr. Der Ewige hat vielmehr die Natur aus dem Nichts ins Dasein gerufen.[9]

Mit dem Bruch, den die Aufklärung im Blick auf die göttliche Autorität der Heiligen Schrift vollzogen hatte, kam das im Grunde genommen durch und durch heidnische Entwicklungsdenken jedoch wieder auf. Mehr und mehr schrieb man der Natur selbst erneut göttliche Schöpfungskräfte zu. Dies aber fällt unter das scharfe religionskritische Urteil des Römerbriefes (Röm 1,18ff.):[10] Anstatt dem Schöpfer die ihm gebührende Ehre zu geben, verehrt man in götzendienerischer Weise die Schöpfung.

1.1.3 Darwin und das 20. Jahrhundert

Darwins Ansätze wurden von anderen weiter ausgebaut. Immer mehr wurde der Evolutionismus an Schulen und Universitäten

6 Pritchard: Ancient Near Eastern Texts Relating to the Old Testament, S. 3ff.; Sproul: Schöpfungsmythen der östlichen Welt, S. 73-144.

7 Hebr. *'elohim.*

8 Hebr. *'eth hašamajim we'eth ha'aretz.* Die in diesem Ausdruck zweimal vorkommende Partikel *'eth* bezeichnet das nachfolgende Wort als Akkusativobjekt.

9 Heb 11,3; Röm 4,17.

10 Zur Religionskritik der Bibel (im AT und im NT) vgl.: Schirrmacher: Marxismus – Opium für das Volk? S. 14-41.

gelehrt, zunehmend als reine Selbstverständlichkeit. Auch die Massenmedien leisteten ihren großen Beitrag an seiner Verbreitung.

So begannen immer mehr Menschen aus allen Schichten der westlichen Gesellschaft, das Weltall mit all seinen Galaxien und Sonnensystemen, die Erde, die Pflanzen, die Tiere und auch den Menschen, als Zufallsprodukt einer unwahrscheinlich langen Entwicklung zu betrachten.

Man übertreibt wohl kaum, wenn man sagt, dass DARWIN eine wesentliche Grundlage für das im 20. und im 21. Jahrhundert dominierende moderne Weltbild gelegt hat. Er bewirkte tatsächlich einen entscheidenden Wendepunkt im Denken der breiten Masse in den Ländern der westlichen Hochzivilisation. Unzählige begannen, sich dadurch mehr und mehr von dem Christentum loszulösen. Für sie wurde die biblische Sicht, dass Gott die Welt und das Leben erschaffen, sowie den Menschen in seinem Bild gemacht habe, nunmehr unakzeptabel.[11]

DARWINS Lehre führte auch zu völlig neuen Betrachtungsweisen in Philosophie, Psychologie, Pädagogik, Soziologie, Geschichte, Astronomie, Theologie und in noch vielen anderen Fachgebieten.[12]

1.1.4 DARWIN und die Aufklärung

Der grundlegendste und tiefste Einschnitt in der Geistesgeschichte des Abendlandes im Laufe der letzten 2000 Jahre stellt eigentlich die Aufklärung dar. Während allerdings die philosophischen Gedanken dieser Denkströmung an sich noch ziemlich leicht als rein spekulative Modeerscheinung des Zeitgeistes relativiert werden konnten, so präsentierte sich die Evolutionslehre im Gegensatz dazu als unumstößliche „wissenschaftlich bewiesene Tatsache". Im 19. Jahrhundert wurde der Darwinismus nachträglich als „wissenschaftliches Fundament" unter die seit der Aufklärung entstandenen neuen Philosophien geschoben. Ablehnung der Autorität der Heiligen Schrift wurde fortan als „wissenschaftlich gerechtfertigt" prä-

11 Viele übernahmen die Evolutionslehre allerdings auch in einer theistischen Version, wo „Gott" nicht völlig ausgeklammert wird. Zur Problematik dieser Position vgl.: GITT: Schuf Gott durch Evolution?; JUNKER: Leben durch Sterben?; JUNKER: Jesus, Darwin und die Schöpfung.

12 Vgl. OUWENEEL: Evolution in der Zeitenwende.

sentiert.[13] Hier liegt eine wichtige Ursache dafür, dass der Evolutionismus alle Gebiete der Wissenschaft dermaßen verändern konnte. Die Masse der gebildeten Schicht fühlte sich zunehmend gezwungen, die Entwicklungslehre als Ausgangspunkt ihres Denkens anzunehmen, falls man vermeiden wollte, das persönliche akademische Ansehen aufs Spiel zu setzen.

Hinzu kommt natürlich die allgemein weit verbreitete große Akzeptanz gegenüber dem Zeitgeist. Die Aufklärung propagierte die Emanzipation des Menschen, die Herauslösung aus der so genannten Unmündigkeit vor Gott. Nun, wer sich aus seiner Bindung an den Schöpfer-Gott – die dadurch bedingt ist, dass wir seine Geschöpfe sind – und aus der damit verknüpften Verantwortung gegenüber den ethischen Geboten der Bibel, unbedingt ablösen will, der ist natürlich nur allzu glücklich darüber, wenn ihm versichert wird, dass man zur Erklärung der Herkunft aller Dinge, angeblich aus wissenschaftlich zwingenden Gründen, auf Gott verzichten könne. Ein solcher ist im Allgemeinen überhaupt nicht motiviert, nachzufragen und genauer zu untersuchen, ob diese „Beweise" auch wirklich hieb- und stichfest sind.

1.2 Kritik an der Evolutionslehre

1.2.1 Psalm 2 und die Emanzipation des Menschen

Schon vor 3.000 Jahren umschrieb der König David mit prophetischem Weitblick den Ruf nach Ablösung von Gott, den Schrei nach Emanzipation aus der Schöpfer-Hand:

> „[1] Warum toben die Nationen
> und sinnen Eitles die Völkerschaften?
> [2] Es treten auf die Könige der Erde,
> und die Fürsten ratschlagen miteinander
> gegen den HERRN und gegen seinen Messias:[14]
> [3] Lasset uns zerreissen ihre Bande,
> und von uns werfen ihre Seile!"

13 Paulus bezeichnete diesen geistesgeschichtlichen Bruch, der mit der Aufklärung eingesetzt hat, in 2Thess 2,3 prophetisch als den zu erwartenden „Abfall" (griech. *apostasia*), der dem „Gesetzlosen", dem sich auf die Stufe mit Gott selbst erhebenden „Menschen der Sünde", den Weg bereiten würde.

14 Hebr. *mašiach;* = griech. *christos;* = griech.-lat. *Christus.*

1.2.2 Kein nebensächliches Thema

Die Thematik, um die sich der Darwinismus bzw. der Neo-Darwinismus bewegt, ist nicht nur von wissenschaftlichem Interesse. Nein, die Fragen nach der Herkunft des Weltalls, der Erde, der Pflanzen, der Tiere und des Menschen gehören zu den tiefsten Fragen überhaupt. Ganz besonders die Frage nach der Herkunft des *Homo sapiens*. Sie ist doch geradezu von existenzieller Bedeutung. Woher kommt der Mensch? Oder persönlicher ausgedrückt: *Woher komme ich?* Daraus folgt die nicht minder brisante Frage: *Wohin gehe ich?* Die Beantwortung dieser Fragen steht auch sehr eng in Verbindung mit der Beantwortung der so lebenswichtigen Frage: *Wo bin ich?* Wer nämlich über den Sinn des persönlichen Lebens nachzudenken gewillt ist, möchte doch gerne auch zu einer Standortbestimmung seiner momentanen Existenz gelangen.

1.2.3 Woher? Wohin? Wo?

Diese drei grundlegenden Fragen stellte Gott bereits im ersten Buch der Bibel. In Gen 16,8 fragte Gott Hagar, die gerade Hals über Kopf vor prekären familiären Schwierigkeiten geflohen war:

> *„Woher kommst du, und wohin gehst du?"*

Diese zwei Fragen wurden ihr gestellt, als sie sich an einer Wasserquelle in der Wüste befand und die Hoffnungslosigkeit ihrer Situation zutiefst empfand. Zunächst bezog sich dieser Satz auf die unmittelbare Vergangenheit und auf die nächstfolgenden Ziele. Doch, beim längeren Nachdenken über die Tiefsinnigkeit dieser Anfragen, wird deutlich, dass sie letztlich doch weit darüber hinausgehen.

Die erste Frage, die Adam aus dem Mund des Ewigen vernahm, nachdem er sich bewusst im Ungehorsam als Rebell gegen ihn aufgelehnt hatte, bezog sich auf seinen momentanen Standort (Gen 3,9):

> *„Wo bist du?"*[15]

15 Im hebräischen Grundtext ist diese Frage ein höchst dramatischer Ruf, der nur aus dem einen Wort *'ajekka* besteht.

Alle diese drei Fragen aus der Genesis, dem Buch der Ursprünge,[16] erfahren im Verlauf des gesamtbiblischen Zeugnisses eine eingehende Beantwortung.

Doch diese Antworten werden von der durch das neo-darwinistische Denken geprägten Gesellschaft des Westens im Allgemeinen nicht mehr als relevante Antworten angesehen. Die Meinung ist weit verbreitet, dass die Bibel mit ihrem angeblich veralteten Weltbild durch die moderne Wissenschaft vollends überholt sei. Die Heilige Schrift könne deshalb, so wird argumentiert, dem modernen Menschen gegenüber ihren Anspruch auf göttliche und allgemeinverbindliche Autorität in der Beantwortung dieser Grundfragen nicht mehr aufrechterhalten. Unzählige betrachten hingegen den Evolutionismus als letzte Wahrheit, wenigstens in seinen prinzipiellen Aussagen.

1.2.4 Der Evolutionismus und die geistige Krise des 20. Jahrhunderts

Unser Denken beeinflusst unser Leben. „Wie der Mensch denkt, so ist er."[17] Im 20. Jahrhundert führte das evolutionistische Denken zu einer allgemeinen Sinn-Krise. Wenn der Mensch durch Zufall entstanden sein soll, wenn Gott angeblich nicht existiert, dann kann das Dasein des Menschen keinen wirklichen, ureigenen Sinn haben,[18] dann muss schließlich alles absurd sein. Denn nach der Evolutionslehre ist der Mensch ja lediglich eine bio-chemische Maschine ohne Zweck und Ziel.

Die geistige Krise hat sich in der westlichen Gesellschaft besonders ab den Sechzigerjahren deutlich zugespitzt. Jagd nach Ekstase durch Rockmusik, die nicht mehr aufzuhaltende Drogenwelle und der Esoterik-Boom sind einige der alarmierenden Symptome, die

16 Die Genesis berichtet z.B. von der Herkunft des Universums („Himmel und Erde"), der Pflanzen, der Tiere, des Menschen, der Ehe und Familie, der Sünde, des Leidens, des Todes, der Zivilisation, der staatlichen Regierungen, der Sprachen, der Völker im Allgemeinen und des Volkes Israel im besonderen.

17 Vgl. Spr 23,7a.

18 Ich spreche bewusst von einem „ureigenen" Sinn, weil manche meinen, wir könnten dem Leben nachträglich doch noch selber einen Sinn zuschreiben. Aber selbst in diesem Fall würde der Sinn nicht zum Wesen des Lebens gehören. Ein solcher Sinn wäre nur eine gewaltsam angehängte Etikette. Er

auf mangelnde Sinnerfüllung breiter Volksmassen zurückschließen lassen.[19]

Negative Auswirkungen der Evolutionslehre sind natürlich an sich kein Beweis gegen ihre Richtigkeit. Doch es bleibt zu hoffen, dass solche Folgen bei vielen eine neue Motivation auslösen, wirklich nachzuhaken, ob es um die Wissenschaftlichkeit dieser Weltanschauung wirklich so gut bestellt ist wie Unzählige in arglosem Vertrauen meinen, und ob es nicht echte Alternativen gäbe, die unserer Gesellschaft wieder Hoffnung und echte Zukunftsperspektiven vermitteln könnten.

1.2.5 Wissenschaftliche Evolutionskritik

Entgegen der oft vertretenen Behauptung, dass heute kein ernst zu nehmender Wissenschaftler mehr die Richtigkeit der Entwicklungslehre bezweifle, sind in den vergangenen Jahrzehnten zunehmend gewichtige kritische Stimmen hörbar geworden. Argumente, die das neo-darwinistische Dogma grundsätzlich in Frage stellen, sind von bedeutenden Vertretern der verschiedensten Disziplinen vorgebracht worden. Die Einwände stammen aus den diversesten Fachgebieten wie z.B. Epistemologie,[20] Astronomie, Chemie, Physik, Mathematik, Informationstheorie, Geologie, Paläontologie, Biologie und Genetik.

Bei diesen kritischen Ansätzen gegen die Evolutionslehre handelt es sich nicht nur um Teilaspekte. Es wird vielmehr massiv an den Grundlagen des Systems gerüttelt. Von prinzipieller Wichtigkeit ist in diesem Zusammenhang allein schon die Kritik aus der Sicht der Epistemologie: Aus dieser Warte wurde aufgezeigt, dass die Evolutionslehre die normalerweise an eine naturwissenschaft-

wäre in diesem Fall eine rein subjektive, lediglich als Idee in den Köpfen existierende Angelegenheit, die das Fehlen von Plan und Zweck letztlich nicht ausgleichen könnte. Im Grunde genommen ist ein solches Denken nur ein „Hinken auf beiden Seiten", ein Mangel an philosophischer Konsequenz.

19 Vgl. ausführlicher z.B.: Liebi: Rockmusik! Daten, Fakten, Hintergründe, Ausdruck einer Jugend in einem sterbenden Zeitalter; Liebi: New Age! Daten, Fakten, Hintergründe, Hat die große Wende begonnen? Kritische Analysen zum gegenwärtigen Esoterik-Boom; Ouweneel: Der Untergang des christlichen Abendlandes, Philosophische Strömungen und Kulturepochen.

20 = Wissenschaftstheorie.

liche Theorie gestellten Bedingungen nicht zu erfüllen vermag. Man dürfte daher den Darwinismus bzw. den Neo-Darwinismus niemals als „naturwissenschaftliche Theorie“ im strikten Sinn des Wortes bezeichnen, und damit schon gar nicht als „bewiesene Tatsache“.[21]

Bei den modernen anti-evolutionistischen Vorstößen geht es allerdings nicht nur um Kritik, vielmehr wird auch positiv an einer wissenschaftlichen Alternative im Rahmen der biblischen Überlieferung gearbeitet. Man fasst diese Alternative unter dem Begriff „Schöpfungs-Forschung“ bzw. „Kreationismus“ zusammen, wobei anzumerken ist, dass insbesondere letztere Bezeichnung leider mit manchen Missverständnissen verknüpft worden ist.

Ich verweise den Leser an dieser Stelle zunächst auf die unter Anmerkung 22 aufgeführte einschlägige Literatur, deren detaillierte bibliographische Angaben dem alphabetisch geordneten Literaturverzeichnis entnommen werden können. Aus der bereits beachtlich großen Menge an Publikationen, habe ich einige Titel ausgewählt, die das eben Gesagte anschaulich dokumentieren.

1.2.6 Die Hauptthese der vorliegenden Arbeit

Die Feststellung, dass eigentlich alle Teilgebiete, die irgendwie die Evolutionslehre berühren, Einsichten liefern, die zu deren Ungun-

21 OUWENEEL: Hat die Evolutionslehre einen wissenschaftlichen Charakter? OUWENEEL: Evolution in der Zeitenwende, S. 47-72; GITT: Schuf Gott durch Evolution? S. 9-28; JUNKER/SCHERER: Evolution – Ein kritisches Lehrbuch, S. 11-20; SCHEVEN: Daten zur Evolutionslehre im Biologieunterricht, S. 21-25.

22 GITT: In 6 Tagen vom Chaos zum Menschen; GITT (Hrsg.): Am Anfang war die Information, Forschungsergebnisse aus Naturwissenschaft und Technik; GITT: Energie – optimal durch Information (Neuauflage: Am Anfang war die Information); JUNKER/SCHERER: Evolution – ein kritisches Lehrbuch; OUWENEEL: Evolution in der Zeitenwende; PAILER: Geheimnisvolles Weltall, Hypothesen und Fakten zur Urknalltheorie; SCHERER (Hrsg.): Die Suche nach Eden, Wege zur alternativen Deutung der menschlichen Frühgeschichte; SCHEVEN: Daten zur Evolutionslehre im Biologieunterricht; SCHEVEN: Karbonstudien, Neues Licht auf das Alter der Erde; SCHEVEN: Mega-Sukzessionen und Klimax im Tertiär, Katastrophen zwischen Sintflut und Eiszeit; SCHIRRMACHER: Galilei-Legenden und andere Beiträge zu Schöpfungsforschung, Evolutionskritik und Chronologie der Kulturgeschichte.

sten sind, ist sehr bemerkenswert. Nebst den oben genannten Fachgebieten offeriert auch die *Sprachwissenschaft, die Linguistik,* erstaunliche Argumente und Indizien gegen die Entwicklungslehre.

In der vorliegenden Publikation soll aufgezeigt werden, inwiefern man sagen kann, dass die Tatsachen der Sprachwissenschaft im krassen Widerspruch zur Evolutionslehre stehen.

Bei der Behandlung dieser Thematik habe ich z.T. methodologische Wege gewählt, die meines Wissens vordem in diesem Zusammenhang noch nie gegangen worden sind. Ich denke, dass aber gerade dadurch Ergebnisse erzielt werden können, welche die Linguistik in ihrem begrenzten Bereich zu einer das Evolutionsdogma arg bedrängenden Waffe macht.

Folgendes sei zunächst einfach als These dahingestellt:

Die empirisch feststellbaren Fakten der modernen Linguistik widersprechen den evolutionistischen Theorien über den Ursprung der menschlichen Sprachen. Im Gegensatz dazu harmonieren diese real beobachtbaren Tatsachen ausgezeichnet mit den biblischen Aussagen bezüglich der Herkunft des Phänomens „Sprache".

Es ist mein Anliegen, dass die vorliegende Arbeit einem möglichst breiten Leserkreis zugänglich gemacht werden kann. Daher habe ich versucht, mich möglichst allgemein verständlich auszudrücken. Im Folgenden werden zwar viele Fachausdrücke verwendet, die nicht jedem Leser geläufig sein werden. Z.T. werden sie aber im Text oder in den Fußnoten erklärt. Zudem habe ich im Anhang ein Glossar erstellt. Auf hebräische, aramäische und griechische Zeichensätze habe ich verzichtet. Die Transkriptionen aus diesen und anderen Sprachen habe ich einfach gehalten.

2. Einführung in das Phänomen der menschlichen Sprachen

2.1 Sprache und Linguistik

Bevor umfassend aufgezeigt werden kann, dass die empirisch nachprüfbaren Fakten der Sprachwissenschaft im Widerspruch zur Evolutionslehre stehen, sollten zunächst einige allgemeine Ausführungen zum Wesen der menschlichen Sprachen aus der Sicht der heutigen modernen Linguistik gemacht werden. Damit wird in diesem Kapitel eine wichtige theoretische Basis für die ganze nachfolgende Argumentation um Schöpfung und Evolution gelegt. Es ist in diesem Zusammenhang auch notwendig, dass ich zunächst die Fachbegriffe, die im Zusammenhang mit der vorliegenden Thematik von Bedeutung sind, erkläre. Die hier gebotene Präsentation ist bewusst nicht einer einzelnen der vielen modernen linguistischen Schulen verpflichtet. Da jeder dieser Ansätze bestimmte Aspekte der Sprache mehr betont und beleuchtet als seine konkurrierenden Richtungen, hat man den größten Gewinn, wenn die verschiedenen Einsichten selektiv miteinander kombiniert werden.

Wir wenden uns nun als Erstes der Sprache mit ihren verschiedenen Ebenen zu:

2.1.2 Code-Systeme

Die menschlichen Sprachen sind fantastische, genial und komplex konzipierte Zeichen- oder „Code-Systeme“,[23] um Gedanken und Ideen auszudrücken. Sie dienen der Vermittlung von Information

[23] Es gibt Linguisten, die heute den Begriff „Code-Systeme“ in diesem Zusammenhang nicht gebrauchen würden, da sie der Meinung sind, dass man mit diesem Ausdruck die Wirklichkeit des Sprachsystems zu wenig trifft. Ich persönlich schätze diesen Ausdruck aber dennoch. Man muss sich nur im Klaren sein, dass es sich im Fall der Sprachen um ein sehr spezielles und besonders komplexes Code-System handelt. In Anbetracht der begrifflichen Problematik setze ich diesen Ausdruck hier zunächst zwischen Anführungsstrichen.

zwischen Personen mittels Lauten bzw. deren schriftlichen Darstellung. Mit Hilfe der Sprachen kann eine unbegrenzte Anzahl von Mitteilungen gemacht werden.

Wenn wir die Sprachen als Code-Systeme verstehen, so können wir die einzelnen Laute, Formen, Wörter und Konstruktionen als Code-Zeichen betrachten.[24] Das Code-System der Sprachen ist allerdings viel komplexer als gewöhnliche Codes, weil es sich bei den gesprochenen Sprachen um *eine Kombination von vier verschiedenen ineinander greifenden System-Ebenen* handelt. Schließen wir die Schrift mit ein, so ergeben sich sogar deren fünf.

In der Sprachwissenschaft hat sich für den Begriff „Code-System" oder „Zeichen-System" der von dem Schweizer Linguisten Ferdinand DE SAUSSURE[25] (1857-1913) geprägte Ausdruck *„la langue"* eingebürgert. Im Gegensatz dazu bezeichnet man mit *„la parole"* die Sprachverwendung, oder komplizierter ausgedrückt, die Manifestation eines Sprachsystems in der Rede eines individuellen Sprachbenützers.[26]

2.1.3 Was ist Linguistik?

Linguistik ist die wissenschaftliche Erforschung der Sprachsysteme in aller Welt. Es handelt sich um eine Wissenschaft, weil man hier die selben empirischen Methoden verwendet, die auch in anderen Disziplinen eingesetzt werden, dies mit der erklärten Absicht, um auf diese Weise so präzise wie nur möglich die menschlichen Sprachen ergründen und beschreiben zu können.

Die Linguistik steht als Disziplin nicht isoliert da. Es bestehen enge Beziehungen und Verknüpfungen z.B. zur Physiologie, Psychologie, Anthropologie, Ethnologie, Soziologie, Literaturwissenschaft, Kommunikationswissenschaft, Rhetorik, Politikwissenschaft, Geschichte, Archäologie und Theologie.

24 Vgl. VON SIEBENTHAL: „So tötet nun eure Glieder, die auf der Erde sind: Hurerei..." Das altgriechische Verbalsystem und drei Befehlsformen in Kol 3, S. 93.

25 Er wird als Vater der modernen Linguistik betrachtet. Vgl. sein grundlegendes Werk: DE SAUSSURE: Cours de linguistique générale.

26 Die prägende „generative Schule" von Noam CHOMSKY verwendet anstatt der Begriffe „langue" und „parole" das Gegensatzpaar „Kompetenz" (= die Fähigkeit einer Person, sprachliche Äußerungen zu produzieren) und „Performanz" (= die praktische Anwendung dieser Fähigkeit).

Da menschliche Sprachen so unerhört komplex sind, hat man die Linguistik in eine Vielzahl von untergeordneten Teildisziplinen, die sich jeweils mit ganz spezifischen Einzelaspekten der Sprache befassen, aufgegliedert.

2.1.4 Die synchrone Methode

In der Linguistik werden die Sprachen auf verschiedene Arten angegangen: Zunächst gibt es die *synchrone Methode*, bei der Sprachen so, wie sie in all ihren Eigenarten zu einem bestimmten Zeitpunkt in ihrer Geschichte vorzufinden sind, untersucht und beschrieben werden.[27] Man interessiert sich in diesem Zusammenhang nicht für die zahlreichen Veränderungen, denen alle Sprachen auf natürliche Weise dauernd unterworfen sind. Es geht auch nicht um die Frage, wie eine Sprache sein sollte, sondern lediglich darum, wie sie ist. Damit hängt auch die Einsicht zusammen, dass alle Sprachen zu jeder Zeit ihrer Geschichte ein eigenes in sich wertvolles System aufweisen.[28]

2.1.5 Die diachrone Methode

Eine andere sprachwissenschaftliche Vorgehensweise ist die *diachrone Methode*. Hier geht es darum, Sprachen in ihrem geschichtlichen Wandel zu beschreiben. In diesem Zusammenhang interessieren einen z.B. die Veränderungen der Laute, Formen und Wörter einer bestimmten Sprache im Lauf der Zeit.[29]

2.1.6 Die komparative Methode

Als dritte Methode ist ferner noch die *komparative Linguistik* zu erwähnen. In dieser Disziplin untersucht man die Verbindungen und Verwandtschaften verschiedener Sprachen. Auch die Erfor-

27 Vgl. in diesem Zusammenhang den Begriff „deskriptive (beschreibende) Linguistik".

28 Vgl. MEILLET: Einführung in die vergleichende Grammatik der indogermanischen Sprachen, S. 293.

29 In diesem Zusammenhang verwendet man auch den Terminus „historische Linguistik".

schung verschiedener Dialekte innerhalb einer bestimmten Sprache ist Gegenstand dieser Methode.

2.1.7 Zur Einzigartigkeit der menschlichen Kommunikation

Im Tierreich gibt es keine irgendwie mit menschlichen Sprachen vergleichbaren Kommunikationssysteme. Es gibt zwar unter den Tieren wunderbare Fähigkeiten der Informationsweitergabe (z.B. der Vogelgesang, der Bienentanz usw.), doch diese Möglichkeiten sind im Vergleich zu den unbegrenzten artikulierten Sprachen des Menschen äußerst limitiert. Wenn man in Verbindung mit Tieren von „Sprache“ redet, sollte man sich dessen klar bewusst sein. Ein Vergleich lässt sich durchaus mit den untergeordneten menschlichen Kommunikationsmitteln, wie beispielsweise Mimik, Gebärdensprache und emotionale Laute, herstellen.

2.1.7.1 Sprachversuche mit Primaten

Ab der dritten Dekade des 20. Jahrhunderts versuchten Primatologen, zu beweisen, dass auch Menschenaffen über sprachliche Fähigkeiten verfügen. Doch selbst nach jahrelangen Dressurbemühungen brachten ihre durchtrainierten Zöglinge kaum mehr als Lautgebilde wie *up, cup* oder *Mama* und *Papa* hervor. Zu mehr war nicht einmal die „hochintelligente“ Schimpansin Viki fähig. In den Fünfzigerjahren hatte sie das „Vorrecht“, von dem Ehepaar Hayes wie ein Kind in der Familie aufgezogen zu werden.[30]

Es ist behauptet worden, dass man wegen dieser gescheiterten Versuche, Affen das Sprechen beizubringen, nicht meinen sollte, dass Primaten prinzipiell nicht sprachfähig seien. Die Unfähigkeit, Sprache zu produzieren, läge nur an der ungeeigneten Beschaffenheit der für die Artikulation notwendigen biologischen Voraussetzungen (ungünstige Lage des Kehlkopfes, fehlender Resonanzraum etc.). Doch die Forschungsarbeiten des Berliner Anthropologen Carsten Niemitz haben in der Zwischenzeit deutlich gemacht, dass die Schwierigkeiten viel größer sind. Er hat darauf hingewiesen, dass dem Gehirn der Menschenaffen notwendige neurobiologische Grundlagen, die zur Sprache notwendig wären, schlicht fehlen.[31]

30 Mechsner: Sprachevolution, Wer sprach das erste Wort? S. 78.
31 Mechsner: Sprachevolution, Wer sprach das erste Wort? S. 78.

Im Bemühen, Sprachbefähigung bei Affen nachzuweisen, stellten das Psychologen-Ehepaar Beatrice und Allan GARDNER 1966 ihre Schimpansin Washoe vor, der sie 130 Zeichen der amerikanischen Gebärdensprache beigebracht hatten.[32]

Zu erwähnen ist ferner noch David PREMACK, der Menschenaffen lehrte, durch Nebeneinanderlegen von Plastiksymbolen logische Mitteilungen von sich zu geben.[33]

Wie erstaunlich auch all diese Ergebnisse sind, so verdienen sie trotzdem nicht den Namen „menschliche Sprache". Die Fähigkeiten, die durch Training bei Affen zur Anwendung kamen, sind zwar erforderliche, aber bei weitem nicht ausreichende Kriterien für menschliche Sprache. Der Neurobiologe Franz MECHSNER vom Max-Planck-Institut in München sagte in diesem Zusammenhang:

> „Nur der Mensch beschreibt, erzählt und argumentiert, bei fast unendlicher Vielfalt und Freiheit in der Themenwahl. Nur Menschen fühlen den Drang, mit anderen über alles Mögliche zu reden, sind neugierig, was der andere zu sagen hat, haben Spaß an Geschichten. Die Sprache dient uns Menschen zur Formung der Gedanken, von Freundschaften und Feindschaften. Affen dagegen scheinen gelernte Zeichenfolgen vor allem zu benutzen, um von ihrem Trainer Futter zu ergattern. Untereinander und ohne Aussicht auf Belohnung setzen sie ihre ‚sprachlichen' Fähigkeiten kaum jemals ein."[34]

2.1.7.2 Das Urteil von Chomsky

Noam CHOMSKY, einer der bedeutendsten Linguisten des 20. Jahrhunderts, sagte einst in diesem Zusammenhang:

> „Die menschliche Sprache scheint ein einzigartiges Phänomen zu sein, ohne bedeutsame Entsprechung in der Tierwelt."[35]

32 MECHSNER: Sprachevolution, Wer sprach das erste Wort? S. 79.

33 MECHSNER: Sprachevolution, Wer sprach das erste Wort? S. 79.

34 MECHSNER: Sprachevolution, Wer sprach das erste Wort? S. 79.

35 „Human language appears to be a unique phenomenon, without significant analogue in the animal world." (CHOMSKY: Language and Mind, S. 67; zitiert nach: MORRIS: Language, Creation and the Inner Man; deutsche Übersetzung: RL; vgl. CHOMSKY: Sprache und Geist, Frankfurt am Main 1970, S. 112.

Abb. 1 Menschliche Sprache unterscheidet sich grundsätzlich von allen tierischen Kommunikations-Systemen.

Er wies ferner nachdrücklich darauf hin, dass „Tiersprachen" und menschliche Sprachen von ihrem gesamten Wesen her, etwas grundlegend anderes sind. Daher sei es überhaupt nicht möglich, das eine aus dem anderen abzuleiten. Er betrachtete ferner die Versuche, Primaten Anfangsgründe der menschlichen Sprache beizubringen, als misslungen. Chomsky wies auch auf die Problematik hin, dass solche, die Sprachverhalten bei Primaten untersuchen und eine Brücke zu den menschlichen Sprachen schlagen wollen, zu falschen Schlüssen kommen können, weil sie von verkehrten und von Linguisten nicht akzeptablen Definitionen des Begriffs „Sprache" ausgehen.[36]

2.1.7.3 Überbrückung der Kluft durch Evolution?

Zur Meinung, dass die Distanz, welche die Tierlaute von den menschlichen Sprachen trennt, durch eine allmähliche Evolution überwunden werden könnte, meinte Chomsky im Jahr 1972:

36 Chomsky: Sprache und Geist, S. 113-116.

„Es gibt keine Gründe dafür, dass diese Kluft überbrückbar sei."[37]

Er wies außerdem an derselben Stelle mit einem krassen Vergleich darauf hin, dass eine Herleitung menschlicher Sprache aus tierischen Lautäußerungen so unmöglich sei, wie es auch der Fall wäre, wenn man die Fähigkeit des Laufens auf die Atmung zurückführen wollte.

Der Evolutionist, Biologe und Paläontologe George Gaylord SIMPSON hat zum Ausdruck gebracht, dass es im Zusammenhang mit den Sprachen unwahrscheinlich sei, dass je eine evolutionäre Entwicklung von den Tieren hin zum Menschen nachgewiesen werden könnte:

> „Menschliche Sprache ist absolut verschieden von allen Kommununikations-Systemen bei anderen Tieren... Es könnte zwar sein, doch es ist unwahrscheinlich, dass wir je einmal wissen werden, wann und wie unsere Vorfahren zu sprechen begannen."[38]

Wenn es darum geht, den Menschen vom Tier zu differenzieren, muss deshalb der menschlichen Sprechfähigkeit besondere Beachtung geschenkt werden. Viele Forscher haben schon mit Nachdruck darauf hingewiesen, dass die Kommunikationsfähigkeit durch Sprachen mit artikulierten Lauten zu den charakteristischsten Merkmalen des Menschen gehört.[39]

2.1.7.4 Fehlende neurobiologische Grundlagen

Bei den Tieren fehlt es allgemein an den nötigen neurobiologischen Voraussetzungen für die Erzeugung und das Verständnis von Sprache. Tiere verfügen weder über das Brocasche Feld, das sich beim

37 „There is no reason to suppose that the ‚gaps' are bridgeable." (CHOMSKY: Language and Mind, S. 68; deutsche Übersetzung: RL; vgl. CHOMSKY: Sprache und Geist, S. 113).

38 „Human language is absolutely distinct from any system of communication in other animals ... It is still possible, but it is unlikely, that we will ever know just when and how our ancestors began to speak." (SIMPSON: The Biological Nature of Man, S. 476-477; zitiert nach: MORRIS: Language, Creation and the Inner Man; deutsche Übersetzung: RL.

39 So z.B. der Evolutionist und Paläontologe Jeffrey LAITMAN (LAITMAN: Konnte unser Urahn sprechen? S. 40).

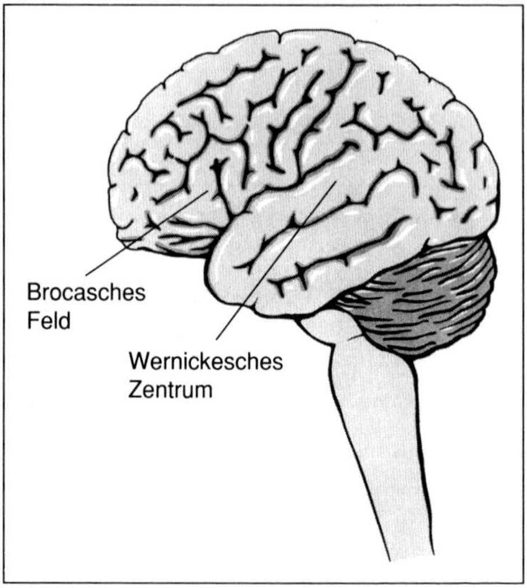

Abb. 2 Das Brocasche Feld und das Wernickesche Zentrum.

Menschen auf der einen Seite – zumeist links – im Großhirn befindet, und wo die *Sprachproduktion* lokalisiert wird, noch über das Wernickesche Zentrum im Temporallappen, wo sich der Ort des *Sprachverständnisses* befindet. Des Weiteren fehlen auch die Verbindungswege zwischen diesen Zentren.[40] Lautäußerungen, Schreie und Rufe werden dagegen bei allen Säugetieren, also auch bei Menschenaffen, durch das Limbische System gesteuert. Beim Limbischen System handelt es sich um eine Art Gefühlszentrum, das der Mensch übrigens auch besitzt. Es liegt tief im Gehirn verborgen und ist im Gegensatz zum menschlichen Sprachsystem symmetrisch angelegt.[41]

Auch das erstaunliche „Sprechen" gewisser Vögel, wie Papageien etc., hat nichts mit wirklicher Sprachbefähigung zu tun. Diese gefiederten Wesen können von den Sätzen, die sie durch Dressur zu sprechen gelernt haben, nichts verstehen. Sie sind außerstande, den

[40] Die Erwähnung dieser für die menschlichen Sprachen so wichtigen Zentren soll ja nicht suggerieren, dass damit die „Hardware des menschlichen Sprachcomputers" erfasst wäre. Es bestehen hochkomplexe weitere interaktive Verbindungen zu vielen anderen Teilen des Gehirns, die im Zusammenhang mit der menschlichen Sprache unerlässlich sind. Viele dieser Aspekte sind bis heute nicht völlig geklärt.

[41] KUHN: Menschliche Sprechfähigkeit und Ohrmuschel zufällig entstanden? S. 438-440.

Abb. 3 Das erstaunliche „Sprechen“ der Papageien hat nichts mit wirklicher Sprachbefähigung zu tun.

Sprach-Code zu entschlüsseln. Es ist ihnen lediglich möglich, die Laute menschlicher Sprache nachzuahmen. Ferner sind sie auch völlig unfähig, neue Sätze, geleitet durch grammatische Regeln, zu bilden. Hingegen kann bereits ein Kleinkind, das dabei ist, seine erste Sprache zu lernen, neue Sätze bilden, die es noch nie zuvor gelernt hat.[42] Es ist nämlich völlig normal, dass ein Kind schon in der frühen Phase des Spracherwerbs beginnt, Dinge zu sagen, die es vorher nie gehört hat. Man hat statistische Untersuchungen dazu gemacht: Mit ca. zwei Jahren sind nur etwa 20% der Äußerungen direkte Nachahmungen. Mit ungefähr drei Jahren reduziert sich dieser Anteil sogar auf lediglich 2%.[43]

42 Vgl. BOETTCHER: Sprache, S. 147.
43 ZIMMER: So kommt der Mensch zur Sprache, S. 12.

2.1.8 Sprache und Denken

In Verbindung mit den Themen „Sprache und Affen" sowie „Spracherwerb des Kleinkindes" stellt sich schnell einmal die Frage nach dem Verhältnis zwischen Sprache und Denken. Hier muss man jedoch zunächst einmal abklären, was man denn unter dem Begriff „Denken" überhaupt versteht.

2.1.8.1 Was ist Denken?

Wenn man „Denken" z.B. als „Mittelfindung" definiert, dann „denkt" auch der Affe, der sich einen Stock beschafft, um eine Banane herunterzuholen, oder auch der *Cactos pictus pallida*, der Darwin-Fink, der – man staune nur – Kakteenstacheln als Werkzeuge einsetzt, um damit Maden aus Löchern oder Ritzen des Holzes herauszuholen.

Definiert man „Denken" als einen ziemlich weitgefassten Begriff, so zeigen Untersuchungen an Tieren, die einerseits nicht einmal Anfangsgründe zu dem, was wir als menschliche Sprachen definiert haben, besitzen, dass bei ihnen andererseits durchaus Ansätze zu einem Denkvermögen vorliegen. Dieses Denken kommt in bestimmten Fähigkeiten des Erkennens, Unterscheidens, des Erinnerns und des Kombinierens zum Ausdruck. Doch es muss festgehalten werden, dass Tiere, gerade weil sie keine menschliche Sprache besitzen, eine bestimmte Stufe des Denkens nicht übersteigen können.

2.1.8.2 Unzertrennliche Verzahnung zwischen Denken und Sprache

Gipper schrieb in diesem Zusammenhang:

> „Aber selbst wenn, wie wir annehmen müssen, Denken und Sprache als zwei verschiedene Vermögen anzuerkennen bleiben, so muß doch betont werden, daß die Sprache doch vermutlich bei allen höheren Denkleistungen mitbeteiligt ist,[44] eben weil sie unentbehrliche begriffliche Stützen, syntaktische Haltepunkte, feste geistige Strukturen bietet, an denen sich das Denken emporzuranken vermag. Bei allem

[44] Man beachte in diesem Zusammenhang, dass hier „Sprache" nicht dasselbe wie „Sprechen" meint. Dass Denken ohne Sprechen möglich ist, wird von niemandem bezweifelt. Gipper wies jedoch auch darauf hin, dass selbst beim wortlosen Denken im Prinzip „Sprache" mitbeteiligt ist, und weist dies auch für Taubstumme nach (vgl. Gipper: Denken ohne Sprache? S. 18-35).

Bemühen, beim Menschen ein Denken ohne Sprache nachzuweisen, ergeht es uns wie dem Hasen im Märchen, der nach mühsamem Lauf siegesbewußt am Ziel angelangt zu sein glaubt und dort zu seiner Verblüffung den Igel Sprache erblicken muß, der ihm unbekümmert zuruft: ‚Ich bin schon da!'"[45]

Die Erkenntnis bezüglich einer engen unzertrennlichen Verflechtung zwischen Denken und Sprache hat in der Erforschung fremder Kulturen zu neuen und interessanten Einsichten geführt. Lothar KÄSER bemerkte in seiner Einführung in die Ethnologie unter dem Titel „Kultur und Sprache" u.a. Folgendes:

> „Sprachen sind jedoch weit mehr als nur charakteristische Kulturelemente. In Wirklichkeit bilden sie komplizierte Strukturen, in denen Kultur verschlüsselt, sozusagen kartographiert vorliegt. Sprachen dienen ihren Sprechern nicht nur zur Verständigung, wie das oberflächlich gesehen den Anschein hat. Wir wissen heute, daß sie das menschliche Denken in einem Ausmaß beeinflussen und formen, daß man mit Fug und Recht behaupten kann, eine bestimmte Sprache zwinge ihre Sprecher, die Welt um sie herum, die Dinge und Vorgänge darin, deren Eigenschaften und Zustände in typischer Weise wahrzunehmen, zu ordnen, zu begreifen und Aussagen darüber zu machen, um entsprechend darüber verfügen zu können. Folglich bildet auch Sprache innerhalb der dazugehörigen Kultur als Strategie zur Bewältigung des Daseins eine Teilstrategie von hoher Komplexität und Bedeutung.
>
> Sprache ist nicht einfach ein Ausdruck des Denkens. Viele Menschen meinen, Denken und Logik seien unabhängig von Sprache bei allen Menschen von Natur aus identisch, lediglich die Lautqualitäten ihrer Sprachen seien verschieden, die Wörter klängen anders, fremd, ungewohnt, die Bedeutung der Wörter jedoch seien die gleichen. Das ist nur in sehr beschränktem Maß richtig. Auf Grund zahlreicher Forschungen an Sprachen aus den verschiedensten Kulturen wissen wir inzwischen mit Sicherheit, daß Spra-

45 GIPPER: Denken ohne Sprache? S. 35.

Abb. 4 Ohne Sprache ist höheres Denken unmöglich. Ohne höheres Denken ist Spracherfindung unmöglich.

chen einerseits Ausdruck der unterschiedlichsten Denkformen sind, und andererseits, daß Sprachen durch ihre speziellen Strukturen die unterschiedlichsten Denkformen bei denen schaffen, die sie als Muttersprache sprechen lernen (müssen)."[46]

2.1.8.3 Das Süssmilch'sche Paradoxon

Johann Peter SÜSSMILCH stellte bereits 1756 den engen Zusammenhang zwischen Denken und Sprache fest. Dabei kam er zum Schluss, dass der Mensch ohne den Besitz seines Denkvermögens die Sprache gar nicht erfinden konnte, und dass das Denken auf der anderen Seite ja von der bestehenden Existenz der Sprache abhängig ist.[47] Diesem Widerspruch muss sich jeder Sprach-Evolutionist stellen. Das *Süssmilch'sche Paradoxon* ist für die Entwicklungslehre ein ungelöstes „Henne-Ei"-Problem.

46 KÄSER: Fremde Kulturen, S. 179-180.

47 GITT: Energie – optimal durch Information, S. 124.

2.1.9 Über 6.800 Sprachen

Heutzutage kann man auf dem ganzen Erdball mit mehr als 6.800 verschiedenen Sprachen rechnen.[48] Die Dialekte sind hier nicht mitgezählt. Mit den Mundarten käme man auf eine bedeutend höhere Zahl. Die genaue Anzahl der Sprachen kann allerdings niemand angeben, da 1. die Unterscheidung zwischen Sprache und Dialekt an sich problematisch ist,[49] und weil 2. die Sprachen und Mundarten zahlreicher Volksgruppen bis heute noch nicht oder zu wenig erforscht worden sind.[50]

2.1.10 Kein Problem für Kleinkinder

Die Spracherwerbsforschung hat gezeigt, dass alle normalen Kleinkinder in der Lage sind, jede x-beliebige Sprache zu lernen und schließlich akzentfrei zu beherrschen. Wir hätten in unserer frühkindlichen Phase genausogut perfekt Suaheli, Mandarin-Chinesisch oder irgendeine Indianer-Sprache lernen können, wenn man in unserem sozialen Umfeld diese Sprachen mit uns gesprochen hätte.[51]

2.2 Grammatik, Semantik und Graphemik

Im Rahmen der deskriptiven Linguistik ist die *Grammatik* ein Hauptthema. Man kann sie definieren als ein System von Gesetzmäßigkei-

48 In der 14. Auflage von *Ethnologue* (aus dem Jahr 2000) wurden 6809 Sprachen aufgelistet (Grimes: Ethnologue, Languages of the World, s. „Geographic distribution of living languages, 2000").

49 Die Übergänge sind fließend.

50 Im Jahr 1988 wurde die Zahl der Sprachen, die heute noch in Gebrauch sind, auf 6170 beziffert (*Ethnologue*, Dallas 1988). 1978 hatte man 5103 Sprachen aufgelistet. Doch die Forschung der folgenden 10 Jahre kamen 1067 weitere Sprachen dazu. Dies zeigt, dass man die Zahl der Sprachen in aller Welt nur mit Vorsicht beziffern kann (vgl. Moore: Any given Day in the Life of the Bible, S. 5).
Die Sprachenliste in der Publikation „Ethnologue" wird immer wieder auf den neuesten Stand gebracht. Diese Veröffentlichung kann bei folgender Adresse bezogen werden: SIL International, Ethnologue Editor, 7500 West Camp Wisdom Road, Dallas, Texas 75236 USA (E-Mail: ethnologue_editor@sil.org).

51 Wilder Smith: Der Mensch – ein sprechender Computer? S. 19ff.

ten, das Laute und ihre Zusammensetzungen regelt. Im Code-System, also im Rahmen der Langue einer Sprache, können insgesamt *fünf verschiedene Ebenen* unterschieden werden:

2.2.1 Phonologie

2.2.1.1 Zur Vielfalt der Phone und der Phoneme

Der menschliche Sprechapparat kann außerordentlich viele verschiedene Laute (*Phone*) erzeugen. Sie bilden die Bausteine der Sprachen. Laute, die innerhalb einer Sprache bedeutungsunterscheidende Funktion haben, bezeichnet man als *Phoneme.* Weltweit werden ungefähr 600 verschiedene Laute sprachlich angewendet.[52] Hier ein paar frei und ungeordnet ausgewählte Beispiele für Phoneme im Deutschen: */a/, /b/, /i/, /d/, /t/, /k/, /o/.*

Die Phoneme tragen keine Bedeutung, sie sind aber in jedem Fall bedeutungsunterscheidend. Im Deutschen besagen die Phoneme */h/* und */l/* für sich allein genommen nichts. Aber dank dieser Bausteine können wir z.B. die Wörter *Haus* und *Laus* voneinander unterscheiden.

Zur Methode der Phonem-Ermittlung in einer bestimmten Sprache gehört folgendes Vorgehen: Man vergleicht Wörter, die sich nur in einem einzigen Laut voneinander unterscheiden. Wenn sich dadurch eine Bedeutungsdifferenz ergibt, so haben wir es mit zwei verschiedenen Phonemen zu tun. Die Erforschung der Phoneme ist der Bereich der Phonologie.[53]

Die Phoneme bilden die Basis, die Ausgangslage, um in einer gewissen Sprache ein Alphabet aufzustellen. Sie entsprechen häufig dem, was in der Schrift durch Buchstaben dargestellt wird.[54]

52 Gitt: Energie – optimal durch Information, S. 116.

53 Von griechisch *phonê* („Laut") und *logos* („Wort", „Wissenschaft").

54 Im Idealfall symbolisiert ein Buchstabe einen Laut. Doch je nach Sprache ist dies oft nicht der Fall. So drückt z.B. im Griechischen der Buchstabe *Psi* die zwei aufeinander folgenden konsonantischen Phoneme */p/* und */s/* aus. Andererseits kann es auch vorkommen, dass z.B. drei Buchstaben einen einzigen Laut bezeichnen: Im Deutschen braucht man die Dreier-Buchstabenkombination *sch,* um den einen Laut */š/* zu schreiben.
Im Englischen unterscheidet man etwa 45 Laute. Es gibt aber viel weniger Buchstaben. An diesem Beispiel wird deutlich, wie weit man sich bei einer Alphabet-Schrift vom Ideal „ein Buchstabe pro Laut" entfernen kann. In der

Der Phonologe hört auf die gesprochene Sprache. Er versucht sie in die kleinstmöglichen bedeutungsunterscheidenden Einheiten aufzusplittern.

In keiner Sprache werden alle möglichen Laute verwendet. Die Anzahl der angewandten Laute in einer bestimmten Sprache ist begrenzt. Sie überschreitet wohl kaum die Grenze von 145 Lauten. Im Laufe der Geschichte einer bestimmten Sprache kann sich die Zahl der Phoneme ändern. Neue Phoneme können entstehen, alte hingegen mögen verloren gehen.[55] Diese Prozesse sind an gewisse Gesetzmäßigkeiten gebunden und können als Regeln formuliert werden.

2.2.1.2 *Verlust an Phonemen: Evolution oder Devolution?*

Wenn, wie eben ausgeführt, die Zahl der Phoneme in einer bestimmten Sprache zu- oder abnehmen kann, so stellt sich uns hier die Frage, ob ein Verlust bzw. eine Zunahme an Phonemen als Evolution oder als Devolution (Abwärtsentwicklung) gewertet werden soll.

In diesem Zusammenhang muss klar festgehalten werden, dass solche Veränderungen in der Phonologie nichts mit bewusster und intelligenter Steuerung zu tun haben. Lautliche Verschiebungen stehen üblicherweise nicht in Verbindung mit menschlicher Kreativität. Normalerweise versucht niemand, seine Sprache zu entwickeln, indem er ihr willentlich neue Phoneme hinzufügt oder von ihr wegnimmt.

Des Weiteren stellt sich die Frage, was denn das Ideal einer Sprache sein soll: Möglichst viele oder möglichst wenig Phoneme? Die Beantwortung dieser Frage hängt vom Standpunkt ab: Aus der

phonetischen Schrift hingegen wird für jeden Laut ein eigenes Zeichen verwendet.

55 Ein Beispiel für Verlust: Die frühgriechischen Phoneme *F* („Digamma" genannt, als */w/* ausgesprochen) und *Jod* gingen für die klassische Zeit verloren (HOFFMANN/VON SIEBENTHAL: Griechische Grammatik des Neuen Testamentes, S. 9 und 22-23).
Beispiele für Zunahme: Gegenüber dem klassischen Latein haben die meisten romanischen Sprachen ein unfangreicheres Inventar an Phonemen. Beim Französischen ist dies besonders ausgeprägt. Im Mittelalter wurde durch unbewusste Prozesse ein derart komplexes Phoneminventar aufgebaut, sodass es schließlich etwa doppelt so viele Phoneme als das Latein umfasste. Seit dem Mittelalter wurde es jedoch wieder etwas reduziert (persönliche Mitteilung von Prof. A.M. KRISTOL-LABANT, Universität Neuchâtel, 5. April 1996).

Sicht eines Musikers könnte man für das ästhetische Ideal möglichst vieler Phoneme plädieren. Geht man jedoch von der Informationstheorie aus, so mag man geneigt sein, das Ideal als „höchste Informationsdichte bei möglichst wenigen Bausteinen“ zu formulieren. Im Zusammenhang mit dem DNS-Molekül, das in der Zelle die Erbinformation trägt, hat man festgestellt, dass es sich bei der dortigen Verwendung von 4 „Buchstaben“,[56] die jeweils in Dreiergruppen zusammengesetzt sind, um die Informationsdarstellung handelt, die am meisten Material spart![57] 4 Buchstaben in Dreiergruppen ist dort das Optimum.

Im Zusammenhang mit den menschlichen Sprachen kommt es wirklich auf den Blickwinkel an, wenn man die Zahl der Phoneme beurteilen will. Daraus folgt, dass dieser Aspekt der Sprache ungeeignet ist, um als Kriterium für Evolution bzw. Devolution verwendet zu werden.

2.2.1.3 Zur Klassifizierung der Phoneme

Die Phoneme werden in *Vokale* und *Konsonanten* aufgeteilt. Beide Gruppen können sehr differenziert durch Beobachtung der Art und Weise wie sie produziert werden wiederum in verschiedene Kategorien eingeordnet werden. So stellt man sich z.B. bei den Konsonanten die drei Fragen:[58]

1. Vibrieren die Stimmbänder?
2. Inwieweit wird der Luftstrom eingeschränkt?
3. An welcher Stelle berühren die Lippen und die Zunge andere Mundregionen bzw. inwieweit nähern sie sich ihnen?

2.2.1.4 Zur Bandbreite des Laut-Inventars der Sprachen

Die Sprache der Rotokas kann mit lediglich 11 Buchstaben geschrieben werden, da man dort über nur sechs Konsonanten und fünf Vokale verfügt: *a, b, e, g, i, k, o, p, r, t, u*. Es gibt auch in dieser Sprache jedoch Tausende von Wörtern. Es scheint, dass die geringe Zahl der Phoneme auf der einen Seite durch die Tendenz zu sehr langen Wörtern auf der anderen Seite kompensiert wird.

56 In der DNS fungieren die vier Nukleotidbasen Adenin (A), Thymin (T), Guanin (G) und Cytosin (C) als „Buchstaben“.

57 Gitt: Energie – optimal durch Information, S. 76-77.

58 Black: Linguistics for Students of New Testament Greek, A Survey of Basic Concepts and Applications, S. 27.

Die Unterschiede können gewaltig sein. Während die Rotokas nur über sechs Konsonanten verfügen, zählt man in der kaukasischen Sprache Ubyx über 80.[59]

2.2.1.5 *Phonem-Wahrnehmung*

Das Ohr des einzelnen Menschen ist dahingehend geübt, die bedeutungsunterscheidenden Laute der eigenen Sprache gut zu erkennen. Geht es jedoch um fremde Sprachen, so kann es sein, dass man unterschiedliche Phoneme zuweilen gar nicht wahrnimmt. Die Rotokas auf der Insel Bougainville in Papua Neu-Guinea haben Mühe, bei folgenden vier verschiedenen Silben eine Differenz wahrzunehmen: *[la]*, *[na]*, *[da]* und *[ra]* ist für sie dasselbe. In ihren Ohren klingen die Phoneme *[l]*, *[n]*, *[d]* und *[r]* genau gleich.[60] Englischsprachige hören keinen Unterschied zwischen den beiden *l*-Lauten in *milk* und in *lettuce.* Dies ist in diesem Fall auch nicht tragisch, weil diese verschieden ausgesprochenen *l*-Laute im Englischen keine bedeutungsunterscheidende Funktion aufweisen.[61] Es handelt sich also nicht um zwei verschiedene Phoneme. Aber in der Sprache der Yanyuwa in Australien ist es wichtig, wie die Linguistin Jean KIRTON schließlich herausgefunden hat, dass man als Ausländer, nebst dem gewohnten *l*, auch ein zwischen den Zähnen gebildetes, so genanntes „interdentales *l*", differenzieren kann, da es in dieser Sprache wirklich zwei andersartige, bedeutungsunterscheidende *l*-Laute gibt.[62]

Cameron TOWNSEND, der Gründer des SIL,[63] entdeckte im Cakchiquel, einer Maya-Sprache von Guatemala, das Vorhandensein von vier verschiedenen *k*-Phonemen.[64]

59 GITT: Energie – optimal durch Information, S. 116.

60 MOORE: The Alphabet Makers, A Presentation from the Museum of the Alphabet, S. 78

61 Es gibt im Englischen keine zwei Wörter, die sich nur durch die verschiedenen *l*-Laute unterscheiden würden. Deshalb kann man in diesem Fall nicht von verschiedenen Phonemen sprechen. Ein und dasselbe Phonem kann je nach Umgebung, in der es vorkommt, eine etwas anders geartete Klangfarbe besitzen.

62 MOORE: The Alphabet Makers, A Presentation from the Museum of the Alphabet, S. 78

63 = Summer Institute of Linguistics.

64 MOORE: The Alphabet Makers, A Presentation from the Museum of the Alphabet, S. 80.

Die Phonemwahrnehmung des Menschen ist ein Wunderwerk für sich: In der gesprochenen Sprache werden pro Sekunde je nachdem etwa 10 – 20 Laute geäußert. In diesem Tempo müssen Zuhörer diese Einheiten aufnehmen und verarbeiten können.

2.2.1.6 *Zum Phänomen der Tonsprachen*

Weltweit gibt es Tausende von Tonsprachen. Dies mag für manche Leser überraschend sein, da man dieses Phänomen unter den europäischen Sprachen im eigentlichen Sinn nicht kennt. Erstaunlicherweise existieren Ton- und Nicht-Tonsprachen oft regional dicht beieinander. Die verschiedenen Tonhöhen, die bedeutungsunterscheidende Funktion haben, bezeichnet man als *Toneme.*[65] Es geht dabei nicht um absolute Tonhöhen. Der Grundton der Sprechlage unterscheidet sich ja von Mensch zu Mensch. Die verschiedenen Tonhöhen stehen in Beziehung zur individuellen Sprechlage. Ein Tonem kann z.B. hoch, mittel oder tief sein, aber auch fallend, steigend oder fallend-steigend. Die Anzahl der Toneme bewegt sich je nach Sprache im Bereich von etwa 2 bis weit über 10.[66]

Zwei Beispiele sollen das Phänomen der Toneme veranschaulichen. Nachfolgende drei Sätze aus der Indianer-Sprache der Mixteken in Mexiko scheinen für solche, die nicht wissen, dass hier Tönhöhen bedeutungsunterscheidende Funktion haben, dasselbe zu sein. In Wirklichkeit handelt es sich um drei völlig verschiedenene Aussagen.[67] Die Tonhöhen werden in der Schrift entweder durch hochgestellte Zahlen oder durch Akzente, wie im folgenden Beispiel, dargestellt.

65 Bei einem Tonem kann es sich real um einen einzelnen Ton als auch um eine Abfolge von mehreren Tönen handeln. In der Musik würde man im zweiten Fall von einer „Sequenz“ sprechen, aber Musik ist eben nicht Linguistik.

66 In dem Chaozhou genannten chinesischen Dialekt z.B. gibt es, solange man nur einzelne Wörter für sich isoliert in Betracht zieht, 8 verschiedene Toneme. Sobald jedoch Wörter miteinander kombiniert werden, ändern sich die Töne. Man spricht daher von „Isolations-“ und „Kombinationstönen“. Nimmt man in dem genannten Dialekt diese Töne zusammen, so kommt man auf die stattliche Zahl von 16 Tonemen (Li/Thompson: Chinese, S. 815-816.

67 Moore: The Alphabet Makers, A Presentation from the Museum of the Alphabet, S. 78

1. *yucú cú* = Es ist ein Joch.
2. *yucu cú* = Es ist ein Berg.
3. *yucù cú* = Es ist eine Bürste.

(*ú* bedeutet hier ein hoher, u ein mittlerer und *ù* ein tiefer Ton.)

Im Mongbandi, einer Sprache, die im Norden des Kongo gesprochen wird, werden z.B. verschiedene Zeitformen durch unterschiedliche Tonhöhen bei der Aussprache von Pronomen ausgedrückt. *Mbi* (ich), oder *'e* (wir), auf einer tiefen Lage gesprochen, bezeichnet die Vergangenheit, auf einem mittleren Ton die Gegenwart und auf einem hohen Ton die Zukunft.[68]

2.2.1.7 *Schwierigkeiten im Umgang mit Tonsprachen*

Für Europäer ist es schwierig, nachvollziehen zu können, welche Konsequenzen eine mangelhafte Kenntnis der Struktur von Tonsprachen mit sich bringen kann. Der Franzose COURT hatte im Tschad jahrelang in der Zime-Sprache gepredigt. Es gab unter den Zuhörern immer wieder eigenartige Reaktionen, die er sich nicht erklären konnte. Bei der später erfolgten genaueren Analyse dieser lokalen Sprache von Pala stellte sich heraus, dass die Zeitformen des Perfekts und des Präsens-Futurs nur durch einen Halbton unterschieden werden. Zudem wurde klar, dass mitten durch Pala eine gefährliche Dialektgrenze verlief, bei welcher der Dialekt A die genannten Zeitformen im Vergleich zum Dialekt B mit den genau umgekehrten den Tonmustern bildete. Erschwerend kam noch dazu, dass COURT den Dialekt A gelernt hatte, während allerdings die Kirche, wo er predigte, ausgerechnet im Sektor des Dialekts B stand. Wenn er z.B. sagen wollte „Christus ist auferstanden", da meinten seine Dialekt B sprechenden Zuhörer, er behaupte „Christus wird auferstehen".[69] Das war fatal.

Probleme ergeben sich auch, wenn man den Liedtext einer Tonsprache auf einer vorgegebenen europäischen Melodie singen will. Der nigerianische Musikwissenschaftler Fela SOWANDE berichtete darüber, wie man in der Yoruba-Sprache jahrzehntelang das Weihnachtslied „Herbei, o ihr Gläubgen, fröhlich triumphierend" auf der

68 NIDA: Coutumes et Cultures, S. 256.
69 JUNGRAITHMAYR: Was ist „primitiv"? Zum Stand der Sprachgeschichtsforschung in Afrika, S. 198.

traditionellen Melodie gesungen hatte, obwohl, bedingt durch die unpassenden Tonlagen, der Sinn in eine völlig absurde Aussage verdreht wurde. In den Ohren der Einheimischen bedeutete der Text nämlich: „Geht aus, grabt nach Palmenkernen, ihr, die ihr vorbeifließendes Wasser so sehr liebt!“[70]

2.2.1.8. *Laute und die Sprachentwicklung bei Babys*

Die einführenden Bemerkungen zur Phonologie abschließend, möchte ich noch etwas Interessantes bezüglich der Lautäußerungen bei Babys hinzufügen. Untersuchungen des Lallens in der frühesten Phase haben gezeigt, dass Säuglinge dabei Laute aus allen möglichen Sprachen der Welt von sich geben. Babys hören allerdings aufmerksam auf die Lautäußerungen der Menschen, die für sie sorgen. Sie beginnen dadurch, sich bei ihren Lautäußerungen besonders auf die Laute ihrer Umwelt zu konzentrieren und schränken ihren Lautbestand mehr und mehr ein. Dadurch verlieren sich die „fremden Laute“ im Lauf der Zeit. Diese Beobachtungen helfen uns, etwas besser zu verstehen, welche Faktoren bei der Tatsache, dass Kleinkinder im Prinzip jede Sprache der Welt akzentfrei lernen können, mit eine Rolle spielen.[71]

2.2.2 Morphologie

2.2.2.1 *Zum Begriff der Morpheme*

Auf der nächsten Ebene im sprachlichen System geht es um die Kombination von Lauten zu Wortteilen, zu Wörtern und zu Wortformen.[72] Dieser Aspekt der Sprache ist Gegenstand der Morphologie.[73]

In der Morphologie interessiert man sich für Morpheme, für die kleinsten bedeutungstragenden Elemente einer Sprache. Morpheme unterscheiden sich von Phonemen dadurch, dass sie in sich immer bereits eine bestimmte Bedeutung enthalten, während dies bei Phonemen nicht der Fall ist. Im Schweizerdeutschen bedeutet der Laut

70 JUNGRAITHMAYR: Was ist „primitiv“? Zum Stand der Sprachgeschichtsforschung in Afrika, S. 198.

71 GITT: Energie – optimal durch Information, S. 116.

72 Zwei Beispiele mögen klären, was mit dem Begriff „Wortformen“ gemeint ist: *Hauses* ist die Genitiv-Wortform des Nomens *Haus; kaufst* ist eine Wortform des Verbums *kaufen.*

73 Von griechisch *morphē* („Form“) und *logos* („Wort“, „Wissenschaft“).

/g/ für sich nichts. Doch zusammengesetzt mit dem Phonem */a/* bildet er das Wort *ga,* was so viel wie *gehen* bedeutet.

2.2.2.2 *Einfache und komplexe Wörter*

Morphologen unterscheiden zwischen *einfachen* und *komplexen Wörtern.* Das deutsche Wort *Fisch* kann man nicht mehr in kleinere bedeutungstragende Teile aufsprengen. Es handelt sich um ein Morphem und zugleich um ein einfaches Wort.

Bei dem Lautkörper Fische handelt es sich um ein komplexes Wort. Man kann es nämlich in zwei bedeutungstragende Elemente aufteilen, in das Morphem *Fisch* und die Pluralendung *-e.* Hier fällt nun auf, dass es sich bei dem ersten Morphem um eine Einheit handelt, die unabhängig für sich stehen kann, weil dieses Morphem bereits für sich allein ein „Wort" ist, während das zweite Morphem, das in diesem Fall identisch ist mit einem Phonem, niemals die Möglichkeit hat, für sich isoliert dazustehen. Das Phonem /e/ hat hier bedeutungsunterscheidende Funktion. Da es aber zugleich ein Morphem ist, teilt es uns auch mit, dass es sich hier um eine Mehrzahl (zwei oder mehr) handelt.

2.2.2.3 *Formenlehre, Flexions- und Agglutinationsmorpheme*

Im Zusammenhang mit dem eben angeführten Beispiel des Lautkörpers *Fische* kann noch darauf hingewiesen werden, dass es sich bei dem Morphem */–e/* um ein *Flexionsmorphem* handelt. Unter dem Begriff *Flexion* versteht man die Abwandlung des Substantivs, des Verbs, des Pronomens, des Artikels und des Adjektivs in der Deklination bzw. Konjugation.

In Verbindung mit den agglutinierenden Sprachen, wo an den unveränderten Stamm kettenbildende Morpheme angehängt werden, sprechen wir analog von *Agglutinations-Morphemen.* Die Abwandlungen der Wörter – ob durch Flexions- oder Agglutinations-Morpheme – werden in der *Formenlehre* systematisch erfasst.

Man muss gut aufpassen, dass man gleichklingende (homophone) Morpheme nicht gleichsetzt, solange man nicht deren Bedeutung weiß. Nehmen wir folgendes englisches Beispiel:

The man *hits* the dog.[74]
The singers produced many *hits.*[75]

74 = Der Mann schlägt den Hund.
75 = Die Sänger produzierten viele Hits.

Im ersten Fall bezeichnet das Morphem *-s* die 3. Person Singular, im zweiten jedoch den Plural. Diese beiden Flexionsmorpheme klingen zwar gleich, haben jedoch überhaupt nichts miteinander zu tun. Solches kann sehr oft vorkommen.

2.2.2.4 Der Ablaut

Im Zusammenhang mit den Flexionsformen muss unbedingt noch auf die Besonderheit des Ablauts hingewiesen werden. Viele Wortformen werden in den flektierenden Sprachen ohne Prä-, In- oder Affixe gebildet, sondern lediglich durch die Veränderung des Vokalmusters innerhalb eines Konsonantengerüsts. Hierzu zwei Beispiele:

Das arabische Wort für „Buch" lautet *kitab.* Der Plural behält die drei Wurzelkonsonanten *ktb,* an denen der Sinn „Schreiben" haftet, bei, während die Vokale auf *u-u* lauten: *kutub* („Bücher").

Nun noch ein deutsches Beispiel: Während beim Verb *singen* die 3. Person, Singular, *er singt* lautet, wird die entsprechende Präteritum-Form durch Veränderung des ersten Vokals gebildet: *er sang.*

2.2.2.5 Was ist ein „Wort"?

Ich habe im vorletzten Abschnitt eben den Begriff *„Wort"* verwendet. Was ist eigentlich ein Wort? Der israelische Linguist Benjamin KEDAR lieferte folgende Definition:

> „Ein Wort ist eine minimale freie Form, die isoliert mit einer bestimmten Bedeutung geäußert werden kann und deren Bestandteile nicht abgeändert werden können, ohne eine Bedeutungsänderung zu bewirken."[76]

An dieser Stelle mag auch noch der Begriff *Lexem* erläutert werden. Mit diesem Ausdruck bezeichnet man die Grundeinheiten des *Wortschatzes.* In Wörterbüchern werden die Lexeme mit einer Zitierform benannt.[77]

Morphologen beschäftigen sich u.a. ausführlich mit Wörtern. Sie betrachten ein einzelnes Wort auch ganz unabhängig von Sätzen, in den es stehen kann. Ein Wort hat ja auch ein bestimmtes Eigenleben. Es kann für sich allein stehen und so selbstständig eine Information

[76] KEDAR: Biblische Semantik, S. 23.

[77] Im Deutschen z.B. stehen Substantive als Lexeme im Nominativ Singular und Verben im Infinitiv.

weitergeben. Als z.B. die judäische Königin Athalja wiederholt verzweifelt das Wort *qešer* („Verschwörung") schrie und ihre Kleider zerriss, da benutzte sie zwar keine Sätze, brachte aber dennoch mit einer einzelnen wild repetierten Vokabel eine verständliche Botschaft hinüber.[78] Ähnliches ist von David zu sagen. Als er vom Tod seines verkommenen rebellischen Sohnes hörte, vermochte er keinen Satz mehr zu bilden, sondern schrie weinend und innerlich zerbrochen im Gehen: *beni 'avšalom beni beni 'avšalom* („Mein Sohn, Absalom, mein Sohn, mein Sohn, Absalom".)[79]

2.2.2.6 *Freie und gebundene Morpheme*

Morpheme können nicht nur entweder „Wörter" oder „Phoneme" sein. Oft bestehen sie aus mehr als einem Phonem, bilden aber noch keine für sich selbst stehende Einheit. Hierzu einige Beispiele: *Ge-* in „Gemeinde", *Zer-* in „Zerbruch", *Be-* in „Besinnung". Das Morphem *Ge-* drückt aus, dass es sich hier um einen Sammelbegriff handelt. *Zer-* betont, dass ein Ding mit Gewalt auseinander geht. *Be-* deutet an, dass hier eine Bewegung auf einen bestimmten Punkt vollzogen wird. In diesem Zusammenhang sei auf die wichtige Unterscheidung zwischen *freien* und *gebundenen Morphemen* verwiesen. Die ersteren können isoliert und frei auftreten, während die letztgenannten nur mit anderen Morphemen verknüpft vorkommen können. Zwischen freien und gebundenen Morphemen bestehen aus sprachpsychologischer Sicht gewaltige Unterschiede.

Es gibt auch Morpheme, die sowohl frei als auch gebunden auftreten können. Das deutsche Morphem *über* kann für sich allein stehen, doch bildet es bei manchen Verbformen eine gebundene Vorsilbe: *überdenken, überlegen, übertreiben, übersetzen* etc.

2.2.2.7 *Diskontinuierliche Morpheme*

Die ein Morphem bildenden Phoneme müssen nicht unbedingt in unmittelbarer Folge stehen. *Diskontinuierliche Morpheme* stellen eine Erscheinung dar, die insbesondere für die semitischen Sprachen geradezu typisch sind. Nehmen wir als Beispiel zunächst das hebräische Verb *he'emid* („er stellte"): Die Wortwurzel *'md* (Aussprache: *'amad*) bedeutet „er stand". Das Morphem *he—i-* hat kausative[80] Bedeutung. Dadurch wird der Sinn von *stehen* in *stellen* umgewandelt.

78 2Kön 11,14.
79 2Sam 18,33.
80 = veranlassende.

Das hebräische Wort *macharešah* („Pflug“) besteht aus den drei Wurzelphonemen */ch/* + */r/* + */š/* („pflügen“) und einem für Geräte und Werkzeuge öfter verwendeten Morphem, das zusammengesetzt ist aus */m/* als Präfix und der Vokalfolge */a/ ... /e / ... /a/*. Zu dieser Gruppe gehören z.B. auch folgende Werkzeugnamen: *mazmerah* („Winzermesser“, von *zmr* = „schneiteln“), *magzerah* („Axt“, von *gzr* = „schneiden“, „fällen“) und *maš'enah* („Stab“, von *š'n* = „sich stützen“ [im Niph'al[81]]).

2.2.2.8 *Morphologie und Sprachkreativität*

Im kreativen Umgang mit Sprache ist es dem Menschen relativ leicht möglich, neue Wörter zu bilden und in den allgemeinen Gebrauch einzuführen. So fordern ja z.B. neue kulturelle, politische, ökonomische Gegebenheiten neue Ausdrücke. Sobald beispielsweise neue Erfindungen gemacht oder neue Konzepte aufgestellt werden, ist es nötig, neue Bezeichnungen zur Verfügung zu haben. Dasselbe gilt, wenn von einer Sprache in die andere übersetzt wird. Als Luther die Bibel übersetzte, fehlten ihm zuweilen Ausdrücke in der damaligen deutschen Sprache, sodass er manchmal zu Wortschöpfungen gezwungen war. Ein Beispiel: Es gab keinen Ausdruck, um das griechische Wort *mysterion* angemessen zu übersetzen. So schuf Luther das Wort *Geheimnis*. Er ging dabei von dem Ausdruck *Heim* aus. In diesem Bereich gibt es ja manche Dinge, die nur den eingeweihten Familienmitgliedern bekannt sind. *Heim* verband er zudem mit den für manche Nominalbildungen üblichen Morphemen *Ge-* und *-nis*. Dieses Beispiel macht klar wie neue Wörter sehr oft durch *Rekombination* von Elementen, die bereits Teil einer Sprache sind, kreiert werden. So entsteht *Neugut*. Man kann das Vokabular aber auch bereichern, indem man Wörter aus anderen Sprachen entlehnt. In diesem Zusammenhang spricht man dann von *Fremdgut*.

Die Sprachkreativität bewegt sich normalerweise in deutlichen Grenzen. Es kommt kaum vor, dass man neue Wörter kreiert, die gar nichts mit dem Bisherigen zu tun haben, also völlige Phantasiewörter sind. Normalerweise geschieht der Vokabularzuwachs durch Verwendung von dem, was in der eigenen oder in irgendeiner fremden Sprache vorhanden ist.

[81] Der Niph'al ist ein hebräischer Verbalstamm, der oft im Vergleich zum aktiven Grundstamm passive Bedeutung hat.

Der Vokabularbestand einer Sprache ist *offen*. Er kann beliebig ergänzt werden. Gesamthaft setzt er sich zusammen aus dem *Erbgut*, dem von den Vorfahren überlieferten Wortschatz, sowie aus *Neu- und Fremdgut*.

Während der Mensch kreativ neue Wörter bilden kann, fällt indessen auf, dass er auf dem Gebiet der gebundenen Morpheme, ja überhaupt in allen Bereichen der Formenlehre, äußerst unkreativ ist. Es ist nicht gerade üblich, dass von einem Sprachbenützer plötzlich eine neue Nominalendung zur Bezeichnung eines neuen Kasus eingeführt wird, genauso wenig neue Verbalformen zum Ausdruck eines bisher noch nicht vorhandenen Tempus oder Aspekts.

2.2.3 Syntax

2.2.3.1 Vom Morphem zum Satzverband

Auf der dritten sprachlichen Ebene werden bedeutungstragende Lautkombinationen zu Sätzen und Satzverbänden zusammengesetzt. Mit den Gesetzmäßigkeiten, nach denen dies geschieht, beschäftigt man sich in der Syntax.[82] Unter diesem Begriff versteht man die Lehre

a) von der Funktion der Wortarten und Wortformen im Satz, ferner
b) deren Zusammenstellung zu Satzteilen und Sätzen sowie
c) der Verknüpfung von Sätzen zu Satzverbänden.[83]

In der Syntax werden die Beziehungen zwischen Wörtern, Wortgruppen und Sätzen bezüglich Form, Funktion, Wirkungsweise und innerer Struktur untersucht.

Die Informationen, die sich Menschen einander weitergeben wollen, erfordern ja in der Regel mehr als ein Wort. Wenn Wörter zu Sätzen verbunden werden, so können sich in den meisten Sprachen die Formen der Wörter ändern, je nach ihrer Funktion im Gesamtgefüge.

Als wir noch ganz klein waren, konnten wir höchstens ein paar einzelne Wörter sprechen. Vielleicht saßen wir damals zum Essen

82 Abgeleitet von dem griechischen Wort *syntaxis* („Zusammenfügung", „Anordnung").

83 Auf diesen Aspekt der Syntax wurde das gründliche Augenmerk erst seit relativ kurzer Zeit im Rahmen der Diskurs-Analyse gerichtet.

auf einem hohen Stühlchen und bekamen gemixte Karotten vorgesetzt. Als wir damals gerade den Lautkörper *Nein!* auszusprechen vermochten, reichte das im Prinzip vollends, um eine wichtige verständliche Aussage zu machen. Doch als wir schließlich sagen konnten *Nein, ich will Kekse!*, da hatten wir bereits den Durchbruch in das Gebiet der Syntax geschafft, und damit konnten wir unsere Kommunikationsfähigkeit ganz drastisch erhöhen.

Die Syntax regelt die Stellung und Funktion der Wörter im Verbund. Im Deutschen kann man nicht sagen: *Ich Wald hinein den gerne in gehe.* Alle Wörter sind zwar für sich genommen korrekt. Doch aus ganz bestimmten syntaktischen Gründen können sie so niemals zusammengesetzt werden. Korrekt wären jedoch folgende Möglichkeiten mit unterschiedlicher Akzentsetzung in der Aussage:

a) Ich gehe gerne in den Wald hinein.
b) In den Wald gehe ich gerne hinein.
c) Gerne gehe ich in den Wald hinein.
d) Hinein in den Wald gehe ich gerne.
e) In den Wald hinein gehe ich gerne.

Es ist ein wahres Wunder, wie der Mensch Sätze als syntaktische Einheiten wahrnehmen, analysieren und verstehen kann. Dieses Phänomen ist eng mit der eigentümlichen Beschaffenheit des Kurzzeitgedächtnisses verknüpft: Etwa fünfundzwanzig zu Sinneinheiten verbundene Wörter vermag das Kurzzeitgedächtnis während etwa 10 Sekunden zu speichern. Dann wird es wieder gelöscht. Dies reicht aber gerade, um bei dem üblichen Sprechtempo von etwa 20-25 Phonemen pro Sekunde, die Ebene der Syntax beherrschen zu können.[84]

2.2.3.2 Tiefen- und Oberflächenstruktur

Ich habe bereits erwähnt, dass alle geistig gesunden Kleinkinder fähig sind, jede beliebige Sprache der Welt perfekt zu erlernen. Obwohl die Grammatiken der Sprachen in aller Welt von ihrer Vielfalt her gesehen eine riesige Bandbreite abdecken, ist es für ein Kind dennoch möglich, mit Hilfe seiner angeborenen Fähigkeiten, jeden beliebigen Sprach-Code zu knacken. Diese Tatsache verdeutlicht, dass den Sprachen der Welt, trotz der z.T. gewaltigen struktu-

[84] ZIMMER: So kommt der Mensch zur Sprache, S. 177.

rellen Diskrepanzen, eine fundamentale Einheit und Verbindung unterliegen muss. CHOMSKY und die mit ihm verbundenen Strukturalisten haben daher den Konzepten einer *Tiefen-* und einer *Oberflächenstruktur* großes Gewicht beigemessen. Er ist später allerdings von diesen Begriffen wieder abgekommen. Was sich für viele zunächst so logisch anhörte, hat sich in seiner an sich extremen Form nicht bestätigt.[85] Wenn ich diese Ausdrücke nun dennoch weiter verwende, so lediglich in ganz vorsichtiger Weise mit starken Einschränkungen und massiven Modifikationen, um damit Phänomene zu bezeichnen, die nicht so einfach als völlig nichtexistent vom Tisch gewischt werden können. Ich umschreibe diese Begriffe mit der gebotenen Zurückhaltung, um damit dem berechtigten kritischen Vorwurf der Spekulation entgehen zu können, wie folgt:

Die *„Oberflächenstruktur"* umfasst alle Phänomene der Grammatik und Semantik einer bestimmten Sprache.

Mit dem Begriff *„Tiefenstruktur"* bezeichne ich die im Innern des Menschen angelegten geistigen Voraussetzungen, um sich Sprachen überhaupt aneignen zu können.[86]

Es ist bis heute allerdings nicht geklärt, was nun eigentlich im Detail alles angeboren ist und was nicht. Es ist jedoch eindeutig, dass der Mensch über biologische und geistige Voraussetzungen verfügt, welche die Grundlage für seinen erstaunlich einfachen Spracherwerb als Kleinkind bilden.

2.2.3.3 Zum Geheimnis des Spracherwerbs

Wie kommt ein Kleinkind eigentlich zur Sprache?[87] In der stark evolutionistisch geprägten psychologischen Schule des Behaviorismus von den Zwanziger- bis in die Sechzigerjahre des 20. Jahrhunderts, ging man davon aus, dass dies durch Assoziation, Imitation und Verstärkung, z.B. mittels Lob oder Lächeln, geschieht. Dinge und Wörter werden assoziiert, indem z.B. die Mutter mit der Hand auf einen bestimmten Gegenstand deutet und dabei einige Male laut

85 Persönliche Notiz von der Linguistin Frau Prof. Dr. Ursula WIESEMANN an den Autor (21.8.00).

86 Die Begriffe „Oberflächen-" und „Tiefenstruktur" in dieser revidierten Bedeutung setze ich nachfolgend stets zwischen Anführungs- und Schlusszeichen, um deutlich zu machen, dass ich sie nicht in der veralteten Weise verwende.

87 ZIMMER: So kommt der Mensch zur Sprache, S. 11-14.

und deutlich dasselbe Wort ausspricht. Eingehende Studien des Spracherwerbs bei Kindern haben den Behaviorismus jedoch stark zurückgedrängt und in Misskredit gebracht. Nachahmung, also Nachplappern, spielt beim Spracherwerb effektiv eine untergeordnete Rolle. Insbesondere grammatische Formen werden von den Kindern kaum imitiert. In der Frühphase werden einzelne Wörter nachgesagt. Aber sehr schnell beginnen die Kinder, eigene Aussagen zu machen. Es scheint, dass Kinder nicht Einzelfälle von Sprachanwendung lernen, sondern vielmehr die Regeln, die den Einzelfällen zugrunde liegen. Das Kind schließt von der Parole auf die Langue. Die Vorgehensweise lässt sich mit folgenden Begriffen umschreiben: Induktion, Generalisierung und Erprobung.

Bei der *Induktion* nimmt das Kind nicht nur Wörter aus den Sprachakten, die es hört, auf, sondern ebenso grammatische Gesetzmäßigkeiten. Darauf folgt die *Generalisierung:* Die hypothetisch gebildeten Regeln werden auf ähnliche Fälle angewandt. Bei der *Erprobung* bildet das Kind Sätze nach diesen Regeln und vergleicht seine Resultate mit dem Input seiner Umwelt. Es korrigiert seine Hypothesen auch durch weitere Beispiele aus der Erwachse-

Abb. 5 Haniel, 3½ Jahre alt. Der kindliche Spracherwerb vollzieht sich durch Induktion, Generalisierung und Erprobung. Es handelt sich dabei um ein geheimnisvolles Phänomen.

nensprache. Ein Kind realisiert z.B., dass *spazieren* als Akt einer Person in der Vergangenheit mit *er spazierte* umschrieben wird. Daraus folgert es, dass man beispielsweise bei der Anwendung des Verbums *singen* wohl *er singte* sagt. Doch in diesem Fall muss es schließlich erfahren, dass es eine falsche Generalisierung vorgenommen hat und die frühere Hypothese etwas umbilden muss. Hier kommt nun eine wichtige Feststellung hinzu: Wenn der ganze Spracherwerbsprozess nur auf den Prinzipien von Induktion, Generalisierung und Erprobung beruhen würde, dann müsste die Zeit der Sprachentwicklung viel länger dauern, als dies in Wirklichkeit der Fall ist. Die Möglichkeiten von falschen Hypothesen und nichtzutreffenden Verallgemeinerungen sind dermaßen zahlreich. Es fällt auf, dass erstaunlich viel zu gute Ergebnisse aus dem Kind herauskommen im Vergleich zu dem, was hineingegeben wird. Wenn man die theoretische Zahl der Fehlermöglichkeiten in Betracht zieht, ist es geradezu frappant wie wenig grammatische Fehler Kleinkinder machen. Das fällt uns einfach zu wenig auf, weil wir derart an das Wunder des kleinkindlichen Spracherwerbs gewöhnt sind und wir es schlicht als normal empfinden. Dabei realisieren wir leider gar nicht mehr das absolut Sensationelle, das effektiv dahinter steht. Dieses drastische Ungleichgewicht von „Input“ und „Output“ kann insbesondere in den Fällen eindrücklich demonstriert werden, wo Kinder von ihrer Umwelt nur wenig, zudem ungepflegte und schlechte Sprache zu hören bekommen, und wo sie dennoch in der Lage sind, in kürzester Zeit sich eine im Prinzip vollständige Grammatik anzueignen. Diese Beobachtungen haben dazu geführt, dass man sich in der Psycholinguistik gezwungen sah, von einer grammatikalischen Vorstrukturierung im Geist des Menschen auszugehen. Offensichtlich besteht in unserer mentalen Beschaffenheit eine Art Vorahnung[88] von Grammatik, die viele in die Irre führenden Sprachexperimente und Abzweigungen erspart. In diesem Zusammenhang versuchte man ja in der Vergangenheit, nach einer *universalen Grammatik,* die allen Sprachen der Welt zugrunde liegen soll, zu forschen und zu suchen. Die Existenz einer solchen „Grammatik“ war natürlich immer eine rein spekulative Angelegenheit. Ich schlage vor, zurückhaltend von einer *universalen Grammatik-Prädisposition* zu sprechen, und zwar

88 Ich sage bewusst nicht „Vorwissen“, denn dies wäre wohl bereits deutlich zu viel behauptet.

in dem Sinn, dass das Kind durch Vererbung über gewisse sprachliche Universalien und Hypothesenformulierungsmöglichkeiten verfügt. Es ist nämlich klar, dass Kinder, die keinen sprachlichen Input von ihrer Umwelt bekommen, nie selber eine Sprache entwickeln. Die Erfahrung zeigt, dass der Mensch niemals von sich aus eine Sprache generiert, nie eine Sprache aus dem Nichts erschafft. Der Mensch ist aber als Kind so angelegt, dass er auf eine von außen an ihn herantretende Sprache reagiert, in sie eindringt und sie schließlich erfasst, allerdings so, dass er strukturell unglaublich komplexe und hochphilosophische Dinge über logische Kategorien weiß, von denen er gar nicht weiß, dass er sie weiß.

Das oben angeführte Beispiel einer falschen Generalisierung zeigt übrigens, wie kreativ der Mensch veranlagt ist im Blick auf die Verwendung von Morphemen. Hier zeigt sich das Phänomen der Analogiebildung. Dies ist ein wichtiger Aspekt im Zusammenhang mit der Sprachkreativität.

2.2.3.4 *Wolfskinder*

Der griechische Geschichtsschreiber Herodot überlieferte uns ein wissenschaftliches Sprach-Experiment, das man – glücklicherweise – in unserer Gesellschaft zur Zeit nicht akzeptieren würde: Vor etwa zweieinhalbtausend Jahren stellte der ägyptische Pharao Psammetich die Vermutung auf, dass das Wort, das ein Kind als erstes Wort aussprechen würde, wenn es ohne sprachlichen Input aufwächst, gewiss ein Wort aus der ältesten Sprache der Welt sein müsste. Dieser König ging natürlich von der Arbeitshypothese aus, dass es sich dabei bestimmt um Ägyptisch handeln müsste. Zwei neugeborene Babys wurden in völliger Isolation in der Wildnis von einem Hirten, der nicht mit ihnen sprechen durfte, aufgezogen. Als nach zwei Jahren die Stunde der Wahrheit kam, stellte man fest, dass diese Kinder *bek, bek* sagten, was wohl auf die Nachahmung des Mekkern der Ziegen, an deren Milch sie sich täglich laben durften, zurückzuführen ist. Bei der damaligen Analyse dieser Ergebnisse realisierte man jedoch, dass *bekos* auf Phrygisch „Brot" hieß, und so kam Psammetich enttäuscht zum Schluss, dass das Volk der Phryger wohl eine ältere Sprache und Kultur haben musste als die stolzen Nachkommen der Pyramiden-Erbauer am Nil.[89] Ein anderer Schluss,

[89] AITCHISON: Der Mensch – das sprechende Wesen, S. 95; ZIMMER: So kommt der Mensch zur Sprache, S. 7.

den man aus dieser Erfahrung hätte ziehen können, wäre dieser: Das Experiment gibt keinen Anlass, zu glauben, dass Menschen von sich aus eine Sprache generieren.

Das widerliche und stumpfsinnige Experiment des Stauferkaisers Friedrich II., das der Chronist Salimbene von Parma beschrieb, sollte aufzeigen, ob Kinder ohne Sprach-Input, Hebräisch, Griechisch, Latein, Arabisch, oder vielleicht die Sprache, in der ihre Eltern geboren waren, sprechen würden. Ihre stummen Ammen zeigten ihnen, nach wissenschaftlicher Programmanweisung des Chefs, keine Zuneigung, und so starben denn all diese Kinder.[90] Kommunikation und liebende Gemeinschaft gehört zum Menschsein, und in Fällen, wo es zwar durch Lautsprache nicht geschehen kann – wenn beispielsweise Kinder taubstumm sind[91] – da muss es allein durch Lächeln, Umarmen und elterlicher Liebe jeder Art geschehen. Der klar kommunizierte Erweis von Liebe ist offensichtlich lebenswichtig.

Es gibt nur wenige zuverlässige Berichte von Kindern, die sprachlich isoliert aufwuchsen. Sie zeigen aber alle, dass sie jeweils keine Sprache besaßen, als man sie fand.[92] Auch der wegen einer Verfilmung berühmte Junge Victor de Aveyron, der 1797 nackt und bloß in den Wäldern von Caune beim Eichelnsammeln gefunden worden war, sprach kein Französisch, kein Phrygisch, kein Hebräisch und auch keine neue von ihm selbst generierte Sprache. Dafür grunzte er wie ein Tier.[93] Victor war, als man ihn entdeckte, etwa zwölf Jahre alt. Dr. Itard wurde damals sein geduldiger, einfallsreicher Erzieher und Lehrer. Doch nach sechs Jahren Unterricht konnte Victor lediglich ein paar geschriebene Wörter erkennen. Sprechen lernte er so gut wie nicht.[94] Die sensible Phase zum Spracherwerb war offensichtlich völlig verpasst worden.

Ich hoffe, mit diesen wenigen Ausführungen zumindest andeutungsweise begreiflich gemacht zu haben, dass es sich bei dem

90 Zimmer: So kommt der Mensch zur Sprache, S. 7.

91 Von Interesse ist in diesem Zusammenhang der beiläufige Hinweis, dass auch taube Kinder plappern, ohne je sprachliche Äußerungen gehört zu haben. Es braucht kein Vorbild. Nachahmung spielt hier absolut keine Rolle. Das kindliche Lallen und Gebabbel kommt von innen aus dem Menschen heraus; vgl. Zimmer: So kommt der Mensch zur Sprache, S. 12.

92 Aitchison: Der Mensch – das sprechende Wesen, S. 95.

93 Aitchison: Der Mensch – das sprechende Wesen, S. 95.

94 Zimmer: So kommt der Mensch zur Sprache, S. 25.

Konzept einer sprachlichen „Tiefenstruktur" nicht um etwas rein aus der Luft Gegriffenes handeln kann.

Der Erwerb einer ersten Sprache muss unbedingt vor der Pubertät stattfinden, überhaupt so früh wie möglich. Das Kleinkind besitzt offensichtlich eine Art „Dietrich", durch dessen Einsatz es in der Lage ist das „Schloss" jeder Sprache der Welt zu öffnen.[95] Mit der Pubertät erstarrt dieser Dietrich.

Wilder Smith beschrieb den Fall eines Wolfskindes, der sich im 20. Jahrhundert ereignet hatte. Es handelte sich um einen Indianer aus Kalifornien, der sich als Kleinkind in den dortigen Tannenwäldern als Jäger und Sammler allein durchschlagen konnte.[96] Mit 30 Jahren kam dieser Einzelgänger mit Weißen in Berührung. Er vermochte sich nur mit Zeichen und Lauten zu verständigen. Ja, er konnte keine indianische Sprache sprechen, und natürlich auch nicht irgendeine andere. Man nahm ihn freundlich auf. Ethnologen und andere Wissenschaftler beschäftigten ihn in einem Indianer-Museum, wo er den Besuchern das Leben der Eingeborenen im Wald demonstrieren durfte. Er versuchte, Englisch zu lernen. Doch er schaffte es nur bis zur zweiten Ebene des Sprach-Codes, bis zur Morphologie. Er konnte einige Vokabeln lernen, war aber unfähig, korrekt Sätze zu bilden. Seine Kapazität, die Regeln einer Syntax zu erfassen, existierte nicht mehr. Irgendwie war sein „Dietrich" zu einem wesentlich Teil „erstarrt". Über sein Innenleben hat man kaum etwas erfahren können. Es blieb unbekannt, was er glaubte. Abstrakte Begriffe lagen außerhalb seiner Möglichkeiten. Er besaß aber ein großes Bedürfnis nach Gemeinschaft. Dies war auch der Grund, warum er als Erwachsener es schließlich wagte, mit weißen Menschen in Kontakt zu treten, obwohl er von ihnen anfänglich das Schlimmste erwartete.

Als Erwachsene, die wir als Kinder eine erste Sprache lernen durften, ist uns im Allgemeinen viel zu wenig bewusst, welch ein einschneidender Wechsel beim Übergang in die Pubertät in sprachlicher Hinsicht in uns vorgegangen ist. Denn seit der Pubertät konnten wir nämlich nie mehr Sprachen so spielerisch, natürlich und einfach lernen, wie das im Kleinkindalter geschehen ist. Erwachsene und Kinder ab etwa zehn Jahren, müssen sich theoretisch, verbun-

95 Wilder Smith: Der Mensch – ein sprechender Computer?
Allgemein zum Spracherwerb des Kindes vgl.: Zimmer: So kommt der Mensch zur Sprache, Über Spracherwerb, Sprachentstehung und Sprache & Denken.

96 Wilder Smith: Der Mensch – ein sprechender Computer? S. 19-21.

den mit viel Mühe und Fleiß, mit grammatikalischen Strukturen beschäftigen, um den Zugang zu einer neuen Fremdsprache zu schaffen. Unser „Dietrich" ist nicht mehr in der Weise funktionsfähig, wie er es früher war.

Das Erwerben der Muttersprache ist von grundsätzlich anderer Art als das Erlernen einer Fremdsprache.

2.2.3.5 Kreol-Sprachen

In Verbindung mit den Begriffen der „Oberflächen-„ und der „Tiefenstruktur" muss ich nun unbedingt noch einiges über das Phänomen der Kreolsprachen ausführen:

Mit dem Begriff „Kreolsprachen" bezeichnet man etwa dreißig Sprachen, die in der Zeitperiode zwischen dem 16. und dem 19. Jahrhundert vor allem durch die Arbeiter- und Sklavenheere der europäischen Kolonialmächte ausgebildet worden sind. Sobald eine neue Kolonie gegründet worden war, wurden billige Arbeitskräfte aus aller Welt herbeigeschafft. In vielen Fällen kamen Menschen verschiedenster Sprachen zusammen. Dies führte zu Verständigungsproblemen. Um diese Kommunikationsschwierigkeiten zu überbrücken, half man sich mit primitiven Behelfssprachen. Für den Begriff „Behelfssprache" verwendet man auch den Ausdruck *„Pidgin"*. Die Wörter einer Pidgin-Sprache stammten meistens aus der von den jeweiligen Herrschern gesprochenen Sprache, d.h. z.B. aus dem Französischen, Spanischen, Portugiesischen oder dem Niederländischen. Von der Grammatik dieser Sprachen wurde jeweils so viel wie möglich abgestreift. Pidgin ist also eine rudimentäre Sprache mit einem ganz kleinen Wortschatz.

Die beschriebene Situation betrifft die jeweils erste Generation. Diese Arbeiterheere hatten nun aber Nachkommen. Ihre Kinder bekamen oft hauptsächlich Pidgin zu hören, sodass dieses Idiom ihre Muttersprache wurde. Zur Zeit solcher Übergänge geschah etwas Überraschendes: Das Pidgin wurde „kreolisiert", wie man in der Fachsprache sagt. Die offene Grammatik der Elterngeneration bekam durch die Kinder Regelcharakter, sodass sich schließlich jeweils eine verbindliche Satzbau-Grammatik entwickelte.

Der Linguist Derek BICKERTON von der Universität Hawaii hat sich besonders um die Kreolsprachen verdient gemacht. Er hatte sein Augenmerk darauf gerichtet, Gemeinsamkeiten der Kreolsprachen herauszuarbeiten: Sie bestehen zur Hauptsache aus Substantiven und Verben. Es gibt keine Fallformen. Fragen werden durch steigende Satzmelodie gebildet. Zu einem verneinten Verb besitzen sie oft ein verneintes Subjekt. Ein Beispiel aus dem Guyana-Kreol: *No dog did not bite no man.* Interessant ist in diesem Zusammenhang, dass diese Art der Verneinung einer kindlichen Sprachphase zwischen dreieinhalb und vier Jahren entspricht (vgl. z.B. *Keiner mag mich nicht).*

Die Verben werden nicht konjugiert. Aber es haben sich hoch interessante syntaktische Regeln zum Ausdruck von Zeit und Aspekt herausgebildet. Einige Beispiele aus dem Hawaii-Kreol: *He walk* steht im Präsens und bedeutet „Er geht".

Für die Vergangenheit wird eine Partikel vor das Verb gestellt: *He bin walk* („Er ist gegangen"). Auch zum Ausdruck dessen, was noch nicht ist (Futur) oder lediglich sein könnte (Irrealis), wird einfach ein Partikel vorangestellt*: He go walk* (= „Er wird/würde gehen").

Es gibt die Möglichkeit, eine fortdauernde Handlung zu beschreiben, entsprechend dem englischen „continious time". *He stay walk* bedeutet „Er geht und geht und geht".

Die drei genannten Partikel lassen sich auch alle kombinieren, und zwar immer in der Reihenfolge Zeit-Modus-Aspekt. Dies gilt entsprechend auch für andere Kreolsprachen. *He bin go stay walk* kann man ungefähr wie folgt übersetzen: „Er wäre davor ununterbrochen gelaufen."[97]

Das Beispiel der Kreol-Sprachen bestätigt die Annahme, dass der Mensch ein angeborenes Sprachempfinden besitzt, das sich in der sensiblen Spracherwerbs-Phase in syntaktischer Hinsicht durch erstaunliche Kreativität auswirken kann. Insbesondere die Beobachtung, dass in den Kreolsprachen allgemein die Partikel-Reihenfolge Zeit-Modus-Aspekt zu beobachten ist, lässt interessante Rückschlüsse auf eine angeborene Grammatik-Disposition zu.

Hätten die Pidgin-Kinder nie eine Sprache hören können, so wären sie allerdings sprachlos geblieben wie Wolfskinder. Aber selbst die rudimentäre Sprache, welche die Pidgin-Umwelt ihnen anzubieten hatte, war bereits genügend Input, um daraus scheinbare Regeln herauszufühlen und sie schließlich im dialektischen Umgang mit der Umwelt zu grammatikalisieren.

97 ZIMMER: So kommt der Mensch zur Sprache, S. 94-98; Literaturhinweis auf S. 117: BICKERTON: Creol Languages, S. 108-115. Vgl. ferner die kritische Würdigung und wohltuend gesunde Relativierung der Arbeit BICKERTONS durch Marlis HELLINGER in: GESSINGER/VON RAHDEN: Theorien vom Ursprung der Sprachen, Band II, S. 329ff.

Wir haben bereits gesehen, dass der Mensch im Bereich des Vokabulars kreativ ist. Das Beispiel der Kreol-Sprachen illustriert sehr anschaulich die schöpferische Fähigkeit des Menschen auf dem Gebiet der Syntax.

2.2.4 Semantik

2.2.4.1 Grammatik und Semantik

In der *Grammatik,* bestehend aus Phonologie, Morphologie und Syntax, befasst man sich mit der *Ausdrucksseite* der Sprachen. Die *Informationsseite* hingegen ist Angelegenheit der *Semantik*[98]. Während man sich in der Grammatik mit der äußeren Form, dem Symbol, dem Bezeichnenden,[99] beschäftigt, richtet man indessen bei der Semantik – koordiniert dazu – das Augenmerk auf den Inhalt, auf das Konzept bzw. auf das Bezeichnete.[100]

Bei der Untersuchung des Informationsgehaltes von Lautgebilden in isolierter Form forschen wir nach deren *lexikalischer Bedeutung.* Geht es um den Sinn der Morpheme im Satz- und Textgefüge, so spricht man in diesem Zusammenhang von deren *struktureller Bedeutung.* Die *totale linguistische Bedeutung* einer Äußerung setzt sich zusammen aus den lexikalischen Bedeutungen der einzelnen Wörter und deren grammatisch bedingten strukturellen Bedeutungen.

Nehmen wir als Beispiel für lexikalische Bedeutung das Wort *Luft.* Man kann die Bedeutung der Lautkombination */l/* + */u/* + */f/* + */t/* z.B. als „Gasgemisch, das die Erde als Hülle umgibt" beschreiben. Die spezifische und volle Bedeutung eines Wortes ergibt sich aber erst durch dessen Platz innerhalb eines Satzes und eines Satzverbandes, letztlich sogar erst innerhalb eines existenziellen Gesamtkontextes.

2.2.4.2 Homophonie

Es kann vorkommen, dass ein bestimmtes Lautgebilde völlig verschiedene Bedeutungen haben kann. Das deutsche Morphem *Kiefer*

98 = Bedeutungslehre, Sprachinhaltsforschung; abgeleitet von griechisch *sêmainô* („bedeuten").

99 Dafür hat sich in der Linguistik der Begriff „le signifiant" eingebürgert (vgl. DE SAUSSURE: Cours de linguistique générale, S. 97-103.

100 Im Gegensatz zu „le signifiant" benutzt man dafür den Begriff „le signifié" (vgl. DE SAUSSURE: Cours de linguistique générale, S. 97-103).

kann man grob erklären als „Nadelbaumart“ oder „eine bestimmte Knochenpartie des Schädels“. Im Hebräischen bedeutet *kar* sowohl „Lamm“ als auch „Kamelsattel“. Es handelt sich hier in beiden Fällen eigentlich um je zwei verschiedene, allerdings gleich lautende Lexeme verschiedener Herkunft. In diesem Zusammenhang spricht man von *Homophonie.*[101] Das Phänomen der Homophonie spielt z.B. im Chinesischen eine große Rolle, weil es dort überaus gehäuft vorkommt.

2.2.4.3 *Information und deren Übermittlung*

Die Zeichenketten, die nach grammatischen Regeln zusammengestellt werden können, bilden die notwendige Voraussetzung zur Übermittlung von Information. Das Wichtigste an einer Information, die weitergegeben wird, ist jedoch nicht der gewählte Code an sich, sondern die darin gefasste Botschaft. Jede Information kann mit jeder x-beliebigen Sprache der Welt übermittelt werden. Das Wesentliche für den Sprecher und den Hörer einer Sprache, für den *Sender* und den *Empfänger*, ist jedoch die *Aussage, der Sinn, die Bedeutung.* Erst dadurch wird die Zeichenkette der Grammatik zur Information. Werner GITT, Spezialist für Informatik, numerische Mathematik und Systemtheorie, schrieb dazu: „Es gehört zum Wesen jeder Information, dass sie von jemandem ausgesandt und an jemanden gerichtet ist. Wo Information auch immer auftritt, haben wir es stets mit einem Sender und einem Empfänger zu tun.“[102]

An dieser Stelle mag uns auffallen, dass Information *eine rein geistige Größe* ist.[103] Sie kann mit Hilfe von Materie übermittelt werden, z.B. durch Schallwellen im Gespräch, durch Tinte auf Papier beim Schreiben, durch bestimmte Anordnung von Atomen und Molekülen im Fall der DNS-Erbsubstanz etc. In all diesen Fällen ist das Materielle aber eindeutig nicht identisch mit der Information selbst. Die Materie ist immer lediglich Träger einer ihr aufoktroyierten geistigen Größe.

Gesprochener Dialog mit menschlichen Sprachen geschieht so: Der Sender besitzt oder bildet in seinem Inneren Information. Er verschlüsselt sie in Code-Zeichen, und zwar in Form von Schallwellen, die er an einen Empfänger übermittelt. Der Empfänger entschlüsselt die Code-Zeichen und nimmt die Information in sich auf.

101 Zwei gleichklingende Lautkörper (Wörter) mit verschiedenen Bedeutungen.
102 GITT: Energie – optimal durch Information, S. 110.
103 GITT: Energie – optimal durch Information, passim.

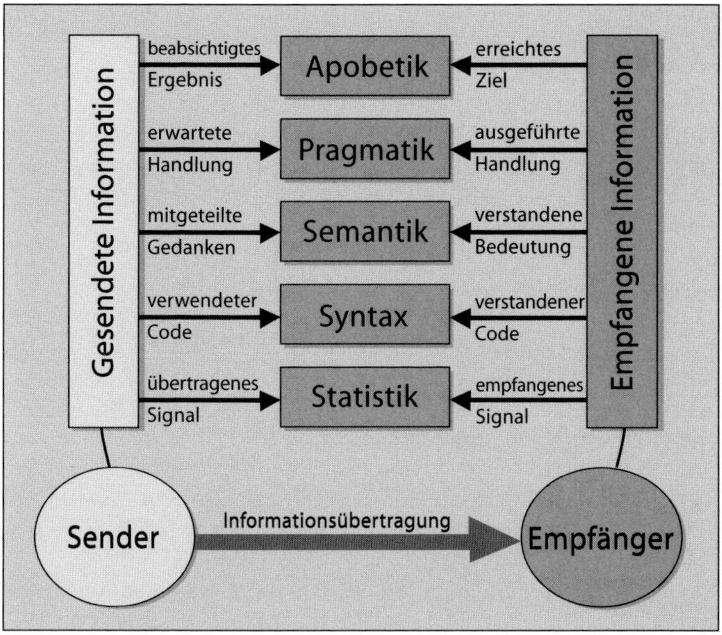

Abb. 6 Die fünf Ebenen der Information nach W. Gitt. Information ist ihrem Wesen nach an „Sender" und „Empfänger" gebunden. Die fünf Informationsebenen sind auf der Sender- und auf der Empfängerseite von Bedeutung. Der genetische Code spielt diesbezüglich eine Sonderrolle, weil unmittelbarer Sender und Empfänger keine Individuen sind.

Nun kann er darauf reagieren und wird in der eben beschriebenen Form selber zum Sender, während der vorherige Sender die Möglichkeit hat, zum Empfänger zu werden.

2.2.5 Graphemik

2.2.5.1 Sprache und Schrift

In der Graphemik[104] beschäftigt man sich mit der Ebene der Schrift. Jede Sprache kann durch graphische Zeichen dargestellt werden. So repräsentieren z.B. im Deutschen die fünf Zeichen *G* + *n* + *a* + *d* + *e* zusammen die Lautgestalt */gnade/,* allerdings könnten wir genau das

104 = Schriftlehre, von griech. *graphô* („schreiben").

gleiche Wort z.B. auch durch die griechische oder die hebräische Schrift darstellen.

Das Gedächtnis des Menschen ist vom Fassungsvermögen her begrenzt und zudem oft kurzlebig. Die Informationsvermittlung durch die Schrift kann u.U. Jahrhunderte und Jahrtausende überdauern. Ohne die Schrift ist die Kulturentwicklung eines bestimmten Volkes ziemlich begrenzt. Die Weltgeschichte beginnt mit dem Auftreten der Schrift. Ein einzelnes Volk hat mit dem Vorhandensein der Schrift ein höchst wirkungsvolles Mittel, um aus seiner Geschichtslosigkeit heraustreten zu können.

2.2.5.2 *Zur Geschichte der Schrift*

Bei den alten Sumerern in Mesopotamien stoßen wir auf die ältesten bekannten Schriftsysteme.[105] Sie kannten *Zählsteine* sowie eine zumeist auf Ton, aber zuweilen auch auf Stein, Metall und Wachs eingeritzte *Bilder-Schrift, bei der ein Zeichen einem Wort* entsprach. Daraus entwickelte sich durch Abstraktion die spätere *Silben bezeichnende Keilschrift.* Diese Schrift wurde früh von den Babyloniern übernommen, um ihre Sprache damit zu schreiben.

In Ägypten stößt man bereits im Alten Reich auf die voll ausgebildete *Hieroglyphenschrift*. Eine allmähliche Entwicklung aus primitiven Anfängen heraus zu ihr hin ist nicht nachweisbar. Dieses Schriftsystem ist eine Mischung aus Zeichen, die entweder *ganze Wörter, Wortteile oder sogar einzelne Laute darstellen.*

Der Durchbruch zur *Alphabet-Schrift* hat in der ersten Hälfte des 2. Jahrtausends v. Chr. im Nahen Osten stattgefunden, d.h. in der Periode von Mose oder sogar einige Zeit davor.[106] Diese bahnbrechende Erfindung stellt eine gewaltige zivilisatorische Revolution dar. Früher hatten eigentlich nur Spezialisten Zugang zur Schrift.

[105] Zur Geschichte der Schrift vgl.: NAVEH: Origins of the Alphabets, Introduction to Archaeology; HAARMANN: Universalgeschichte der Schrift; MOORE: The Alphabet Makers, A Presentation from the Museum of the Alphabet; MCCARTER: Ancient Inscriptions, Voices from the Biblical World.

[106] Die älteste datierte Alphabet-Inschrift ist der in Israel ausgegrabene so genannte *Gezer-Scherben* aus der Mittleren Bronze IIB (MCCARTER: Ancient Inscriptions, Voices from the Biblical World, S. 70-71).
Die in dem gleichen Alphabet von Sklaven (!) abgefassten Sinai-Inschriften von Serabit-el-Khadim sind zwar schwer zu datieren, sie entstanden aber wohl auch etwa in der gleichen Periode wie der Gezer-Scherben (vgl. MCCARTER: Ancient Inscriptions, Voices from the Biblical World, S. 71-73; JAROŠ: Hundert Inschriften aus Kanaan und Israel, S. 30-31).

Um die Keilschrift bzw. die Hieroglyphenschrift lesen und schreiben zu können, musste man in der Lage sein, jeweils einige Hundert Zeichen zu beherrschen. Die Schaffung der so genannten *proto-kanaanäischen Alphabet-Schrift* machte es möglich, alles, was man wollte, mit etwas mehr als 20 Konsonanten-Symbolen abzufassen. Schreiben und Lesen wurde dadurch im Prinzip für jedermann möglich. Von dieser Schrift leiten sich praktisch alle Alphabet-Schriften der Welt her.[107]

Die zwischen der proto-kanaanäischen Schrift und der Hieroglyphenschrift bestehenden Übereinstimmungen einer ganzen Reihe von Zeichen, scheinen darauf hinzudeuten, dass der Erfinder der Alphabet-Schrift die Hieroglyphenschrift kannte. Mose, der wohl beides, die Hieroglyphenschrift und die Keilschrift beherrschte, da er in aller Weisheit der Ägypter unterwiesen war (Apg 7,22), schrieb den Pentateuch, die ersten fünf Bücher der Bibel, in dieser ältesten Buchstabenschrift auf (Ex 17,14; 24,4; 34,27; Num 33,2; Deut 31,9.24).[108] Die Zehn Gebote erhielt er im Sinai, am Fuß des Horeb, ebenfalls in dieser Schrift, und zwar eingraviert auf zwei Tafeln (Ex 31,18; 34,1.28; Deut 10,1ff.).

Die Wahl einer Alphabet-Schrift zur Abfassung der Heiligen Schrift stellt eigentlich ein Programm dar: Die Bibel sollte von möglichst allen Menschen gelesen und verstanden werden, nicht nur von Gelehrten!

In der liberal-theologischen Pentateuch-Kritik spielte die Meinung, dass man in der mosaischen Zeit – gemäß der biblischen

107 Zur weiten Verbreitung der Schreibkunst in Israel während des 2. Jahrtausends v. Chr. vgl. Ri 8,14. Das dort beschriebene Beispiel eines gefangenen Jünglings von Sukkoth, der in der Lage war, auf Befehl eine Namensliste zu verfassen, zeigt, dass die Fähigkeit des Schreibens in Israel damals keineswegs auf eine gebildete Oberschicht oder sonst eine exklusive Gruppe beschränkt war.
Was das erste Jahrtausend v. Chr. anbetrifft, namentlich die Zeit vom 9. bis ins 5. Jh. v. Chr., so kann der weit verbreitete Gebrauch der hebräischen Schrift im Alltagsleben unter allen möglichen Schichten der Bevölkerung heute auf beeindruckende Weise anhand der Hunderten von ausgegrabenen Siegel und Siegelabdrücken nachgewiesen werden. In keinem anderen Land des Nahen Ostens war die Schreibkunst in dieser Zeit so weit verbreitet wie gerade in Israel, dem „Volk des Buches" (AVIGAD: Corpus of West Semitic Stamp Seals, S. 22).

108 Zum Nachweis der mosaischen Verfasserschaft des Pentateuchs vgl. KÜLLING: Zur Datierung der „Genesis-P-Stücke". Man beachte dort die ausführlichen Literaturangaben auf den S. 150-151.

Chronologie um die Mitte des 2. Jahrtausends v. Chr. – in Israel noch nicht hätte schreiben können, eine wichtige Rolle in der Ablehnung der biblisch bezeugten Verfasserschaft der ersten fünf Bücher durch Mose. Im Licht der modernen archäologischen Kenntnisse ist dieses Argument jedoch endgültig zu begraben.

2.3 Zur Einteilung der Sprachen

2.3.1 Sprachstämme

Vergleicht man die Sprachen weltweit miteinander, so fällt auf, dass manche untereinander z.T. große Ähnlichkeiten aufweisen. Sprachen mit deutlichen Verwandtschaftsmerkmalen fasst man systematisch in *Sprachstämmen* zusammen.

Die meisten Linguisten glauben, dass die Sprachen eines bestimmten Sprachstammes *genetisch*, also durch Abstammung, auf *eine* gemeinsame Ursprache zurückgehen. Diese Ansicht ist gedanklich gut nachvollziehbar: Man geht davon aus, dass Ähnlichkeit auf eine gemeinsame Abstammung hinweist.

2.3.1.1 Ähnlichkeit – durch Abstammung oder durch ein gemeinsames Grundkonzept?

Doch man sollte sich an dieser Stelle prinzipiell im Klaren darüber sein, dass Ähnlichkeit, und sogar starke Ähnlichkeit, an sich niemals ein *Beweis* für Abstammung ist. Ähnlichkeit *kann* sehr wohl auf Abstammung beruhen, wie beispielsweise im Fall unserer sechs Kinder, die in vielen Einzelheiten deutliche Übereinstimmungen mit meiner Frau Myriam und mit mir aufweisen. Doch, wenn es sich z.B. um Autos verschiedener Marken handelt, so kann man die Ähnlichkeit untereinander offensichtlich nicht mit Abstammung erklären, sondern nur mit einem gemeinsamen dahinter stehenden Grundbauplan. So ist z.B. die Ähnlichkeit zwischen Affen und Menschen keineswegs ein Beweis für eine gemeinsame Abstammung. Man kann sie nämlich auch durch einen gemeinsamen Grundbauplan des Schöpfers erklären. Was hier für die Biologie gilt, kann entsprechend auch von den Sprachen gesagt werden.

2.3.1.2 Sind die Sprachstämme mono- oder polyphyletisch entstanden?

Die Rückführung aller Sprachen eines Sprachstammes auf *eine* einzige Proto-Sprache weist diverse Probleme auf.[109] Es gibt nämlich auch gute Gründe, anzunehmen, dass die Sprachen eines bestimmten Stammes auf *mehr als eine Ursprache* zurückgehen könnten. Manche sprachgeschichtlichen Schwierigkeiten könnten sowohl in der Indogermanistik als auch in der Semitistik[110] besser angegangen werden, wenn man die Möglichkeit offen lässt, die heutigen Sprachen eines bestimmten Sprachstammes evtl. auch auf mehrere Ursprachen ähnlicher Struktur zurückzuführen.[111] Man sollte die Möglichkeit eines *polyphyletischen Ursprungs* eines bestimmten Sprachstammes zumindest in Erwägung ziehen.

109 Dieser Punkt ist mir besonders wichtig geworden im Zusammenhang mit meinem Forschungsanliegen auf dem Gebiet des althebräischen Verbalsystems. Es ist allzu deutlich geworden, dass die diachronen Forschungsansätze, die unbedingt von *einer* ursemitischen Sprache ausgehen wollten (z.B. G.R. DRIVER, H. BAUER etc.), die Hebraistik im Blick auf ein adäquates Verständnis des althebräischen Verbalsystems über lange Zeit eigentlich unnötig gebremst haben (vgl. MCFALL: The Enigma of the Hebrew Verbal System; NICCACCI: The Syntax of the Hebrew Verb in Classical Hebrew Prose). Man käme im Rahmen einer komparativen Grammatik der semitischen Sprachen in verschiedenen Punkten wohl zu besseren Lösungen, wenn man von mehreren Ursprachen des semitischen Typs ausgehen würde.

110 Von den modernen Sprachen sind indogermanische, semitische und sinotibetanische Sprachen die einzigen, deren Geschichte aufgrund von Dokumenten über Jahrtausende zurückverfolgt werden können.

111 Unter den indogermanischen Sprachen gibt es bezüglich des morphologischen Reichtums zwei Gruppen (BALDI: Indo-European Languages, S. 51-52): Da gibt es auf der einen Seite die Sprachen mit einer überaus komplexen Morphologie (z.B. Sanskrit, Griechisch, Latein, sowie Keltisch, Armenisch, Slawisch und Baltisch) und auf der anderen Seite diejenigen, die in dieser Hinsicht vergleichsweise deutlich ärmer sind (z.B. Hethitisch, Germanisch und Albanisch). Man beachte, dass auf beiden Seiten alte und moderne Sprachen stehen. Muss man wirklich zwingend alle auf *eine* sog. protoindoeuropäische Sprache zurückführen? Wäre es nicht denkbar, mindestens zwei verschiedene, allerdings strukturell verwandte, Ursprachen anzunehmen? Natürlich könnte man auch davon ausgehen, dass die morphologisch ärmere Gruppe vor der schriftlich dokumentierten Zeit einen ähnlich großen morphologischen Reichtum besaß wie die erste, diesen jedoch durch einen relativ schnellen Flexionszerfall verloren hat.
Im Blick auf das Hethitische hat Edgar H. STURTEVANT, der große Spezialist auf diesem Gebiet, die Behauptung aufgestellt, dass diese Sprache nicht auf das Indogermanische, sondern auf das Proto-Anatolische zurückgehe. Das

2.3.1.3 Zur monophyletischen Entstehung der romanischen Sprachen

Im Fall der romanischen Sprachen (Französisch, Italienisch, Spanisch, Portugiesisch, Rumänisch, Bündner-Romanisch etc.) kann man z.T. sehr gut empirisch, gestützt auf Dokumente aus den vergangenen 2.000 Jahren, nachweisen, dass sie abstammungsmäßig wirklich auf das Vulgärlatein zurückgehen.[112] Die Abstammung der romanischen Sprachen ist geradezu ein Paradebeispiel und hat viel dazu beigetragen, dass diese Tatsache, die hier real beobachtet werden kann, zunächst auf die indogermanischen Sprachen allgemein und weiter überhaupt auf alle Sprachstämme der Welt übertragen wurde.

Im Rahmen der historisch vergleichenden Sprachwissenschaft, deren Anfänge auf das Ende des 18. Jahrhunderts zurückgehen, entdeckte man am Beispiel vieler indogermanischen Sprachen folgende Tatsache: Je weiter man in der Geschichte dieser Sprachen zurückgeht, desto mehr Ähnlichkeit haben sie untereinander. Althochdeutsch und Altenglisch sind sich z.B. viel ähnlicher als ihre modernen Nachfahren. Aus solchen Beobachtungen wurde der spekulative Schluss gefolgert, dass alle indogermanischen Sprachen auf *eine* Ursprache zurückgehen. Im Rahmen der Semitistik hat man den analogen Schluss gezogen.

Im Blick auf eine solche Ursprache sollte man sich aber stets der Aussage des bedeutenden Indogermanisten A. MEILLET bewusst sein, dessen komparative Grammatik trotz ihres relativ hohen Alters immer noch ein Referenzwerk ist. Er schrieb im Blick auf die Rekonstruktion des Indogermanischen:

> „Die vergleichende Grammatik der idg. Sprachen ist in der Lage, in der sich die der romanischen Sprachen befände, wäre das Latein unbekannt: *die einzigen Tatsachen, mit denen sie zu tun hat, sind die Entsprechungen zwischen den überlieferten Sprachen.* Die Entsprechungen lassen die Annahme von etwas

Proto-Anatolische sah er als Schwesterzweig des Indogermanischen (STURTEVANT/HAHN: A Comparative Grammar of the Hittite Language, S.9). Damit steht er allerdings im Gegensatz zur Ansicht der meisten Indogermanisten (GOETZE: Kleinasien, S. 58-59).

Entsprechendes zu dem, was ich oben im Blick auf die indogermanische Sprache bemerkt habe, ließe sich auch beim Vergleich der semitischen Sprachen zeigen.

112 Vgl. z.B. KONTZI: Zur Entstehung der romanischen Sprachen; POPE: From Latin to Modern French with Especial Consideration of Anglo-Norman.

Gemeinsamem zu, aber dieses Gemeinsame bleibt unbekannt, und man kann sich davon nur auf Grund von Hypothesen ein Bild machen, von unbeweisbaren Hypothesen: die Entsprechung allein ist also Gegenstand der Wissenschaft. Man kann eine verschwundene Sprache durch Vergleichung nicht rekonstruieren: die Vergleichung der romanischen Sprachen gäbe weder eine genaue, noch eine vollständige Vorstellung vom Vulgärlatein. Es besteht kein Grund zur Annahme, die Vergleichung der idg. Sprache sei lehrreicher; man kann das Indogermanische nicht rekonstruieren."[113]

Wenn man in der Indogermanistik und in der Semitistik dennoch versucht, je eine Proto-Sprache zu rekonstruieren, so muss man sich dabei klar und deutlich vor Augen halten, dass eine solche Rekonstruktion im Prinzip *nicht mehr als die methodische Untersuchung aller Übereinstimmungen zwischen den überlieferten Sprachen darstellt.*[114]

2.3.1.4 *Kulturelle Sprachverwandtschaft*

Wenn man in der Linguistik von Verwandtschaft spricht, so muss man, mit den Begriffen von E. SCHWYZER gesprochen, gut zwischen *genealogischer* und *kultureller Sprachverwandtschaft* unterscheiden. Unter dem zweiten Terminus versteht man die Beziehung von Sprachen, die Gemeinsamkeiten und Ähnlichkeiten an den Tag legen, die auf *Beeinflussung* zurückgehen. Diese Art von Beziehung kann u.a. bei manchen Sprachen nachgewiesen werden, die nur weit entfernt oder sogar überhaupt nicht miteinander genealogisch verwandt sind. Solche Gemeinsamkeiten brauchen sich keineswegs auf den Wortschatz zu beschränken. Beeinflussung kann auch Gebiete wie z.B. den Lautstand und den Satzbauplan betreffen. Es ist auch möglich, dass sogar gebundene Morpheme von einer Sprache in die andere übergehen können.[115]

113 MEILLET: Einführung in die vergleichende Grammatik der indogermanischen Sprachen, S. 17 (kursive Hervorhebungen im Original).

114 Vgl. MEILLET: Einführung in die vergleichende Grammatik der indogermanischen Sprachen, S. 19.

115 COMRIE: The World's Major Languages, S. 11-12.
Sollten in der Geschichte einer Sprache plötzlich neue Wortformen auftauchen, so heißt dies also noch lange nicht, dass diese etwa plötzlich aus dem Nichts neu entwickelt worden wären. Solche Formen könnten z.B. eine Entlehnung oder eine Analogiebildung von morphologischen Strukturen einer anderen Sprache darstellen.

Diese Art der Beeinflussung kann so weit gehen, dass gewisse Linguisten in der Vergangenheit überzogen meinten, schließlich sogar von einer *Mischsprache* reden zu müssen. Kulturelle Sprachverwandtschaft ist verschiedentlich feststellbar bei Sprachen, die in räumlicher Nachbarschaft stehen und wo die Sprachgruppen untereinander kulturelle, religiöse, ökonomische, politische und gesellschaftliche Beziehungen gepflegt haben. Dies ist z.B. bei den Balkansprachen der Fall,[116] sowie auch bei den großen westeuropäischen Sprachen wie Deutsch, Französisch, Englisch und Italienisch.[117]

Hier noch eine weitere Illustration zu diesem Sachverhalt aus Afrika: Das als semitische Volkssprache in weiten Gebieten Äthiopiens gesprochene Amharisch hat sich der afrikanischen Umwelt massiv angepasst. Die wirklich semitischen Worte sind oft kaum mehr erkennbar, weil diese Sprache sich lautlich dermaßen verändert hat. Der Wortschatz stammt zu einem bedeutenden Teil aus nichtsemitischen afrikanischen Quellen.[118]

Auch das Jiddische ist ein weiteres bemerkenswertes Beispiel. Ist Jiddisch eine indogermanische oder eine semitische Sprache? Es handelt sich klar um eine indogermanische Sprache. Diese wichtigste Volkssprache der askenasischen Juden von Ost- und Westeuropa ist eine Anpassung mittelhochdeutscher Dialekte aus der Zeit des 9.-12. Jahrhunderts. Sie wird mit hebräischen Buchstaben geschrieben. Das Vokabular umfasst neben hauptsächlich deutschen sehr viele hebräische und slawische Wörter. Es bestehen auch vom Slawischen beeinflusste grammatische Züge.[119]

116 Die folgenden Balkansprachen bilden, obwohl sie verschiedenen Sprachfamilien angehören, zusammen einen „Sprachbund“: Modernes Griechisch, Albanisch, Bulgarisch, Mazedonisch und Rumänisch. Die berühmteste Eigenheit all dieser Sprachen besteht in dem gemeinsamen Verlust des Infinitivs. Will man in diesen Sprachen z.B. sagen *Gib mir zu trinken,* so drückt man dies aus, indem man sagt *Gib mir, dass ich trinke* (COMRIE: The World's Major Languages, S. 10).

117 Natürlich handelt es sich bei all diesen Beispielen um indogermanische Sprachen. Doch es kann im Fall dieser Sprachen sehr anschaulich demonstriert werden, wie Sprachen sich prinzipiell, unabhängig von ursprünglicher genealogischer Verwandtschaft, in späterer Zeit ihrer Geschichte gegenseitig beeinflussen.

118 BERGSTRÄSSER: Einführung in die semitischen Sprachen, S. 112.

119 Vgl. dazu den Artikel „Jiddische Sprache“ in: *Microsoft*, Encarta 99 Enzyklopädie. Als literarisches Textbeispiel vgl. z.B. das Neue Testament in jiddischer Sprache: Der Brith Chadašah.

2.3.1.5 *Vokabular-Ähnlichkeiten – kein Beweis für gemeinsame Abstammung*

An dieser Stelle möchte ich noch betonen, dass gerade Verwandtschaften im Vokabular bestimmter Sprachen gar nicht geeignet sind, um eine gemeinsame Abstammung nachzuweisen. Wörter werden sehr leicht von einer Sprache in die andere transferiert. Dabei kommt es überhaupt nicht darauf an, ob die betreffenden Sprachen sich von der Struktur her nahe stehen oder nicht.[120] Genealogische Verwandtschaft muss im Zusammenhang mit der ganzen Breite der Sprachsysteme nachgewiesen werden, d.h. unter vollumfänglicher Berücksichtigung der vier Ebenen der Langue, nämlich der Phonologie, der Morphologie, der Syntax und der Semantik.

Sprachen verschiedener Sprachstämme zeigen entweder keinerlei Anzeichen von Verwandtschaft auf, oder die diskutablen Bezüge sind dermaßen gering und unklar, dass die Annahme eines gemeinsamen Ursprungs im allerhöchsten Grad fragwürdig ist. Findet man ähnliche Wörter in verschiedenen Sprachstämmen, so ist dies noch überhaupt kein Beweis für genealogische Verwandtschaft. Wir haben gesehen, wie leicht insbesondere Wörter von einer Sprache in die andere hinüberfließen können, selbst wenn die Sprachen überhaupt keine abstammungsmäßige Beziehung haben.

Es ist übrigens auch möglich, dass Wörter verschiedener Sprachen zum heutigen Zeitpunkt einen ähnlichen Klang und eine ähnliche Bedeutung aufweisen und dabei dennoch offensichtlich nicht miteinander verwandt sind. Dies wird dann deutlich, wenn die lautgeschichtlichen Veränderungen mit einbezogen werden. Dann kann offenbar werden, dass die scheinbar ähnlichen Wörter zur Zeit zufällig ähnlich klingen, jedoch in sprachgeschichtlicher

120 Ein paar Beispiele dazu:
Im Japanischen hat man die Zahlwörter aus dem Chinesischen übernommen. Dies ist umso erstaunlicher, als es sich hier um einen Teil des Basiswortschatzes einer Sprache handelt.
Das Englische hat die Pluralpronomen *they, them* und *their* den skandinavischen Sprachen entlehnt.
Das Agens-Suffix *-er* im Deutschen und Englischen ist eine spätere Entlehnung aus dem Lateinischen (*-arius*), die sich auf die Kreativität in diesen Sprachen sehr wirkungsvoll ausgewirkt hat, konnte man doch deswegen aus allen möglichen Verben neue Substantive bilden wie *Käufer* (von *kaufen*), *Maler* (von *malen*), *Sänger* (von *singen*) etc. (Comrie: The World's Major Languages, S. 11).

Vergangenheit deutlich verschiedene Klangkörper aufwiesen. Wir kommen auf diesen Punkt weiter unten nochmals ausführlicher zurück.

2.3.1.6 Zur Größe der Sprachstämme

Es ist möglich, eine ganze Reihe verschiedener Sprachstämme zu unterscheiden. Sie sind ganz unterschiedlich groß. Es gibt riesige Sprachstämme, die Hunderte von Sprachen umfassen wie z.B. das Indogermanische. Heute sprechen etwa 50% der Menschen eine indogermanische Sprache als Muttersprache.

Es gibt aber auch Fälle, wo ein Sprachstamm nur gerade *eine* heute bekannte Sprache umfasst. Das auf beiden Seiten der Pyrenäen in Spanien und in Frankreich gesprochene Baskisch z.B. besitzt wenig klare Verwandtschaftsbezüge zu anderen Sprachen der Welt und steht daher gewissermaßen ziemlich isoliert da. Es gibt allerdings Linguisten, die eine Verwandtschaft mit den kaukasischen Sprachen vermuten, doch diese Ansicht ist zur Zeit nicht allgemein akzeptiert.

Ein weiteres Beispiel ist das Sumerische, das allerdings eine ausgestorbene Sprache ist. Es scheint mit keiner uns bekannten Sprache verwandt zu sein.

Bezüglich der Einteilung der Sprachen ist allerdings noch lange nicht überall das letzte Wort gesprochen worden. Bei der Fülle an Sprachen gibt es noch unermesslich viel Forschungsarbeit zu leisten. Doch die Einsicht, dass die zahlreichen Sprachen der Welt prinzipiell in Stämme eingeteilt werden müssen und daher letztlich, von der linguistischen Evidenz her, *nicht auf eine einzige Ursprache zurückgeführt werden können,* ist sehr beachtenswert. Das einzig linguistisch Verantwortbare ist eine Rückführung all der über 6.000 heute gesprochenen Sprachen der Welt *auf einige Dutzend Proto-Sprachen.*

2.3.1.7 Die Theorie der Monogenese

Mit der so genannten *Theorie der Monogenese*[121] stößt man mit folgender Tatsache auf ein Problem: Es ist ein Faktum, dass man die Sprachen der Welt prinzipiell in *verschiedene* Sprachstämme einteilen muss. Unter Berücksichtigung der gesamten Sprachsysteme und unter Anwendung von unzähligen Lautgesetzen, die in jahrzehntelanger empirischer Arbeit aufgestellt werden konnten, ist es möglich, auf klar einleuchtende Art unter den Sprachen eines Sprachstammes genealogische Verwandtschaftsbezüge aufzuzeigen. Zwi-

[121] Von griech. *monos* („allein", „einzig") und *genesis* („Entstehung", „Ursprung").

schen den Sprachen verschiedener Sprachstämme kann jedoch keine solche Verwandtschaftsbeziehung demonstriert werden.

Der Ansatz der Monogenese besagt jedoch, dass letztlich *alle* Sprachen der Welt, und nicht nur diejenigen eines bestimmten Sprachstammes, auf *eine* Ursprache zurückzuführen seien. Diese Ursprache sei – nach streng evolutionistischem Denken – im Zuge der Entwicklung des Menschen als Primatentier über die Hominiden zum *Homo sapiens* entstanden.

Leute, die meinen, sie könnten durch Vergleich der heute bekannten Sprachen Spuren einer Ursprache zurückverfolgen, gelten unter den Linguisten im Allgemeinen als Extremisten. Ein prominenter Vertreter dieses Standpunktes ist Merrit RUHLEN. Er glaubt z.B., dass das einsilbige Wort *tik* unter den prähistorischen Hominiden die Bezeichnung für „Finger" gewesen sei.[122] Er arbeitet mit sehr wenigen Wörtern. Meistens handelt es sich um Vokabeln, die Körperteile bezeichnen, ferner um Personalpronomina, eine Anzahl Adverbien sowie insbesondere um die Zahlen *eins, zwei, drei.*

Es fällt auf, dass es sich bei einem auffällig hohen Prozentsatz dieser Ausdrücke insbesondere um Wörter handelt, die Eltern den Kleinkindern in der Frühphase ihrer sprachlichen Entwicklung beibringen.[123] Bei solchen Ausdrücken überrascht es allerdings nicht, wenn sie in völlig verschiedenen, genealogisch nicht verwandten Sprachen, ähnlich klingen: Gerade solche Wörter werden von Kleinkindern zuerst gelernt. Deshalb sind sie oftmals speziell der Kindersprache angepasst. Die Mutter lehrt ihrem Kind z.B. auf dem Wickeltisch: *Augen, Mund, Nase* etc. In diese Kategorie gehören z.B. auch Wörter wie *Papa* und *Mama.* Bei solchen Wörtern kann man leicht weltweit frappante Parallelen finden.[124] Die Konsonanten *p* und *m*

122 ROSS: Hard Words, Trends in Lingustics, S. 71.

123 CAVALLI-SFORZA: Gene, Völker und Sprachen, S. 159-160.

124 Einige Illustrationsbeispiele zum Ausdruck „Mutter" in Sprachen aus verschiedenen Stämmen: English: *mother,* Spanisch: *madre,* Sanskrit: *mata,* Hebräisch: *'em,* Aramäisch: *'ima,* Mandarin-Chinesisch: *ma,* Wijaw (Papua Neu-Ginea): *mam* (COMRIE: The World's Major Languages, S. 8-9).
Zum Wort „Papa": Lateinisch: *pater,* Fulani, Hausa, Libico-Berber: *baba,* Hebräisch/Aramaisch: *'ab* bzw. *'abba.*
Die Bedeutungszuweisung der ersten Baby-Silben kann allerdings je nach Sprache auch gegenteilig ausfallen: Im Georgischen bedeutet *mama* „Vater" und *deda* „Mutter" (vgl. den Gegensatz zum englischen *dad[dy]). Baba* bedeutet auf Luba, einer Niger-Kongo-Sprache, „Mutter", während *dada* auf Fulani und Ewe (ebenfalls zur Niger-Kongo-Familie gehörend) „Mutter" heißt.

sind mit den Lippen gebildete Laute (Labiallaute), die Kleinkinder in allerfrühster Phase verbunden mit einem Vokal repetierend besonders gut stammeln können (z.B. *mamamamama...).* Solche und ähnliche Wörter braucht man gar nicht zwingend auf Urwurzeln zurückzuführen. Man kann viele davon auch einfach durch die Beschaffenheit des menschlichen Sprechapparates in Verbindung mit dessen Entfaltung bei der kleinkindlichen Entwicklung erklären. Es handelt sich hier um sprachliche Universalien, die nichts mit Abstammung, sondern vielmehr mit der Beschaffenheit des Menschen schlechthin zu tun haben. Ab etwa 8 Monaten fangen Babys an, deutlich Silben auszusprechen, und zwar solche, die mit den fol-genden Konsonanten beginnen: *m, p/b, n* und *t/d.*[125] Daher äußern Ba-bys, bedingt durch die Entwicklung ihrer Sprechfähigkeit, zunächst Lautkörper wie *mama, baba, papa, nana, tata, dada, me, ni, tu, ta.*[126]

In diesem Zusammenhang muss auch auf die Möglichkeit zufälliger Ähnlichkeit, die nichts mit Beeinflussung oder Abstammung zu tun haben, hingewiesen werden: Das Wort für „Hund" lautet heute auf Mbabaram, einer Aborigines-Sprache in Australien *dog.* Das klingt ja wie Englisch! Doch gemäß völlig regulären Sprachveränderungen im Mbabaram, kann man dieses Wort auf die rekonstruierte Vollform *gudaga* zurückführen, sodass man nicht einmal annehmen müsste, dass diese Eingeborenen sich das Wort *dog* aus dem Englischen geborgt haben.[127]

Die Meinung, man könne die Theorie der Monogenese sprachwissenschaftlich nachvollziehen, wird unter Linguisten im Allgemeinen nicht akzeptiert. Dies ist auch verständlich: Die Argumente dafür sind derart dürftig und ungemein spekulativ. Sie basieren hauptsächlich auf Vokabularvergleiche, zumeist unter völliger Vernachlässigung der anderen Aspekte der sprachlichen Code-Systeme.

2.3.1.8 Gibt es „Supersprachstämme"?

Weniger extrem als die Versuche von RUHLEN, aber dennoch sehr umstritten, sind die Versuche, zwar nicht alle, jedoch mehrere Sprach-

125 LIPINSKI: Semitic Languages, Outline of a Comparative Grammar, S. 543-544.

126 In Verbindung mit den Baby-Silben *tu* und *ta* sollte man wohl auch die Erklärung dafür suchen, weshalb z.B. für viele Sprachen verschiedener Sprachstämme das Phonem /*t*/ typisch ist zur Bezeichnung der zweiten Person. Hierzu einige Illustrationen: Deutsch: *du,* Sanskrit: *toa,* Alt- und Neupersisch: *tu,* Ägyptisch: *entok* (m.)/*ento* (f.), Hebräisch: *'atta* (m.)/*'att* (f.) (DAVIDSON: Analytical Hebrew and Chaldee Lexicon, S. 10).

127 COMRIE: The World's Major Languages, S. 8.

stämme zu einem „Supersprachstamm" zusammenzufassen, wodurch die Zahl der Ursprachen reduziert werden könnte. In diesem Zusammenhang sind insbesondere die Namen Aaron B. DOLGOPOLSKY (Universität Haifa) und Joseph H. GREENBERG (Stanford University) zu nennen.[128]

Im Blick auf den Versuch, z.B. die hamito-semitischen Sprachen zusammen mit den indoeuropäischen in einem Supersprachstamm zu vereinen, wird in der von Sabatino MOSCATI herausgegebenen sehr bedeutenden komparativen Grammatik wie folgt Stellung genommen:

> „Einige wenige Kontaktpunkte zwischen den hamito-semitischen und den indoeuropäischen Sprachen sind seit langem beobachtet worden. Im Allgemeinen sind diese von phonologischer und insbesondere lexikalischer Art. Sie haben zur Entstehung der Hypothese eines ‚Ario-Semitisch' (ASCOLI) oder ‚Nostratisch' (PEDERSEN, CUNY) genannten Sprachstammes geführt. Dieser Sprachstamm sei der Vorfahre des Hamito-Semitischen und des Indoeuropäischen. Solche Rückschlüsse sind allerdings extrem spekulativ, insbesondere wenn man die gewaltigen morphologischen Diskrepanzen zwischen diesen beiden Gruppen berücksichtigt, obwohl ihre Flexionsstrukturen Gemeinsamkeiten aufweisen. Eine fundiertere Erklärung dafür sollte in der Tatsache ihrer gemeinsamen mediterranen Region gesucht werden (besonders, was die lexikalen Elemente anbetrifft) sowie in der Tatsache ihrer andauernden geschichtlichen Kontakte und Einflüsse (die in Anatolien und im östlichen Mittelmeergebiet besonders markant waren). Solche begrenzten Verbindungsglieder wie sie zwischen dem Indoeuropäischen und dem Hamito-Semitischen bestehen, sollten daher nicht als ein Erbe einer gemeinsamen Abstammung betrachtet werden, sondern vielmehr als eine gelegentliche Übernahme von gleichen sprachlichen Merkmalen, die mit der geographischen Nähe der beiden Gruppen und gewisser geschichtlicher Kontakte zwischen den beiden zusammenhängen."[129]

128 ROSS: Hard Words, Trends in Lingustics, passim.

129 MOSCATI: An Intodruction to the Comparative Grammar of the Semitic Languages, S. 17; deutsche Übersetzung: RL.

2.3.1.9 Sprachfamilien

Innerhalb eines Sprachstammes macht man weitere Einteilungen, indem besonders eng verwandte Sprachen zu *Sprachfamilien* zusammengefasst werden. So bilden z.B. innerhalb des Indogermanischen die romanischen, die germanischen und die slawischen Sprachen etc. je eine Sprachfamilie.

Besonders nah verwandte Sprachfamilien werden ihrerseits zu *Familiengruppen* zusammengefasst. Analog werden auch sich besonders nahe stehende Sprachen innerhalb einer Sprachfamilie wieder zu *Untergruppen* vereinigt usw. Kurz gesagt, die Systematik kann im Prinzip beliebig verfeinert werden.

In der folgenden Zusammenstellung findet der Leser eine Auflistung von Sprachstämmen, Sprachfamilien und Sprachen.[130] Tote Sprachen, also Sprachen, die heute nicht mehr gesprochen werden, sind durch ein Sternchen (*) gekennzeichnet.

2.3.2 Liste der wichtigsten Sprachstämme

In der nachfolgenden Auflistung werden die Sprachen nach ihren Stämmen und Familien geordnet. Die Indianer-Sprachen sind jedoch wegen der bis heute noch nicht endgültig gelösten Klassifizierungsprobleme nur nach geographischen Kriterien zusammengestellt worden. Für die Bedürfnisse im Rahmen dieser Publikation ist dies völlig ausreichend. Eine umfassende Auflistung von 6809 Sprachen nach geographischen und verwandtschaftlichen Kriterien findet sich in: GRIMES: Ethnologue (CD-ROM).

INDOGERMANISCH

a) Griechisch:

Altgriechisch*, Neugriechisch

b) Italisch:

Lateinisch* (führte zu den romanischen Sprachen), Oskisch*, Umbrisch*

130 Neues Lexikon, S. 3355; JENNI: Lehrbuch der hebräischen Sprache des Alten Testamentes S. 13-14; BODMER: Die Sprachen der Welt, S. 181-182; COMRIE: The World's Major Languages, S. 5ff., 647-648; Brockhaus, Die Enzyklopädie in vierundzwanzig Bänden, Sprache, Bd. 20, S. 629. Eine sehr viel ausführlichere Darstellung der Sprachstämme liefert: TRAGER: Languages of the World, S. 307-313.

c) Romanisch: Portugiesisch, Spanisch, Katalanisch, Provenzalisch, Italienisch, Bündner-Romanisch, Rumänisch, Sardisch

d) Germanisch:
Nordgermanisch: Altnordisch*, Isländisch, Schwedisch, Norwegisch, Dänisch
Ostgermanisch: Gotisch*, Wandalisch*
Westgermanisch: Englisch, Friesisch, Niederländisch, Afrikaans, Deutsch

e) Keltisch: Gälisch, Schottisch, Irisch, Bretonisch, Kymrisch (Walisisch)

f) Slawisch:
Ostslawisch: Weißrussisch, Großrussisch, Ukrainisch
Westslawisch: Polnisch, Tschechisch, Slowakisch
Südslawisch: Bulgarisch, Serbokroatisch, Slowenisch

g) Baltisch: Lettisch, Litauisch

h) Albanisch

i) Armenisch

k) Indoiranisch:
Iranisch: Altpersisch*, Neupersisch, Medisch*, Dari, Tadschikisch, Ossetisch
Indisch: Altindisch* (Vedisch*, Sanskrit*)
Neuindisch: Hindustani, Bengali, Sindhi, Assami, Gujarati, Marathi, Nepali, Oriya, Panjabi, Rajasthani, Romani, Urdu

HAMITO-SEMITISCH
a) Semitisch:
Ostsemitisch: Akkadisch* (Assyrisch*, Babylonisch*)
Nordwestsemitisch: Amoritisch *, Ugaritisch *, Kanaanäisch* (Phönizisch*, Punisch*, Althebräisch*, Iwrith (Neuhebräisch), Moabitisch*, Ammonitisch*, Edomitisch*, Philistäisch*), Aramäisch (nahezu ausgestorben)
Südsemitisch: Arabisch, Äthiopisch: Amharisch, Geez, Tigre, Tigrinja

b) Aegyptisch: Aegyptisch*, Koptisch*

c) Kuschitisch

d) Omotisch

e) Berber-Sprachen

f) Tschadisch

SUMERISCH
Baskisch bzw. Kaukasisch

URALISCH-ALTAISCH
a) Samojedisch

b) Finnisch-Ugrisch: Estnisch, Finnisch, Karelisch, Ingrisch, Lappisch, Wepsisch, Wotisch, Mordwinisch, Ungarisch

c) Altaisch: Türkisch, Kirgisisch, Turkmenisch, Baschkirisch, Karakalpakisch, Kumückisch, Nogaisch, Tatarisch, Chakassisch, Jakutisch, Tuwinisch, Aserbaidschanisch, Gagausisch, Uigurisch, Usbekisch, Tschuwaschisch, Kasachisch

d) Mongolische Sprachen: Burjatisch, Chalcha-Mongolisch, Kalmückisch, Oiratisch

SINO-TIBETISCH
a) Tibeto-Birmanisch: Tibetisch, Burmesisch, Assam-Sprachen

b) Chinesisch: chinesische Dialekte

KAM-TAI
Thai-Sprachen

KOREANISCH

JAPANISCH

MANDSCHU-TUNGUSISCH
Ewenisch, Ewenkisch, Mandschu, Nanaisch

PALÄO-ASIATISCH
Eskimo-Sprachen

DRAWIDA-SPRACHEN
Kannada, Tamil, Telugu, Kanaresisch, Malayalam

NIGER-KORDOFANISCH
a) Niger-Kongo-Sprachen:
Bantu-Sprachen: Kisuaheli, Kongo, Duala, Herero, Zulu, Xhosa
Kwa-Sprachen: Akan, Ewe, Ibo, Yoruba
Mande-Sprachen: Bambara, Mende
Adamaua-Ost-Sprachen

Benue-Kongo-Sprachen
Westatlantische Klassensprachen: Ful, Diola, Wolof

b) Kordofan-Sprachen

KHOISANISCH
Buschmännisch, Hottentottisch

AUSTRISCH
a) Austroasiatisch: Mundari, Santali, Khasi, Khmer

b) Austronesisch: Bahasa, Balinesisch, Maduresisch, Malagasy, Indonesisch, Javanisch, Sunda-Sprachen, Malaiisch, Madagassisch, Tagalog

c) Ozeanisch: Melanesisch, Mikronesisch, Polynesisch

INDIANER-SPRACHEN
a) Nordamerikanisch: Athapaskisch, Irokesisch, Huronisch, Algonkin, Comanche, Navajo, Hopi, Chopewa, Wintu

b) Mittelamerikanisch: Naua, Maya, Mixtekisch, Otomi, Zapotekisch

c) Südamerikanisch: Karaibisch, Aurakanisch, Ketschua, Aruak, Ge, Guarani, Tupi, Aimara, Chibcha

2.3.3 Sprachtypologie

Man kann die Sprachen der Welt auch nach dem Typus der Sprachbeschaffenheit, aufgrund struktureller Kriterien, klassifizieren.[131] Diese Art der Einteilung hat nichts mit genealogischer Sprachverwandtschaft zu tun. Sprachen, die von der Abstammung überhaupt nichts miteinander zu tun haben, können bei dieser Einteilung in die gleiche Klasse kommen, während genealogisch eng verwandte Sprachen in unterschiedliche Kategorien eingeteilt werden.

In der Sprachtypologie werden u.a. folgende Klassifikationen unterschieden:

1. Klassifikation morphologischer Typen
2. Klassifikation struktureller Typen

[131] Boettcher: Sprache, S. 176-177. ; Grein: Sprachtypologie.

Unter dem Gesichtspunkt der morphologischen und strukturellen Kriterien unterscheidet man folgende Kategorien:

2.3.3.1 *Isolierende Sprachen*

Die Gestalt der einzelnen Wörter bleibt unverändert, völlig unabhängig davon, was ihre Funktion im Satz ist (z.B. Chinesisch, Englisch hat sich diesem Typus deutlich angenähert). Bei den Sprachen dieser Klasse werden grammatische Beziehungen durch selbstständige Wörter mit grammatischen Bedeutungen und durch Wortstellungsregulationen im Satz ausgedrückt.

2.3.3.2 *Polysynthetische Sprachen*

Bedeutungstragende Elemente können zu hochkomplexen langen Ketten zusammengesetzt werden. Formal kann ein Satz oft aus nur einem einzigen Wort bestehen (z.B. Grönländisch, die meisten Indianersprachen).

2.3.3.3 *Agglutinierende Sprachen*

Der Wortstamm wird durch Prä-, In- und Suffixe zu Ketten erweitert (z.B. Türkisch, Sumerisch). Im Gegensatz zu den flektierenden Sprachen können diese viel leichter in Segmente zerlegt werden, da Wortstämme und Affixe klar erkennbare Formen besitzen.

2.3.3.4 *Flektierende Sprachen*

Je nach Rolle des Wortes im Satz können Wörter in ihrer Form verändert werden (z.B. indogermanische und semitische Sprachen). In dieser Kategorie führt die Verbindung von Affixen und Wortstamm vielfach zu einer Verschmelzung. Ein Affix kann oft gleichzeitig mehr als eine Bedeutung aufweisen.

3. Der Ursprung der Sprachen aus der Sicht der Evolutionslehre

3.1 Evolutionistischer Pluralismus

Über die Anfänge der menschlichen Sprachen ist aus evolutionistischer Sicht viel spekuliert worden – zeitlich vor und nach DARWIN. Die ideologischen Grundvoraussetzungen waren jedoch zumeist recht ähnlich.

Unter Evolutionisten hat sich – dies ist sehr bemerkenswert – bis heute *kein allgemeiner Konsens* bezüglich der Entstehung der Sprachen gebildet. Man könnte also nach wie vor keine „Sprachevolutions-Dogmatik" schreiben, ganz im Gegensatz zu gewissen anderen Gebieten innerhalb der Entwicklungslehre.

3.1.1 Zwei grundsätzlich verschiedene Thesen

Die Vielfalt der Ansätze und der divergierenden Meinungen innerhalb des Evolutionismus mag an sich schon verwirrend wirken. Noch erschwerender wird es, wenn man zusätzlich zwei grundsätzlich verschiedene Arten von Evolutionslehren unterscheiden muss. Wir sollten nämlich prinzipiell zwischen einer *Kontinuitäts-* und einer *Diskontinuitätsthese* differenzieren.

3.1.2 Zur Kontinuitätsthese

Im Rahmen der Kontinuitätsthese versucht man, die Sprachenentstehung als eine linear verlaufende Evolution mit stufenweisem Wachstum und quantitativen Veränderungen zu verstehen. Unter dieser Sichtweise ordnet sich auch die Meinung ein, dass der Ursprung unserer Sprachbefähigung und die so genannte „Menschwerdung" in einem langwierigen dialektischen Prozess – in der Zeitperiode, die vor etwa 1,5 Millionen Jahre begonnen und vor 250.000 Jahren mit dem Auftreten des modernen *Homo sapiens* geendet habe[132] – miteinander verknüpft seien, wobei sich dadurch die

132 ZIMMER: So kommt der Mensch zur Sprache, S. 167.

Sprachzentren im Großhirn allmählich ausgebildet hätten. Die eigentliche menschliche Lautsprache habe sich in der Zeit zwischen 250.000 und 35.000 Jahren vor heute in einem sukzessiven Vorgang entwickelt.[133]

Im Einzelnen stellen sich Evolutionisten diese Entwicklungen verschieden vor. Der amerikanische Anthropologe Jared DIAMOND z.B. sieht es so:

Australopithezinen hätten vor 4 Millionen Jahren nur gutturale Laute ausgestoßen, so wie wir dies von den Schimpansen gewohnt sind. Vor ungefähr $1^1/_2$ Millionen Jahren habe der *Homo erectus* einzelne Wörter gebraucht. Eine Million Jahr später sei er in der Lage gewesen, Zwei-Wort-Sätze hervorzubringen. Der prähistorische *Homo sapiens* habe es schließlich geschafft, längere Wortketten ohne viel Grammatik zu bilden. Die komplexe Sprache sei aber erst seit dem in Europa vor 40.000 Jahren angesetzten allgemeinen kulturellen Aufschwung entstanden, und zwar im Rahmen einer „kreativen Explosion".[134]

3.1.3 Zur Diskontinuitätsthese

Der Klarheit halber sollte man in Verbindung mit dieser Evolutionsrichtung zusätzlich einen deutlichen Unterschied zwischen einer *biologischen* und einer *linguistischen* Diskontinuitätsthese machen.

3.1.3.1 Zur biologischen Diskontinuitätsthese

Die Diskontinuitätsthese entstand durch Kritik an der Kontinuitätsthese: Die von den Vertretern der Kontinuitätsthese vorgeschlagenen Prozesse und Faktoren seien völlig ungenügend, um die Entstehung der Sprache zu erklären. Es ist ja schließlich auch eine Tatsache, dass in der Fachliteratur unumstrittene Übergangsglieder, die eine graduelle Transformation eines menschenaffenähnlichen Gehirns in ein menschenähnliches Gehirn belegen, bisher nicht beschrieben wurden.[135] Deshalb meinen Anhänger der biologischen Diskontinuitätsthese, dass die Sprachen sprunghaft entstanden sein müssen, bedingt durch plötzliche Genmutationen. Bei diesem An-

133 ZIMMER: So kommt der Mensch zur Sprache, S. 174.

134 MECHSNER: Sprachevolution, Wer sprach das erste Wort? S. 77.

135 BRANDT: Gehirn, Sprache, Artefakte, Fossile und archäologische Zeugnisse zum Ursprung des Menschen, passim.

satz glaubt man also an die Entstehung einer Sprachhardware im Gehirn durch einen plötzlichen *Mega-Mutationssprung*.

3.1.3.2 Zur linguistischen Diskontinuitätsthese

In der *extrem-nativistischen* Sicht der Dinge glaubt man, dass zunächst einmal die Sprachhardware entstehen musste – ob durch einen biologischen Sprung oder durch einen Prozess kann hier offen gelassen werden. Wichtig ist hier nur die Meinung, dass die menschliche Sprache sich jedenfalls nicht allmählich aus tierischen Kommunikationsfähigkeiten entwickelt habe, sondern sprunghaft als ein völlig neues Phänomen ausgebildet worden sei. Die plötzliche Entstehung der menschlichen Sprache basiere auf einer völlig neuen biologischen Hardware, die bei ihrer Entstehung schon derart mit einer Grammatik-Software ausgerüstet gewesen sei, sodass der Mensch in relativ kurzer Zeit eine funktionierende Sprache als Kommunikationsmittel selber hätte generieren können.[136]

Als eine etwas weniger sprunghafte Alternative zum extrem-nativistischen Standpunkt von CHOMSKY betrachtet man den *konstruktivistischen Ansatz* von PIAGET, bei dem zwar nicht mit einem fertig ausgestatteten Sprachgenerierungs-Programm gerechnet wird, jedoch mit einer Art Lernsoftware, mit deren Hilfe im Austausch mit Input von außen nach und nach eine Sprache habe aufgebaut werden können.[137]

Bei der biologischen Diskontinuitätsthese geht man also von einem plötzlichen genetischen Evolutionssprung aus. Im Rahmen der linguistischen Diskontinuitätsthese glaubt man, dass zuerst die biologische Hardware da war, sodass die menschlichen Sprachen in kürzester Zeit hätten generiert werden können.

Nun sollte vollends deutlich werden, weshalb man zwischen einer biologischen und einer linguistischen Diskontinuitätsthese unterscheiden sollte: Man darf den Vertretern des extrem-nativisti-

136 Damit ist allerdings noch nichts über das Wesen oder den Typ dieser Sprache gesagt. Es stellen sich viele Fragen, wie z.B.: Handelte es sich um eine Sprache mit einzelnen Wörtern oder gar mit Zwei-Wort-Sätzen? Oder war diese Sprache schon vollumfänglich entwickelt? Wenn ja, handelte es sich um eine isolierende, agglutinierende oder flektierende Sprache? Wie haben sich die späteren Sprachen aus einer solchen ersten Sprache weiterentwickelt? Wie ist das Verhältnis einer solchen spontan entstandenen Ursprache zu den modernen Sprachen heute?

137 Zu einer Gegenüberstellung der Ansätze von CHOMSKY und PIAGET: GESSINGER/VON RAHDEN: Theorien vom Ursprung der Sprachen, Band I, S. 438ff.

schen oder des konstruktivistischen Standpunktes nämlich nicht ohne weiteres unterstellen, dass sie auch an biologisch-evolutionistische Mega-Sprünge glauben. Es könnte zwar der Fall sein, aber es ist keineswegs zwingend. In ihrem Konzept ist es prinzipiell wichtig, dass zuerst die Sprachhardware existierte – ob in einem kontinuierlich linearen oder in einem punktuellen Prozess entstanden, sei offen gelassen – und dass erst in der Folge die menschlichen Sprachen generiert worden seien.

Wie verschieden auch die diversen eben genannten Ansätze im Einzelnen aussehen mögen, letztlich bauen aber alle auf dem Prinzip auf, dass die Existenz der Sprachen als Ergebnis einer *Dynamik von unten nach oben* gedeutet werden müsse.

3.1.3.3 Evolutionisten kritisieren Evolutionisten

Wer im Rahmen des *klassischen* Evolutionsmodells denkt, muss glauben, dass die menschlichen Sprachen im Lauf einer stammesgeschichtlichen Entwicklung nach und nach, in kleinen Schritten, letztendlich immer von unten nach oben verlaufend, entstanden seien. Die Sprachen müssten somit das Resultat einer langwierigen Evolution aus primitivsten Uranfängen heraus sein. Doch, wie wir gesehen haben, gibt es auch Evolutionisten, die enttäuscht sind von den großen Schwierigkeiten, die sich in Verbindung mit dem Glauben an eine allmähliche Entwicklung ergeben.

LENNEBERG kritisierte 1972 die Theorien, die eine kontinuierlich-lineare Evolution der Sprache aus Tierlauten heraus mit quantitativen Veränderungen und stufenweisem Wachstum zum Gegenstand haben. Er gelangte zum Glauben an Transformationen molekularer Strukturen, die schließlich die Sprachgewandtheit als spezifisch menschliches Charakteristikum hervorgebracht haben sollen.[138]

Auf CHOMSKYS Schwierigkeiten mit herkömmlichen evolutionistischen Sprachursprungserklärungen habe ich schon früher verwiesen. In seinem Buch „Sprache und Geist"[139] wies er darauf hin, dass menschliche Sprache im Tierreich keine Vorläufer findet. Aus dem Bewusstsein dieser Schwierigkeit heraus schrieb er:

> „Es scheint mir kein Grund zur Annahme zu bestehen, dass die menschliche Sprache nur ein komplexerer Fall von etwas

138 LEWANDOWSKY: Linguistisches Wörterbuch, S. 672-673. LEWANDOWSKY weist hin auf: LENNEBERG: Biologische Grundlagen der Sprache, 1972.

139 Originalausgabe: CHOMSKY: Language and Mind.

ist, was anderswo in der Tierwelt gefunden werden kann. Das wirft ein Problem für den Biologen auf, denn falls dies zutrifft, ist es ein Beispiel für einen echten ‚Entwicklungssprung' – für das Auftreten eines qualitativ anderen Phänomens auf einer spezifischen Stufe der Organisationskomplexität."[140]

Mit den von CHOMSKY angesprochenen „Evolutionssprüngen" haben die meisten Biologen jedoch gewaltige Mühe. Stephen J. GOULD ist jedoch ein sehr prominentes Beispiel eines Wissenschaftlers, der damit keine Schwierigkeiten hat, einfach darum, weil er prinzipiell noch viel mehr unüberbrückbare Hindernisse erblickt in Verbindung mit dem Problem der „missing links", der fehlenden Zwischenglieder der Evolutionslehre.[141] Dem fossilen Bericht könne man einfach kaum Zeugnisse für eine wirklich kontinuierliche Entwicklung abgewinnen. Deshalb forderte er geradezu den Glauben an gewaltige Entwicklungssprünge. Insbesondere die Sprache und die Sprachbefähigung des Menschen sollen auf eine einzige „Makromutation" zurückgehen.[142]

Mit diesem *punktualistischen Modell,* wie man diese Art von Evolutionslehre auch nennt, werden die alten Probleme aber bestimmt auch nicht gelöst. Es ist ja schon etwas wirklich Besonderes, wenn eine biologische Mikromutation nicht schädlich bzw. nachteilig ist, sondern effektiv den Überlebenskampf günstig beeinflusst. Aber man hat bis heute noch nie auch nur eine einzige nennenswerte Komplexitätszunahme durch Mikromutation beobachten können! Dies ist ein sehr wichtiges Faktum, das ein außerordentlich starkes Argument gegen die biologische Evolutionslehre liefert.[143] Ferner ist an dieser Stelle noch zu bemerken, dass sich alle Mutationen in ganz engen grundtypspezifischen Grenzen bewegen.[144] Makromutationen hingegen hat man erst recht noch nie beobachten können.

3.1.3.4 Mutationen und mathematische Wahrscheinlichkeit

Vom Standpunkt der mathematischen Wahrscheinlichkeitsrechnung her gesehen, ist der Glaube an eine biologische Evolution – selbst

140 CHOMSKY: Sprache und Geist, S. 117.

141 Vgl. BRANDT: Gehirn, Sprache, Artefakte, Fossile und archäologische Zeugnisse zum Ursprung des Menschen.

142 WALTER: 6000 Sprachen – und eine Grammatik?

143 JUNKER/SCHERER: Evolution – ein kritisches Lehrbuch.

144 JUNKER/SCHERER: Evolution – ein kritisches Lehrbuch.

wenn Komplexitätszunahmen durch Mutationen überhaupt möglich wären – als hoffnungsloses Unterfangen zu betrachten. Die Frage „Können Mutationen zusammen mit natürlicher Selektion die Basis für die Evolution bilden?“ muss von der Mathematik herkommend mit einem entschiedenen „nein“ beantwortet werden.[145] Wenn dies schon für eine schrittweise Evolution gesagt werden muss, wie viel mehr gilt dies für den Punktualismus.

3.1.3.5 Punktualismus – oder atheistisch an Gott glauben

Mit der Einführung des punktualistischen Konzepts stellt der Evolutionist eigentlich seine ihm zugrunde liegende Philosophie auf den Kopf. Erst wollte man doch die Welt mit rein natürlichen und nur innerweltlichen Prozessen aus sich selbst heraus erklären, ohne irgendeinen Gedanken an einen Schöpfer-Gott zu verwenden. Darum versuchte man, die Wunder der Natur auf kleine einzelne Entstehungsschritte zurückführen, sodass sich ein übernatürliches, göttliches Eingreifen als unnötig erweisen sollte. Evolutionslehre im klassischen Sinn ist doch die Ablehnung einer göttlichen Schöpfungskraft von der Art wie sie markant in Ps 33,9 umschrieben wird:

> „Denn er [Gott] sprach, und es war;
> er gebot, und es stand da.“

Im punktualistischen Modell will man aber nun an Dinge glauben, für die man keine natürlichen, beobachtbaren Gründe zu ihrer Realisierung aufbieten könnte, so im Sinn von „Denn er sprach nicht, und es wurde trotzdem; er gebot nicht, und es stand dennoch plötzlich da.“ Hier geht es nur noch um spekulative Vorstellungen. Am liebsten würde ich dies – in Anspielung an den Buchtitel einer ultraliberalen Theologin – einen atheistischen Glauben an Gott bezeichnen. Streng genommen geht es hier auch gar nicht einmal um „Evolution“, da dieser Begriff von der Etymologie her gesehen und ebenso per definitionem eigentlich eine allmähliche, graduelle Entwicklung impliziert. Evolution geht zurück auf das lateinische Verb *evolvere*, was so viel wie „hinauswälzen“, „hinausrollen“, „entwikkeln“ etc. bedeutet. Von dieser Definition her ergibt sich ein wesentlicher äußerer Gegensatz zwischen „Schöpfung“ und „Evolution“. Beim punktualistischen Modell, wo es um ein Fortschreiten in Sprüngen geht, hat man ja vom Prinzip her gesehen genau das Entspre-

145 JUNKER/SCHERER: Evolution – ein kritisches Lehrbuch, Kap. IV.7.4.

chende wie im Schöpfungsbericht vor sich: In Gen 1 steht nicht alles auf einmal da. Vielmehr verläuft das Schöpfungswerk über sechs Tage verteilt, gewissermaßen in Sprüngen.

Mit dem Diskontinuitätsansatz wird das Problem der Sprachentstehung einfach auf die Biologie verschoben. Doch durch die Verschiebung der Schwierigkeiten auf eine andere Ebene, wird die Frage nach dem Woher der menschlichen Sprachen, nach dem Woher dieser dermaßen komplexen und sophistischen Code-Systeme auf vier Ebenen, nicht beantwortet.

Ferner scheitert die Meinung, der Mensch habe die Sprache dank einer angeborenen Spracherschaffungs-Software selber generiert, gerade an der Tatsache, dass eine *solche* Software nie nachgewiesen werden konnte. Bei dem Konzept einer angeborenen Spracherschaffungs-Software wird der an seinem Platz so nützliche Begriff der „Oberflächenstruktur" in völlig ungebührlicher Weise überzogen. Angeborene Voraussetzungen, um sich in der sensiblen frühkindlichen Phase ohne große Mühe irgendeine Sprache anzueignen, sind eine eindrückliche Tatsache. Aber Hinweise, dass der Mensch aus sich heraus eine Sprache generieren könnte, fehlen vollständig.

3.1.4 Zum monophyletischen Ursprung der Menschheit

Im Denkrahmen des heutigen Neo-Darwinismus glaubt man im Allgemeinen an einen *monophyletischen Ursprung aller menschlichen Rassen,* also an die Herkunft des Menschen aus einer einzigen Stammbaumlinie heraus.[146] Früher war das ganz anders. Da glaubten die meisten Evolutionisten, dass jede menschliche Hauptrasse sich unabhängig von den anderen aus einer eigenen Hominiden-Linie heraus entwickelt hätte.[147] Dies führte natürlich leicht zu Rassismus, indem der Gedanke der Überlegenheit einer Rasse über die andere fast unvermeidlich aufkommen musste. Wenn man davon

[146] Der Genauigkeit halber muss hier noch hinzugefügt werden, dass eine Minderheit von Evolutionisten ein polyzentristisches Entstehungsmodell vertritt: Sie glauben, dass der heutige Mensch an verschiedenen Stellen der Erde mehr oder weniger gleichzeitig aus *Homo erectus*-Populationen entstanden sei. Dies stößt bei vielen Anthropologen, und ganz besonders bei Populationsgenetikern, zu Recht auf heftige Kritik. In diesem Fall müsste man ja glauben, dass charakteristische *sapiens*-Merkmale mehrmals unabhängig voneinander entstanden seien (JUNKER/SCHERER: Entstehung und Geschichte der Lebewesen, S. 202; JUNKER/SCHERER: Evolution – ein kritisches Lehrbuch. S. 276).

[147] MORRIS: Language, Creation and the Inner Man.

ausging, dass die verschiedenen Rassen eine unterschiedlich lange Evolutionszeit hinter sich hatten, so verknüpfte sich damit schnell die Meinung, die eine Rasse hätte im Vergleich zu einer anderen bereits einen höheren Stand der Evolution erreicht. Dieses rassistische Denken lässt sich in der Tat bei evolutionistischen Wissenschaftlern des 19. Jahrhunderts gut dokumentieren, nicht zuletzt gerade auch bei DARWIN und HUXLEY.[148]

Moderne Evolutionstheoretiker lehnen heute normalerweise jede Art von Rassismus ab. Rechtsstaatliche Ethik und Rassismus ist nach dem Zerbruch des Hitlerreiches für große Teile der Menschheit glücklicherweise inkompatibel geworden.

Mit der Ablehnung eines polyphyletischen Ursprungs der Menschheit hat sich der moderne Evolutionismus der biblischen Aussage des Paulus vor dem Areopag in Athen erstaunlich angenähert (Apg 17,26):

> „Und er [Gott] hat aus *einem* Blut jede Nation der Menschen gemacht, dass sie auf dem ganzen Erdboden wohnen..."

3.1.5 Eine einzige Ursprungspopulation im Nahen Osten oder in Afrika

In der Evolutionslehre geht man heutzutage im Allgemeinen davon aus, dass es vor 70.000-150.000 Jahren im Nahen Osten oder in Afrika eine einzige menschliche Ursprungspopulation gegeben habe. Daraufhin habe sich diese eine Urgesellschaft durch Auswanderungen und Expansionen mehr und mehr voneinander getrennt. In der Folge seien dann verschiedene Rassen und Sprachen entstanden.[149]

Unter Evolutionisten ist man sich nicht im Klaren, ob es vor den Expansionsbewegungen nur eine, oder schon mehrere Sprachen gegeben habe. Beides wäre im Rahmen der Evolutionslehre denkbar. Jedenfalls datiert man die Entstehung der Ursprachen der großen Sprachstämme in die Zeit zwischen 23.000 und 4.000 v. Chr.[150] Der Ursprung des indogermanischen Sprachstammes wird auf etwa 7.000-8.000 v. Chr. geschätzt.[151]

Es fällt auf, wie nahe sich die moderne Evolutionslehre in gewissen Aspekten – ohne besondere Absicht bei ihren Vertretern – der

148 MORRIS: Language, Creation and the Inner Man.
149 CAVALLI-SFORZA: Gene, Völker und Sprachen, S. 76 und 158.
150 CAVALLI-SFORZA: Gene, Völker und Sprachen, S. 162.
151 CAVALLI-SFORZA: Gene, Völker und Sprachen, S. 162.

biblischen Urgeschichte, von der später ausführlicher die Rede sein wird, angenähert hat. Die Heilige Schrift spricht ja in Gen 10 und 11 über eine nach der Sintflut zunächst noch vereinte Ursprungspopulation der Menschheit im Nahen Osten, die über eine einzige Ursprache verfügte. Bedingt durch die Sprachenverwirrung sei diese Ursprungspopulation durch große Auswanderungswellen und Expansionen in viele einzelne Völkergruppen aufgesplittert worden.

An dieser Stelle zeigt sich aber für die Evolutionslehre ein großes Problem: Wir haben doch gesehen, dass es nicht möglich ist, die Sprachen der Welt auf eine einzige Sprache zurückzuführen. Die Sprachen tragen deutliche Kennzeichen eines polyphyletischen Ursprungs. Dies verträgt sich aber äußerst schlecht mit dem monophyletischen Ursprung der Menschen gemäß der modernen Evolutionslehre. Woher kommen denn die verschiedenen Sprachstämme, die untereinander genealogisch offensichtlich nicht verwandt sind? Sollen wir denn wirklich glauben, dass so viele verschiedene Sprachen unabhängig voneinander neu generiert worden sind?

Von der biblischen Urgeschichte her gesehen, sind diese Fragen, wie wir noch sehen werden, ganz leicht zu beantworten, obwohl die Bibel auch einen monophyletischen Ursprung der Menschheit lehrt. Im Rahmen der Evolutionslehre ist bei der Beantwortung dieser Fragen jedoch guter Rat teuer.

3.2 Evolutionistische Sprachentstehungs-Theorien

Nachfolgend weise ich nun auf die wichtigsten Sprachentstehungs-Theorien hin, die im Verlauf der Geschichte des Evolutionismus erwogen worden sind.[152]

Bei den z.T. etwas bösartig anmutenden saloppen Spitznamen für diese Theorien handelt es sich um durchaus heute gebräuchliche humorvolle Ausdrücke.

Wenn im Folgenden wiederholt der Begriff „Theorie" verwendet wird, so heißt dies natürlich nicht, dass es sich hier um Theorien im wissenschaftstheoretischen Sinn handelt. Dieser Ausdruck wird üb-

[152] Eine ausführliche, als Kompendium verwendbare Materialsammlung zu vielen verschiedenen Sprachentstehungstheorien wurde von GESSINGER und VON RAHDEN in zwei Bänden herausgegeben: GESSINGER/VON RAHDEN: Theorien vom Ursprung der Sprachen. Schade an diesem Werk ist die fehlende systematische Strukturierung und Übersicht.

licherweise in diesem Zusammenhang so verwendet, wiewohl dies streng genommen selbstverständlich nicht korrekt ist.

3.2.1 Die „Wau-Wau-Theorie"

Diesen spätestens auf die Stoiker zurückgehenden Ansatz[153] nennt man ernsthafter ausgedrückt auch „Nachahmungs-" oder „Tierlauttheorie". Auch der Begriff „onomatopoetische Theorie" ist gebräuchlich. Er besagt, dass die ersten menschlichen Wörter Nachahmungen verschiedener Naturlaute gewesen seien.[154] Aus diesen Grundbausteinen heraus seien im weiteren Verlauf der Stammesgeschichte die heutigen Sprachen entwickelt worden. Charles DARWIN selbst war zu einem Teil ein Vertreter dieser Ansicht.[155] Vor ihm war bereits HERDER in der zweiten Hälfte des 18. Jahrhunderts, trotz seiner idealistischen Sprachauffassung, im Prinzip dieser Meinung. Er glaubte nämlich, dass die sprachlichen Äußerungen des Menschen etwa mit so etwas wie *mähmäh* begonnen hätten, zunächst in der Funktion eines Verbums, also in der Bedeutung von „mähmäh machen". Ein nächster Schritt sei dann die Substantivierung dieses Begriffs gewesen, wodurch *mähmäh* in der Bedeutung von „Schaf" ein Hinweis auf das Wesen, das *mähmäh* macht, geworden sei.[156]

Bezüglich dieser Hypothese sei auf folgende wichtige Beobachtung hingewiesen: Nur relativ wenig Wörter einer bestimmten Sprache sind onomatopoetisch,[157] d.h. lautmalerisch (z.B. deutsch *quietschen, zwitschern,* hebräisch *baqbuq* (Flasche), das wohl den Klang beim Ausgießen der Flüssigkeit imitiert: *baqbuqbaqbuqbaqbuqbaqbuqbaqbuq*).[158] Aber im Prinzip sind alle bekannten Sprachen *arbiträre (willkürliche) Systeme,*[159] in denen Lautnachahmungen eine untergeordnete Rolle spielen. Im Allgemeinen kann zwischen dem Klang eines Wortes und seiner Bedeutung kein Zusammenhang erkannt

153 LEWANDOWSKY: Linguistisches Wörterbuch, Band III, S. 672.

154 LES: On the Origin of Language.

155 DARWIN: Die Abstammung des Menschen, S. 109.

156 ZIMMER: So kommt der Mensch zur Sprache, S. 7-8.

157 DE SAUSSURE: Cours de linguistique générale, S. 101-102.

158 Vgl. dazu die literarisch wunderbare Anspielung auf die Wortmalerei des Begriffs *baqbuq* in der Prophetie Nahums über die totale Beraubung Ninives, die sich anlässlich ihres Untergangs im Jahr 612 v. Chr. erfüllt hat (Nah 2,9): *buqah umvuqah umvullaqah* („Leere und Ausleerung und Entleerung" = Ninive soll wie eine Flasche ausgeleert werden!).

159 DE SAUSSURE: Cours de linguistique générale, S. 100-103.

werden.[160] Als die Etymologie, die Wortherkunftsforschung, aufkam, war sie noch stark motiviert von dem Gedanken, dass man durch die Ergründung der Urgestalt eines Wortes schließlich auf einen onomatopoetischen Lautkörper stoßen würde. Doch das Suchen in dieser Richtung hat bis heute nichts gebracht. In der modernen Linguistik hat sich allgemein die Auffassung fest durchgesetzt und etabliert, dass Wörter normalerweise arbiträre Zeichen sind.[161] Dies wird auch deutlich, wenn man die den gleichen Gegenstand bezeichnenden Wörter aus allen möglichen genealogisch nicht verwandten Sprachen nebeneinander stellt. Die unfasslich drastische Vielfalt der Lautverbindungen, die ein und dasselbe Ding sprachlich repräsentieren können, verdeutlichen, dass Wörter x-beliebig klingen können, völlig unabhängig davon, was sie auch immer als Code-Zeichen darstellen mögen.

Aufgrund des Wortklanges kann man normalerweise die Bedeutung oder Bedeutungsrichtung eines Wortes überhaupt nicht herausfinden. Wer sich nämlich vom Wortklang her leiten lassen will, um die Bedeutung eines Wortes zu erraten, könnte einige Überraschungen erleben. Folgende Anekdote vermag diesen Sachverhalt humorvoll zu illustrieren:

Ein Franzose war drauf und dran seine unkonventionellen autodidaktischen Hebräischstudien ohne Wörterbuch, nur durch lautes Texte-Lesen, aufzugeben, weil er fand, dass das Hebräische so unwahrscheinlich viele düstere, traurige, ja sogar unheimliche Wörter und Ausdrücke enthalte, wie z.B. *hu' sameach* oder *hu' zoreach.* Von seinem an sich sehr bedauernswerten Vorhaben ließ er sich schließlich aber doch noch abhalten, als er endlich trotz allem noch auf ein lustiges und fröhliches Wort stieß. Es lautete: *'umlela.* Allerdings war es diesem Hebräischstudenten offensichtlich nicht gelungen, auch nur annähernd aus der Klangqualität die Bedeutung der Wörter zu

160 NIDA: Coutumes et Cultures, S. 261-264. KEDAR: Biblische Semantik, S. 114-117; LIPINSKI: Semitic Languages, Outline of a Comparative Grammar, S. 543.

161 Man könnte natürlich argumentieren, dass die Wortwurzeln im Laufe der Jahrtausende allgemein durch lautgesetzliche Veränderung dermaßen umgeformt worden seien, dass man heute ihre ursprünglich onomatopoetische Lautgestalt nicht mehr nachvollziehen könne. Dem müsste man folgendes entgegenhalten: Bei den semitischen Sprachen kann man in der Erforschung von Wortwurzeln aufgrund von schriftlichen Zeugnissen zeitlich am weitesten zurückgehen. Dabei findet man viele Wurzeln, die (a) über Jahrtausende hinweg extrem stabil geblieben sind und (b) trotzdem keine Beweise für eine lautmalerische Herkunft liefern (vgl. LIPINSKI: Semitic Languages, Outline of a Comparative Grammar, S. 543.)

erraten. *hu' sameach* heißt nämlich „er freut sich", *hu' zoreach* „er erstrahlt" und *'umlelah* bedeutet: – „sie verschmachtete" (vgl. Jes 24,4)!

3.2.2 Die „Aua-Theorie"

Die schon bei den Epikuräern anzutreffende Auffassung der Aua-Theorie wird auch „interjektionaler Ansatz" genannt.[162] Man findet sie auch bei DARWIN.[163] Dieser Meinung nach stehen an der Basis der Sprachen Aufschreie und durch Emotionen hervorgerufene Ausrufe wie z.B. *aaaaa!* oder *iiiiiiiii!* als Reaktion des Schreckens, oder *bäh* als Ausdruck der Ablehnung usw. Auch so genannte „Urschreie" gehören in diese Kategorie.

Die „Aua-Theorie" kommt natürlich nicht über das Niveau der Spekulation hinaus. Man kann dafür ja keine handfesten Beweise anführen, weil natürlich keine Dokumente oder sonstige Überlieferungsquellen als Grundlage dienen könnten. Ferner erklärt diese „Theorie" überhaupt nicht, wie aus solchen Schreien schließlich vollständige Sprachen mit komplexen Grammatiken entstanden sein sollen.

3.2.3 Die „Hauruck-Theorie"

Bei der Idee hinter dieser „Theorie" geht es um folgendes: Ausrufe bei gemeinsamen körperlichen Arbeiten seien der Ausgangspunkt der Sprachen gewesen. Nebst koordinierenden und Befehle erteilenden Zurufen habe das rhythmische Unterstreichen des Arbeitstaktes dabei eine wichtige Rolle gespielt. Dieser Ansatz wird auch „Sympathie-" bzw. „synergastische Theorie" genannt. NOIRÉ (1877), VOSSLER (1923), JESPERSEN (1925) und GEHLEN (1950) haben auf die Funktion des gemeinsamen Handelns für die Entstehung der Sprachen hingewiesen.[164] Auch für den Marxismus ist der Sprach-Ursprung in Verbindung mit dem Bedürfnis zur vernünftigen Kommunikation im Zusammenhang mit der gesellschaftlichen Produktionstätigkeit zu sehen.[165] In diese Richtung zielte auch schon früher die rationalistische Theorie des sozialen Kontrakts.[166]

162 LEWANDOWSKY: Linguistisches Wörterbuch, Band III, S. 672.
163 DARWIN: Die Abstammung des Menschen, S. 109.
164 LEWANDOWSKY: Linguistisches Wörterbuch, Band III, S. 672.
165 LEWANDOWSKY: Linguistisches Wörterbuch, Band III, S. 672.
166 LEWANDOWSKY: Linguistisches Wörterbuch, Band III, S. 672.

3.2.4 Die „Ding-Dong-Theorie"

Der Ansatz der „Ding-Dong-Theorie" kann wie folgt umrissen werden: Jedes Ding hat seine natürliche Resonanz. Analog bringe jede Vorstellung im Kopf einen charakteristischen Klang hervor.

1789 gewann HERDER bei der Preußischen Akademie der Wissenschaften einen Wettbewerb mit einem Aufsatz über den Ursprung der Sprachen. Darin trat er der Überzeugung, dass die menschlichen Sprachen ein Geschenk des Schöpfers an die Menschheit sei, vehement entgegen. Er behauptete dagegen, dass der Mensch selber Schöpfer seiner Sprache sei. HERDER war der Meinung, dass an den Sprachen überhaupt nichts Engelhaftes oder Überirdisches hafte. Bau und Grundriss der Sprache sei durch und durch menschlich. Im Blick auf die Dinge, welche Laute von sich geben, vertrat er, wie bereits ausgeführt, den unter 3.2.1 behandelten Ansatz. Unter Bezugnahme auf die stummen Dinge der Natur sagte er jedoch, dass sie zu ihrem Namen gekommen seien, indem bestimmte Eindrücke beim Menschen bestimmte Lautvorstellungen hervorgerufen hätten.[167]

Mit dieser Ansicht kann man allerdings nicht erklären, warum es denn für ein und dasselbe Ding in verschiedenen Sprachen total unterschiedlich klingende Wörter gibt. Des Weiteren gilt auch hier das bereits unter 3.2.1 bezüglich der onomatopoetischen Wörter Gesagte.

3.2.5 Die „Tata-Theorie"

Die ersten Sprachversuche gehen gemäß dieser Vorstellung auf Nachahmungen der Gebärdensprache durch die Zunge zurück. So habe man z.B. begonnen, mit der Zunge die Gebärde des Winkens zu imitieren, oder man habe mit den Lippen auf einen bestimmten Gegenstand hin gedeutet, und zwar so, dass verschiedene Laute ertönten, je nachdem, ob das ins Auge gefasste Ding in der Nähe oder in der Ferne lag. Dies soll im Prinzip z.B. die Erklärung zu dem Vokalunterschied im Englischen zwischen *this* und *that*, oder im Französischen zwischen *voilà* und *voici* liefern.

3.2.6 Die „Trarabumm-Theorie"

Diese „Theorie" besagt, dass die Sprachen aus rituellen Tänzen und magischen Beschwörungen entwickelt worden seien. Eine Variante

[167] ZIMMER: So kommt der Mensch zur Sprache, S. 8.

davon leitet die Sprache einfach aus festlichen Tänzen ab, ohne unbedingt einen Bezug zum Animismus herzustellen. Dieser Ansatz liegt im Prinzip nahe bei der synergastischen Theorie („Hauruck-Theorie"). Hier ist folgende Anfrage am Platz: Setzen solche religiösen bzw. festlichen Tätigkeiten nicht bereits schon eine gewisse artikulierte sprachliche Kommunikation voraus?

3.2.7 Die „Singsang-Theorie"

Bei dieser Hypothese geht es um die Ansicht, dass die Sprachen aus Gesängen hervorgegangen seien. Dieser ebenfalls bei DARWIN anzutreffende Ansatz[168] liegt nahe bei dem unter 3.2.5 behandelten.

Der Evolutionist Dieter E. ZIMMER kritisierte all die eben genannten Ansätze. Nachdem er namentlich die hier unter 3.2.1-3.2.7 genannten Theorien aufgezählt hatte, schrieb er:

> „Sie alle, und viele mehr, hatten denselben Schönheitsfehler: Sie konnten ebenso gut richtig wie falsch sein. Auf irgendwelche Fakten, die sie stützten, konnte keine verweisen. Im Grunde sprach nichts für sie. Vielleicht gerade darum war die „Glottogenese", die Sprachentstehung, ein Lieblingskind der Spekulierer. Die Pariser Sprachgesellschaft erwehrte sich ihrer, indem sie 1866 in ihren Statuten die Annahme von Sprachentstehungs-Theorien, sowie von Vorschlägen für Weltsprachen, rundheraus verbot. Aber so sehr die glottogenetische Spekulation unter Wissenschaftlern auch in Verruf geriet – die Menschen konnten es niemals lassen."[169]

3.2.8 Die ontogenetische Theorie der Sprachentstehung

In Anlehnung an das „Biogenetische Grundgesetz" von Ernst HAECKEL, das besagt, dass der Mensch während seiner Entwicklung im Mutterleib nochmals die gesamte Stammesgeschichte rekapituliere, wurde die Behauptung aufgestellt, dass der Spracherwerb des Kleinkindes ein Abbild vom Spracherwerb während der von DARWIN postulierten Entwicklungsgeschichte sei. Somit habe sich die erste Sprache allmählich aus Ausdrucksformen wie Lallen, weiter über simple Lautverbindungen, sodann Einwortsätze, stufenweise stets höher entwik-

168 DARWIN: Die Abstammung des Menschen, S. 109.
169 ZIMMER: So kommt der Mensch zur Sprache, S. 9.

kelt. Schließlich seien aus diesen Anfängen heraus die hochkomplexen Sprachen, wie sie heute weltweit gesprochen werden, entstanden.

Das große Problem bei dieser Idee ist die Tatsache, dass beim Spracherwerb des Kleinkindes jeweils bereits ein Sprachsystem, eine Langue, vorgegeben ist, während im Rahmen einer angeblichen Stammesgeschichte, ein solches hochkomplexes Code-System auf vier Ebenen erst noch hätte erfunden werden müssen. Ferner haben wir gesehen, dass der kindliche Spracherwerb unbedingt den Input von außen braucht, ansonsten bleibt der Mensch, wie man es an den Beispielen von sprachlicher Isolation erlebt hat, ohne Sprache. Somit besteht zwischen dem Spracherwerb des Kleinkindes und dem in einer Stammesgeschichte postulierten Vorgang viel mehr Diskrepanz als Analogie.

Auch das Studium der diachronen Linguistik zeigt, dass im Verlauf der Geschichte einer bestimmten Sprache ganz andere Gesetze und Regeln gelten als bei der Sprachentwicklung eines Individuums. Kinder beginnen oft mit Kurzformen von Wörtern, solange sie die Vollformen noch nicht aussprechen können. Haniel, eines unserer Kinder, sagte in seiner sprachlichen Frühphase z.B. *Gul* anstatt *Geld*, *u* für *ufe* (= „hinauf"), *Banne* für *Badwanne* (= Badewanne) oder *Mim* für Milch. Sprachgeschichtlich gehören im Allgemeinen jedoch Vollformen in die Früh- und abgebaute Kurzformen in die Spätphase.[170]

Schließlich sei beiläufig noch vermerkt, dass „Haeckels Gesetz" inzwischen selbst von führenden Evolutionisten als „Haeckels Irrtum" betrachtet oder zumindest erheblich relativiert wird. Auch neuere Versuche, die Abstammungslehre durch einen Rückgriff auf die menschliche Ontogenese besser zu analysieren, haben sich als ziemlich problematisch erwiesen.[171]

3.2.9 Die Theorie der Mutter-Kind-Beziehung

Bei diesem Ansatz denkt man sich folgendes: Mütter geben im Umgang mit ihren Babys kreative, Liebkosungen begleitende, anmutige und Geborgenheit vermittelnde Laute von sich, indem sie damit eine Art Zwiesprache ohne wirkliche Wörter führen. In diesen Lautäußerungen sollen die Urgründe der menschlichen Sprache zu

170 Vgl. z.B. lateinisch *amicus* („Freund"), *panus* („Brot"), *credere* („glauben") mit französisch *ami, pain* und *croire.*

171 Blechschmidt: Gestaltungsvorgänge in der menschlichen Embryonalentwicklung, S. 9ff.; Junker/Scherer: Evolution – ein kritisches Lehrbuch. S. 187-196.

finden sein. Die Sprache soll sich wesentlich aus der Kommunikation zwischen Mutter und Kind entwickelt haben. Das Verhältnis zwischen Mutter und Kind sei ja schließlich die erste soziale Beziehung des Menschen. Als prominente Vertreter dieser These sind die Soziobiologen Doris und David JONAS zu nennen.[172]

Bei diesem Ansatz spielen ferner folgende Überlegungen eine wichtige Rolle:[173]

a) Frauen sind ja im Durchschnitt den Männern sprachlich überlegen. Dies passe zur Sicht, dass Mütter am Anfang der Sprachentstehung stünden.

b) Die Theorie der Mutter-Kind-Beziehung lasse sich gut in die Ergebnisse der Hemisphärenforschung einordnen: Prähistorische Mütter hätten, wie die heutigen, ihre Babys oft spontan in den linken Arm genommen, weil auf diese Art die Kleinen von den mütterlichen Herztönen beruhigt werden. So sei jeweils speziell die rechte Hand, die ja von der linken Gehirnhälfte gesteuert wird, frei gewesen für alle möglichen Tätigkeiten wie Essen, Füttern, Sammeln und Gestikulieren. Diese Bevorzugung der linken Hemisphäre des Gehirns sei somit dafür verantwortlich gewesen, dass sich das Sprachproduktionszentrum, das ja zumeist auf der linken Seite zu finden ist, entwickeln konnte.

Kritisch sei an dieser Stelle vermerkt, dass Mütter in einem Alter sind, wo die sprachsensible Phase der vorpubertären Zeit vorüber ist, und wo somit auch die Funktion des „Sprachdietrichs" erstarrt ist.[174] Wenn für Mütter die Zeit, um einen Sprach-Code zu knacken, vorüber ist, wie viel mehr gilt dann, dass sie keine Voraussetzungen haben, um eine Sprache zu generieren.

Aus neurologischer Sicht ist es eigentlich absurd, wenn man meint, dass der häufige Gebrauch der linken Hirnhälfte zur Entstehung einer völlig neuen und anderen Struktur, nämlich zur Entstehung eines motorischen Sprachzentrums hinführen soll.

Nebst den bisher genannten Ansätzen gibt es, wie gesagt, noch weitere zumeist ähnlich lautende Auffassungen. Auch durch diverse Kombinationen kann die Anzahl der bisher genannten evolutionistischen „Theorien" zur Entstehung der Sprachen gewissermaßen beliebig erhöht werden.

172 ZIMMER: So kommt der Mensch zur Sprache, S. 178.
173 ZIMMER: So kommt der Mensch zur Sprache, S. 178-180.
174 Vgl. 2.3.4

4. Der Ursprung der Sprachen aus der Sicht der Bibel

Nachdem wir uns mit evolutionistischen Konzepten bezüglich der Sprachentstehung auseinandergesetzt haben, untersuchen wir nun die Informationen, welche die Heilige Schrift uns zu diesem Thema vermittelt.

Zusammenfassend kann das biblische Zeugnis über die Herkunft der menschlichen Sprachen wie folgt umschrieben werden: Die Bibel bezeugt Gott als den Schöpfer der menschlichen Sprachen. Auch die Sprachbegabung des Menschen ist gemäß der Heiligen Schrift das Ergebnis eines göttlichen Schöpfungsaktes.

4.1 Zur Unterscheidung zwischen Bibel, Exegese und Schöpfungsforschung

In der vorliegenden Arbeit wollen wir uns der biblischen Aussagen bedienen, um innerhalb dieses Rahmens *Sprach-Schöpfungsforschung* zu betreiben. Analog dazu wie im Evolutionismus *ideologische Denksysteme* wie z.B. der Rationalismus, der Materialismus oder der Atheismus etc. den gedanklichen Rahmen abstecken, so bilden in der Schöpfungsforschung, *die Aussagen der Bibel* den Gesichtskreis, innerhalb dessen sich die wissenschaftliche Forschungsarbeit bewegt.

Um jedoch zu wissen, was die Bibel über die schöpfungsrelevanten Bereiche aussagt, müssen wir zunächst die diesbezüglichen Texte auslegen. Durch die Auslegung soll verdeutlicht werden, was der Bibeltext wirklich sagt. *Exegese,* Auslegung, ist übrigens das Gegenteil von *Eisegese,* Hineinlegung. Bei der Eisegese, die es beim Bibelstudium um jeden Preis zu vermeiden gilt, versucht der Leser, wissentlich oder unwissentlich, seine eigenen Meinungen und Ansichten in den biblischen Text hineinzuprojizieren, um sie anschließend stolz triumphierend als neu entdeckte biblische Erkenntnisse wieder hervorzuholen und zu präsentieren.

Es ist von großer Wichtigkeit zwischen der *Auslegung* einerseits und der *Bibel* andererseits klar zu unterscheiden. Jede Auslegung ist ein sorgfältiges und ehrfürchtiges Herantasten an den Bibeltext. Sie muss immer wieder neu am biblischen Wort überprüft und ausgerichtet werden. Man sollte sich darum bemühen, immer wieder neu zu kontrollieren, ob man die Aussagen der Heiligen Schrift wirklich korrekt, so wie sie es meint, verstanden hat.

Es ist möglich, dass man sich bei der Auslegung irrt, und ebenso kann es sein, dass man bei der Schöpfungsforschung z.B. in der Methodik, in der Beobachtung oder in der Logik Fehler begeht. So ist es ja in jeder wissenschaftlichen Arbeit, völlig unabhängig vom abgesteckten Denkhorizont. Es ist daher wichtig, dass man im Fall von Fehlern in der Schöpfungsforschung nicht so ohne weiteres den Schluss zieht, dass sich an dieser Stelle etwa *die Bibel* geirrt habe. Wer vorschnell solche Schlüsse zieht, muss sich den Vorwurf gefallen lassen, wichtige erkenntnistheoretische Gegebenheiten sträflich übergangen zu haben.[175]

Es ist also von entscheidender Bedeutung, dass man erstens zwischen der *Bibel* und der *Auslegung* unterscheidet, indem man sie nicht so ohne weiteres gleichsetzt. Sodann muss aber zweitens auch zwischen der *Bibelauslegung* und der *Schöpfungsforschung* deutlich differenziert werden, indem man sich vor Augen stellt, dass die durch Bibelauslegung erarbeiteten Aussagen lediglich den Rahmen liefern, innerhalb dessen man in der Schöpfungsforschung weiterdenkt, ergründet und einzuordnen versucht.

Wenn ich im Folgenden immer wieder vom „Standpunkt der Bibel“ spreche, tue ich dies der Einfachheit halber so, ohne dabei zu vergessen, dass die eben dargelegten Unterscheidungen von wesentlicher praktischer und theoretischer Bedeutung sind.

4.2 Das Zeugnis des Schöpfungsberichtes (Genesis 1 und 2)

Laut dem Bericht der Genesis erschuf Gott den ersten Menschen, Adam, mit einer von Anfang an voll funktionierenden Kommunikationsfähigkeit.

4.2.1 Sprachverständnis von allem Anfang an

In Gen 2,16 und 17 wird davon berichtet, wie Gott mit Adam, gleich nach seiner Erschaffung, einen Bund geschlossen hat:[176]

175 Ausführlicher zu diesen wichtigen erkenntnistheoretischen Unterscheidungen vgl.: SG Wort und Wissen: Schöpfung (o)der Evolution.

176 Vgl. Hos 6,7.

„[16] Und der HERR, Gott, gebot dem Menschen und sprach: Von jedem Baum des Gartens darfst du nach Belieben essen. [17] Aber von dem Baum der Erkenntnis des Guten und Bösen, davon sollst du nicht essen, denn an dem Tag, da du davon isst, wirst du gewisslich sterben."

Somit war Adam gemäß dieser Stelle von Anbeginn seiner Existenz an in der Lage, Gottes Sprechen zu verstehen, ohne dass er dies zuerst hätte lernen müssen.

Gottes Reden mit Adam am Tag seiner Erschaffung lässt uns den Schluss ziehen: Eine Langue, nämlich das Sprachsystem der in der Kommunikation mit Adam verwendeten Sprache Gottes, war bereits vorgegeben.[177] Adam konnte Gottes Rede sofort verstehen, da sein sensibles Sprachzentrum, das Wernickesche Zentrum im Temporallappen, verbundenen mit allen weiteren interaktiv mitbeteiligten Gehirnregionen, offensichtlich von Anbeginn bereits vorprogrammiert und voll funktionsfähig war.

4.2.2 Sprechfähigkeit von allem Anfang an

Gemäß Gen 2,23 war Adam von seiner Entstehung an auch fähig, sich durch eine artikulierte Sprache aktiv auszudrücken. Nach der Erschaffung Evas durch eine Art Cloning aus einer Rippe, artikulierte sich Adam in einem romantischen Sprachakt (Parole):

„Da sagte der Mensch:
Diese endlich ist Gebein von meinem Gebein
und Fleisch von meinem Fleisch;
diese soll Männin heißen,
denn vom Mann ist sie genommen."

Dies geschah noch am selben Tag, an dem Adam ins Dasein gekommen war (vgl. Gen 1,26-31).[178] Daraus lässt sich schließen, dass auch das Brocasche Feld Adams, das motorische Sprachzentrum des ersten Menschen, verbundenen mit allen weiteren interak-

177 Nebst Gen 2,16-17 vgl. Gen 1,3ff.

178 Eva wurde ja auch am sechsten Schöpfungstag erschaffen. Dass eine saubere Bibelauslegung zur Auffassung führen muss, dass die Schöpfungstage normale Tage, d.h. keine ausgedehnte Zeitperioden waren, wird z.B. in folgender Publikation nachgewiesen: OUWENEEL: Gedanken zum Schöpfungsbericht, S. 65-79; WISKIN: Die Bibel und das Alter der Erde.

tiv mitbeteiligten Gehirnregionen, vorprogrammiert war und so ohne Lernprozess Sprachakte produzieren konnte.

4.2.3 Befähigung zur Neubildung von Wörtern

Aus Gen 2,19 bis 20 geht ebenso hervor, dass Adam vom Tag seiner Erschaffung an in der Lage war, neue Wörter zu erfinden und somit sein Vokabular durch so genannte *Neologismen* zu erweitern und zu bereichern:

> „[19] Der HERR, Gott, hatte ja aus dem Erdboden alle Tiere des Feldes und alle Vögel des Himmels gebildet, und so brachte er sie nun zu dem Menschen, um zu sehen, wie er sie nennen würde. Und wie irgend der Mensch ein lebendes Wesen nennen würde, so sollte sein Name sein. [20] Und der Mensch gab Namen allem Vieh und den Vögeln des Himmels und allen Tieren des Feldes."

4.2.3.1 *Auf kulturelle Entwicklung hin konzipierte Schöpfergabe*

Somit war der Mensch von Anfang an in die Lage versetzt worden, im Bereich der *Lexik* und der *Semantik* kreativ zu wirken und die Sprache durch neu gebildete Wörter auszubauen.

An dieser Stelle begegnen wir einem wichtigen Charakteristikum der menschlichen Sprache: Die Sprache durch artikulierte Laute besitzt *Offenheit,* die sich in der Modifizierbarkeit und freien Kombinierbarkeit manifestiert. In diesem Aspekt der Offenheit kommt *ein kulturelles Element* in die Sprache hinein. *Sprache ist nach der Bibel somit eine Kombination aus Schöpfergabe Gottes und kultureller Entwicklungsmöglichkeit.*

4.2.3.2 *Sprachkultur-Auftrag*

Aus Gen 2,19-20 kann sogar abgeleitet werden, dass der Schöpfer vom Menschen kulturelle Weiterentwicklung der Sprache erwartet. Man könnte somit theologisch-ethisch auch von einem von Gott erteilten *kulturellen Sprachentwicklungs-Auftrag* reden.

Dies wird umso deutlicher, wenn man an dieser Stelle das umfassende *Mandat* an den Menschen, wie es in Gen 1,28 formuliert wird, mit im Auge hat:

> „Und Gott segnete sie, und Gott sprach zu ihnen: Seid fruchtbar und mehrt euch und füllt die Erde und macht sie euch untertan; und herrscht über die Fische des Meeres und über

die Vögel des Himmels und über alle Tiere, die sich auf der Erde regen!"

Die „Herrschaft" über die Tierwelt umfasst natürlich viele verschiedene Aspekte. Im Zusammenhang mit dem Anliegen der vorliegenden Arbeit verdient ganz speziell die sprachkulturelle Arbeit in der Erfassung der Tierwelt durch Namensgebung, wie sie in Gen 2,19-20 beschrieben wird, unsere besondere Aufmerksamkeit.

4.2.4 Dichterische Begabung

Gen 2,23 zufolge konnte Adam bereits am Tag, an dem er ins Dasein gekommen war, mit seiner Sprache sogar poetisch umgehen.[179] Seine Frau gab ihm dazu Anlass. Als er sie zum ersten Mal sah – dies geschah, wie bereits darauf verwiesen, noch am sechsten Schöpfungstag (vgl. Gen 1,26-27) –, da war er dermaßen überwältigt von ihrem Anblick, dass er sich in romantischen Gefühlen wallend gar dichterisch auszudrücken begann:

> „Diese ist endlich Gebein von meinen Gebeinen
> und Fleisch von meinem Fleisch.
> Diese soll Männin (hebr. *'išah*) heißen,
> denn von dem Manne (hebr. *'iš*) ist diese genommen."

Im hebräischen Text lautet dieses Gedicht so:

> zoth hapa'am 'etsem me'atzamai
> uvasar mibesari
> lezoth jiqare' 'išah
> ki me'iš luqochah zoth

Poesie äußert sich zu einem wesentlichen Teil durch einen künstlerisch-kreativen Umgang mit der *Syntax.* Gerade in der alttestamentlichen Dichtung ist dies übrigens besonders augenscheinlich, da sich hier die Syntax bedeutend von derjenigen in der Alltagssprache unterscheidet.[180]

179 Gen 2,23 folgt im hebräischen Grundtext den Regeln der hebräischen Poesie (vgl. Liebi: Hebräische Poesie im Alten Testament; Liebi: Poésie hébraïque).

180 Vgl. Niccacci: The Syntax of the Verb in Classical Hebrew Prose, S. 192-197. Als Einführung in die hebräische Poesie des AT vgl.: Liebi: Hebräische Poesie im Alten Testament; Liebi: Poésie hébraïque. Eine in die tiefe gehende umfassende Studie zur hebräischen Poesie: Watson: Classical Hebrew Poetry.

4.2.4.1 Rekombinatorische Kreativität auf dem Gebiet der Syntax

Die kreative Fähigkeit auf dem Gebiet der Syntax äußert sich natürlich nicht nur in der Poesie. Dort ist sie allgemein sehr auffallend. Die äußerst vielfältige syntaktische Kreativität des Menschen kommt sowohl in der Prosa als auch in der Poesie zur Geltung und beginnt eigentlich spätestens da, wo Kleinkinder plötzlich beginnen, Sätze zu sagen, die sie noch nie zuvor gehört haben. Diese Kreativität äußert sich ferner ausgesprochen in jeder Art der Rhetorik und in all den vielfältigen stilistischen Möglichkeiten, wie sie z.B. in der Literatur zum Ausdruck kommen. Es ist aber wichtig, zu beachten, dass die Sprachkreativität des Menschen wesentlich in einer phantasievollen *Rekombination* dessen, was in der Langue eigentlich schon vorgegeben ist, besteht. Sprachkreativität äußert sich praktisch nie in der Schaffung völlig neuer Sprachstrukturen.

4.2.4.2 Auftrag und Impuls zur Ausübung von Sprachkreativität

In Verbindung mit unseren Beobachtungen am Text von Gen 2 wird auch klar, dass der Mensch von seinem Schöpfer sogar einen *Impuls* zur sprachkulturellen Arbeit erhalten hat. In Kombination mit dem im vorangegangenen Abschnitt Gesagten, kann biblisch-theologisch berechtigt nun sowohl von einem *Auftrag* als auch von einem *Impuls* zur Ausübung von Kreativität auf dem Gebiet der Sprache geredet werden.

4.3 Das Zeugnis der Turmbau-Erzählung (Genesis 11)

Gen 2 zufolge gab Gott dem Menschen anfänglich *eine* Sprache. Der Bericht, wie Gott der Menschheit weitere Sprachen vermittelte, findet sich in Gen 11,1-9:

> „[1] Und die ganze Erde hatte die gleiche Sprache und die gleichen Wörter.[181] [2] Und es geschah, als sie nach Osten[182]

[181] W. „*eine* Sprache und einerlei Worte“. Zur äquivalenten Wiedergabe „die *gleiche* Sprache und die *gleichen* Wörter“ vgl. JOÜON/MURAOKA: A Grammar of Biblical Hebrew, §142b. Gen 11,1 besagt, dass die nachsintflutliche Urmenschheit dieselbe Langue und dasselbe Vokabular besaß.

[182] Hebr. *miqedem* = „das Land von Osten her“. Vom Ararat-Gebirge aus liegt Babylonien im Süden. Diese geographische Angabe in Gen 11,1 ist aus der Sicht von Mose zu verstehen. Er schrieb die Genesis ja in Ägypten und/oder in der Wüste Sinai.

zogen, da fanden sie eine Ebene im Land Sinear[183] und wohnten dort. [3] Da sprachen sie einer zum andern: Auf,[184] lasst uns Ziegel streichen und hart brennen! Der Ziegel diente ihnen als Stein, und der Asphalt diente ihnen als Mörtel. [4] Sie sprachen: Auf, bauen wir uns eine Stadt und einen Turm, dessen Spitze an den Himmel reiche, und machen wir uns einen Namen, dass wir nicht zerstreut werden[185] über die ganze Erde! [5] Da fuhr der HERR herab, um die Stadt und den Turm zu besehen, welche die Menschensöhne bauten. [6] Darauf sprach der HERR: Siehe sie sind *ein* Volk, und haben alle *eine* Sprache, und dies haben sie angefangen zu tun; und nun wird ihnen nichts verwehrt werden, was sie zu tun ersinnen.[186] [7] Auf, lasst uns hinabfahren und dort ihre Sprache verwirren, dass sie einer des andern Sprache nicht verstehen! [8] Da zerstreute sie der HERR von dort aus über die ganze Erde. So hörten sie auf, die Stadt zu bauen. [9] Darum gab man ihr den Namen Babel,[187] weil der HERR dort die Sprache der ganzen Erde verwirrt hatte. Und von dort zerstreute sie der HERR über die ganze Erde."

4.3.1 Nachsintflutliche Kulturexplosion

4.3.1.1 Die Völkertafel

Die Bibel datiert die Ereignisse von Gen 11,1-9 in die erste Zeit nach der Sintflut.[188] Die weltweite Katastrophe der großen Flut wird in Gen 6-9 beschrieben. Gen 10 enthält eine Übersicht über die Nachkommen Noahs und berichtet über deren Zerstreuung. In diesem

183 Der hebräische Name *šin'ar* entspricht dem keilinschriftlichen Begriff *šanhar* in den Texten der hethitischen und syrischen Schreiberschulen des 2. Jahrtausend v. Chr. (WISEMAN: Shinar).

184 Dem rebellischen „Auf!" der Urgesellschaft in Gen 11,3 und 4 entspricht das trinitarische „Auf!" zum Gerichtshandeln in Gen 11,7.

185 Od. *dass wir uns nicht zerstreuen.* Vgl. LANGE: Theologisch-homiletisches Bibelwerk, Die Genesis, S. 184.

186 Vgl. VILMAR: Collegium Biblicum, Band I, S. 97: „Gesamtunternehmungen der Menschen haben allewege für das menschliche Geschlecht große Gefahren; sie geben ihnen Hartnäckigkeit im Durchsetzen bis zur Selbstzerstörung".

187 = hebr. „Verwirrung".

188 Zur Geschichtlichkeit der Sintflut in Verbindung mit dem biblischen Befund vgl.: WHITCOMB/MORRIS: Die Sintflut.

Kapitel, das man allgemein die „Völkertafel" nennt, werden insgesamt 70 Namen aufgeführt.[189] Durch die moderne Archäologie konnte die Zuverlässigkeit dieser Liste aufgezeigt werden.[190] Kein Name daraus ist irgendwie mythologisch. Unter der nahöstlichen Literatur gibt es weder hieroglyphisch noch keilinschriftlich literarische Parallelen zu Gen 10. Die „Völkertafel" stellt ein höchst erstaunliches Phänomen dar.

4.3.1.2 Zum Verhältnis zwischen Gen 10 und 11

In Gen 11,1-9 wird im Detail ausgeführt, wie es zu den in Gen 10 erwähnten Völkerwanderungen gekommen ist. Gen 10 greift damit gegenüber dem folgenden Kapitel chronologisch voraus.[191]

In Gen 9,1 wurde den Söhnen Noahs der Befehl, die Erde zu füllen, in Verbindung mit dem Segen der Fruchtbarkeit erteilt:

> „Und Gott segnete Noah und seine Söhne und sprach zu ihnen: Seid fruchtbar und mehrt euch, und füllt die Erde..."

Das folgende Kapitel zeigt die Erfüllung davon auf. In diesem Text ist daher in Verbindung mit der Ausbreitung der Menschheit über den Globus hinweg das Verb *„verteilen"* ein Schlüsselbegriff.[192]

In Gen 11,1-9 wird der anfängliche Ungehorsam gegen das Gebot, die Erde zu füllen, beschrieben. Als Gericht über diese Rebellion zerstreute der Ewige die Menschen in alle Welt. Im Gegensatz zum vorangegangenen Kapitel ist in diesem Kontext daher das Verb *„zerstreuen"* charakteristisch.[193]

4.3.1.3 Sumer – Wiege der ersten Hochkultur nach der Flut

Der Bericht in Gen 11,1-9 will uns die erste nachsintflutliche Früh- und Hochkultur vorstellen. Beachtlich ist in diesem Zusammenhang

189 Von daher erklärt es sich, dass in der rabbinischen Theologie die Zahl 70 die Völkerwelt symbolisiert (Ariel/Richman: The Odyssey of the Third Temple, S. 47).

190 Unger: Ungers großes Bibelhandbuch, S. 40-43; Keil/Delitzsch: Commentary on the Old Testament, The Pentateuch, S. 161-172; Hamilton: The Book of Genesis, Chapters 1-17, S. 330-348.

191 Kaiser/Davids/Bruce/Brauch: Hard Sayings of the Bible, S. 118; Archer: Encyclopedia of Bible Difficulties, S. 88; Unger: Ungers großes Bibelhandbuch, S. 45; Darby: Betrachtungen über das Wort Gottes, 1. Mose bis Ruth, S. 37.

192 Vgl. Gen 10,5.32; hebr. *parad* (im Niph'al).

193 Vgl. Gen 11,8-9; hebr. *putz* (im Kal und im Hiph'il).

die Feststellung namhafter Archäologen, dass die frühe Hochzivilisation im Zweistromland (4./3.Jahrtausend v. Chr.)[194] *plötzlich* entstanden sei, *ohne* fassbare Entwicklung aus primitivsten Anfängen heraus. Man muss in diesem Zusammenhang wahrlich von dem Phänomen einer regelrechten „Kulturexplosion" sprechen.[195]

194 Wenn ich in der vorliegenden Ausarbeitung im Allgemeinen die zur Zeit etablierten Datierungen der Archäologie verwende, drücke ich damit nicht aus, dass ich damit automatisch in allen Teilen auch einverstanden wäre. Dies gilt besonders bei Daten der Frühzeit bis 2000 v. Chr., aber auch, allerdings in viel kleinerem Rahmen, bei Zeitangaben bis 850 v. Chr. Wenn ich die gängigen Daten dennoch verwende, so geschieht dies im vollen Bewusstsein, dass auf dem Gebiet der Chronologie des Alten Orients noch lange nicht das letzte Wort gesprochen worden ist. Es würde viele Forscher überhaupt nicht erstaunen, wenn bezüglich der Datierungen der Periode zwischen der ersten Kulturexplosion im Zweistromland bis ca. 2000 v. Chr. (Zeit Abrahams) noch gewaltige Umbrüche stattfinden würden.
Vor einigen Jahren vermochte John BIMSON mit seiner Arbeit über die Neudatierung des Exodus und der Landnahme unter Josua, darzulegen, dass notwendige und relativ einschneidende Datierungsrevisionen für das 2. Jahrtausend v. Chr. vorgenommen werden müssen (BIMSON: Redating the Exodus and Conquest).
Ab ca. 850 v. Chr. basiert die biblische Archäologie auf der sehr zuverlässig überlieferten *assyrischen Chronologie.* Diese harmoniert in einem völlig verblüffenden Maße mit den detaillierten biblischen Jahresangaben (vgl. THIELE: The Mysterious Numbers of the Hebrew Kings). Entsprechend verhält es sich für die gesamte nach-assyrische Zeit: Biblische und außerbiblische Chronologien passen sehr gut zusammen (vgl. FINEGAN: Handbook of Biblical Chronology).
In der Zeit *vor* ca. 850 v. Chr. basiert die traditionelle Archäologie auf der sehr bruchstückhaft überlieferten *ägyptischen Chronologie.* Wen verwundert es daher, dass es genau in diesem Fall Schwierigkeiten zwischen biblischer und außerbiblischer Chronologie gibt? Somit war es zu erwarten, dass Korrekturen vorgenommen werden müssen, wie BIMSON sie nahegelegt hat. Die noch mehr ins Gewicht fallenden Revisionen durch den Ägyptologen David ROHL sind z.T. mit Recht kritisiert worden, doch enthalten sie auch dann noch viel Material, dem uneingeschränkte Aufmerksamkeit gewidmet werden sollte (vgl. ROHL: Pharaonen und Propheten; VAN DER VEEN, ZERBST: Biblische Archäologie am Scheideweg).
Im Rahmen der vorliegenden Arbeit kann ich nicht auf die Frage eingehen, ob es bzw. inwieweit es biblisch-theologisch denkbar und verantwortbar wäre, dass es sich bei den in der Genesis genannten Generationen von Noah bis Abraham um eine Auswahlauflistung mit Lücken handelt (wie z.B. in Mat 1) oder nicht (vgl. WHITCOMB/MORRIS: Die Sintflut, S. 482-496; WILDER SMITH: Herkunft und Zukunft des Menschen, S. 97-104; KÜLLING: Sind die Genealogien in Gen 5 und 11 historisch und lückenlos?; WISKIN: Die Bibel und das Alter der Erde).

195 Vgl. BECK: Genesis, S. 51ff.; WISEMAN: Die Entstehung der Genesis, S. 31 und 33; OUWENEEL: Evolution in der Zeitenwende, S. 206-210.

Die Nachkommen Noahs reisten vom Gebirge Ararat in Armenien (Gen 8,4) nach Süden in die fruchtbare Ebene von Sumer bzw. Süd-Babylonien,[196] zwischen Euphrat und Tigris (Gen 11,1).[197] Diese Region wurde durch den fruchtbaren Schlamm, den diese beiden Flüsse während den Überschwemmungszeiten in das Land hineinführten, zum geeigneten Siedlungsgebiet für die erste Hochkultur nach der großen Flut.

4.3.2 Der Turm zu Babel

4.3.2.1 Nimrods Herrschaft

Der Ursprung der Stadt Babel und ihres gigantischen Turmes steht unzertrennlich in Verbindung mit dem Hamiten Nimrod, dem ersten nachsintflutlichen Gewaltherrscher (Gen 10,8-10).[198]

Bei dem Turm[199] handelte es sich um einen Bau, der im Zusammenhang mit Götzendienst und Okkultismus stand.[200] Zudem war dieses Projekt Ausdruck des Hochmuts und der Rebellion gegen Gott (Gen 11,4).[201]

196 Es sei noch einmal daran erinnert: Vom Ararat-Gebirge aus liegt Babylonien im Süden. Die geographische Angabe „nach Osten" in Gen 11,1 ist, wie oben schon einmal vermerkt, aus der Sicht von Mose zu verstehen. Er schrieb die Genesis in Ägypten und/oder in der Wüste Sinai.

197 Die Bezeichnung *Sinear* für den Süden Babyloniens wird in der Bibel an folgenden Stellen verwendet: Gen 10,10; 11,2; 14,1.9; Jes 11,11; Dan 1,2; Sach 5,11.

198 Der Name *Nimrod* bedeutet im Hebräischen, abgeleitet von der Wortwurzel *marad:* „Lasst uns rebellieren!"

199 Das mit „Turm" übersetzte hebräische Wort *migdal* geht zurück auf die Wortwurzel *gadal* („groß sein"). Die im Hebräischen bei vielen Nomen anzutreffende Vorsilbe *mi-* oder *ma-* bezeichnet vielfach einen Standort.

200 Jes 47,12 besagt, dass Babel „von Jugend an" Esoterik betrieben hat. Genauso wie in Jer 2,2 der Begriff „Jugend" die Entstehungszeit der Nation Israel ab dem Auszug aus Ägypten bezeichnet, so weist entsprechend dasselbe Wort (hebr. *ne'urim)* in Jes 47,12 auf die Entstehungszeit der Stadt Babel in der Frühgeschichte der Menschheit hin.

201 Gen 11,4a beschreibt den *Hochmut:* „Sie sprachen: Auf, bauen wir uns eine Stadt und einen Turm, dessen Spitze an den Himmel reiche..."
Die Aussage in Gen 11,4b „...und machen wir uns einen Namen, dass wir nicht zerstreut werden über die ganze Erde!" kam aus der *Rebellion* gegen das göttliche Gebot in Gen 1,28 und 9,1 („...und füllet die Erde"). Durch urbane Konzentration an *einem* Ort sollte die von Gott gewollte Ausbreitung über die ganze Erde verhindert werden. Man beachte in diesem Zusammenhang noch einmal die Bedeutung des programmatischen Namens *Nimrod:* „Lasst uns rebellieren!"

4.3.2.2 Spätere Kopien des Turms von Babel

Im Zweistromland wurden später noch zahlreiche solche Türme nach dem Vorbild des Ersten errichtet. Bis heute sind dort weit über zwanzig solche Monumente ausgegraben worden,[202] so z.B. in den ebenfalls in der Bibel erwähnten Städten Ur,[203] Erek[204] und Ninive.[205]

In keilschriftlichen Texten hat man die Erwähnung von über 30 verschiedenen solchen kultischen „Bergen" gefunden.[206] Typisch für diese Art von Türmen ist deren Bauweise in Absätzen, mit im Allgemeinen etwa drei bis sieben Stockwerken. Jeweils auf der obersten Etage befand sich gewöhnlich ein Schrein mit einer Götterfigur. Der Zugang von unten nach oben wurde durch gigantische, außen angebrachte Treppenaufgänge und Rampentürme ermöglicht. Nach mesopotamischem Glauben stiegen die Götter, denen der Turm geweiht war, jeweils vom Himmel herab zu diesen Tempeln.

4.3.2.3 Zum Baumaterial der mesopotamischen Stufentürme

Das typische Baumaterial dieser Stufentürme bestand aus Tonziegeln und Asphalt, was genau den Angaben in Gen 11,3 entspricht. Das südliche Zweistromland ist eine flache berglose Region, die arm an Gestein ist. So musste man dort bei der Suche nach geeignetem Baumaterial eine Alternative zum Gestein suchen. Die Ölquellen in dieser Region waren schon damals von kosmopolitischer Bedeutung: Das reiche Asphaltvorkommen deckte den Mörtelbedarf.

4.3.2.4 Künstliche Tempelberge

Im Akkadischen[207] nannte man einen solchen Stufenturm *ziqquratu(m)*, was so viel wie „Bergspitze" oder „Gipfel" bedeutet.[208] Südmesopotamien bildet eine Tiefebene, ein krasser Gegensatz zum nachsintflutlichen Ursprungsgebiet der Patriarchen Noah, Sem, Ham und Japhet. Die Arche war ja im Gebirge Ararat (Gen 8,4), dessen

202 Unger: Ungers großes Bibelhandbuch, S. 44.

203 Vgl. Millard: Images du monde biblique, S. 12-13; Millard: Schätze aus biblischer Zeit, S. 50-51; 134-138 Wiseman: Babel, S. 148.
Ur war übrigens die Herkunftsstadt Abrahams (Gen 11,27-31).

204 Unger: Ungers großes Bibelhandbuch, S 44. *Uruk* entspricht dem biblischen *Erek* in Gen 10,10.

205 Wiseman: Babel, S. 149. Ninive wird zum ersten Mal in der Bibel bereits in der Völkertafel in Gen 10,11 erwähnt.

206 Parrot: La Tour de Babel, S. 17.

207 Als „Akkadisch" bezeichnet man die Sprache der Babylonier und Assyrer.

208 Das Nomen *ziqquratu* (ältere Form: *ziqquratum*) lässt sich von dem Verb *zaqqaru* („hoch sein") herleiten.

Abb. 7 Beim Turm von Babel handelte es sich um eine Zikkurat.

höchster Punkt heute auf 5165 m liegt, gelandet. Die Stufentürme sollten gewissermaßen Ersatz sein für natürliche Berge. Es handelte sich um Tempelberge, auf deren Anhöhen jeweils das eigentliche Tempelhaus stand.

4.3.2.5 Wo befand sich der Turm von Babel?

Der genaue Standort des ursprünglichen Turmes von Babel konnte wohl durch die von dem deutschen Architekten Robert KOLDEWAY durchgeführten Ausgrabungen um 1899-1917 exakt identifiziert werden. Er muss an derselben Stelle gesucht werden, wo unter Nebukadnezar II. (605-562 v. Chr.) die *e-temen-an-ki* genannte Zikkurat gestanden hat.

Die sumerische Bezeichnung *e-temen-an-ki* bedeutet „Fundament-Haus von Himmel und Erde" und erinnert an den Aufruf zum Bau der ersten Zikkurat (Gen 11,4):

> „Auf, bauen wir uns... einen Turm, dessen Spitze an den Himmel reiche..."[209]

[209] Inschriftlich findet sich der Begriff *e-temen-an-ki* bei Asarhaddon (um 681 v. Chr.; vgl. 2Kön 19,37; Jes 37,38), der ihn „wie früher" aufbauen wollte (HARTMANN: Der Turmbau zu Babel, S. 79).

4.3.2.6 *Zur Geschichte des Turmes von Babel*

Die Geschichte des Turmes von Babel lässt sich etwa so zusammenfassen:[210] Während die ursprüngliche Zikkurat zunächst unvollendet geblieben war (Gen 11,1-9), wurde sie später unter Sargon I. von Akkad (um 2300 v. Chr.) und seinem Nachfolger Shar-kali-sharri (um 2250 v. Chr.) dennoch weiter ausgebaut. Aus einem aufgefundenen Keilschrifttext des letztgenannten Herrschers geht hervor, dass am Standort dieses Turmes ursprünglich bereits eine „heilige Stadt" existiert habe.[211]

Um 689 v. Chr. zerstörte der assyrische König Sanherib[212] die Zikkurat von Babylon. Asarhaddon (681-669 v. Chr.) begann sie wieder aufzubauen. Durch den Krieg von 652-648 v. Chr. wurde der Turm schwer beschädigt. Unter Nabopolassar (626-605 v. Chr.) und seinem Sohn Nebukadnezar II. (605-562 v. Chr.)[213] wurde er wiederhergestellt.

Der griechische Geschichtsschreiber Herodot besuchte Babylon und beschrieb dieses Bauwerk um 460 v. Chr.

Es gibt zudem eine Tontafel aus dem Jahr 229 v. Chr.,[214] welche wohl auf einen älteren Text zurückgeht und die genauen Maßangaben dieses gigantischen Bauwerks enthält: Es besaß einen Grundriss von ca. 90 x 90 m und eine Gesamthöhe von ebenfalls 90 m.

Das erste Stockwerk von 90 x 90 m besaß eine Höhe von 33 m. Darauf folgten sechs weitere terrsassenförmig nach innen abgesetzte Stockwerke mit folgenden Maßen:

2. Stockwerk: 78 x 78 m; h = 18 m
3. Stockwerk: 60 x 60 m; h = 6 m
4. Stockwerk: 51 x 51 m; h = 6 m
5. Stockwerk: 42 x 42 m; h = 6 m
6. Stockwerk 33 x 33 m; h = 6 m[215]
7. Stockwerk: 24 x 24 m; h = 15 m

210 Wiseman: Babel, S. 147-150; Wiseman: Babylon, S. 150-153; Hartmann: Der Turmbau zu Babel, S. 55-57 und 79.

211 Dies findet zusätzlich eine Bestätigung in der babylonischen Tradition, die besagt, dass Sargon I. (um 2350 v. Chr.) die von dem Gott Marduk gegründete Stadt Babylon zerstört habe (Wiseman: Babel, S. 147).

212 2Kön 18,13; Jes 37,37.

213 Dan 1,1; 4,28-30.

214 Louvre, AO 6555. Fotografische Wiedergabe, Text und Übersetzung s.: Parrot: La Tour de Babel, S. 12-13; Wiseman: Babylon, S. 151.

215 Der Text der Keilschrifttafel ist bei der Beschreibung des sechsten Stockwerks beschädigt, doch kann er in Analogie zu den anderen Zahlen mühelos ergänzt werden.

Zuoberst, auf dem siebten Stockwerk, bildete ein Tempelhaus den krönenden Abschluss.

Um 472 v. Chr. wurde der Turm von Babel durch den Perserkönig Xerxes zerstört. Als später Alexander der Große ihn um 323 v. Chr. wieder aufbauen wollte und dazu die Trümmermassen beiseite schaffen ließ, da bekam er Malaria und verstarb. Von den Bewohnern der Umgebung wurden die Ziegel in der folgenden Zeit für andere Bauzwecke nach und nach weggetragen, sodass aus der einstigen Stätte der Empörung gegen Gott eine Grube wurde. 1971 erklärte die irakische Regierung unter Saddam Hussein die Absicht, den Turm von Babel zu restaurieren. Bis heute ist dies allerdings, im Gegensatz zu manch anderen Bauwerken in Babel, noch nicht realisiert worden. Der Ort, an dem einst der Turm von Babel stand, ist zur Zeit nach wie vor ein abgrundtiefer Schlamm, was geradezu symbolische Aussagekraft enthält.

4.3.3 Zur Bedeutung und Etymologie des Namens „Babel"

4.3.3.1 „Babel" – weder sumerisch noch akkadisch

Der Städtename „Babel" findet sich bereits in sumerischen Inschriften als *babillum* bzw. *babilla.*[216] Doch bereits die Sumerer kannten die Herkunft und Bedeutung dieses Wortes nicht mehr. Der Name *Babel* ist nämlich weder ein sumerisches noch ein akkadisches Wort.[217] Die semitischen Babylonier haben später diese nicht-akkadische Vokabel aus ihrer Sprache heraus erklären wollen, und zwar als *bab-ili* (akkadisch = „Tor Gottes")[218] oder später in neubabylonischer Zeit als *bab-ilani* („Tor der Götter").[219] Bei der akkadischen Deutung des Namens „Babel" handelte es sich also um reine Volksetymologie.[220]

216 GESENIUS/MEYER/DONNER: Hebräisches und aramäisches Handwörterbuch über das Alte Testament, S. 122; VANGEMEREN: New International Dictionary of Old Testament Theology & Exegesis, Bd. IV, S. 430.

217 BOTTERWECK/RINGGREN: Theological Dictionary of the Old Testament, Bd. I, S. 466-467.

218 Dies entspricht der sumerischen Bezeichnung *ka-dingir-ra* (BOTTERWECK/RINGGREN: Theological Dictionary of the Old Testament, Bd. I, S. 466.)

219 KÖHLER/BAUMGARTNER: Hebräisches und aramäisches Lexikon zum Alten Testament, Bd. I, S. 103.

220 GESENIUS/MEYER/DONNER: Hebräisches und aramäisches Handwörterbuch über das Alte Testament, S. 122.

Aus *bab-ilani* hat sich übrigens bei den Griechen die uns sehr vertraute Namensform *babylôn* (Babylon) ergeben.[221]

4.3.3.2 Die Deutung in der Genesis

Der von Mose verfasste biblische Text gibt dem Namen *Babel* anhand der hebräischen bzw. allgemein-semitischen Wortwurzel *bll*[222] („verwirren") die Bedeutung „Verwirrung" (Gen 11,9):

> „Darum gab man ihr den Namen Babel,[223] weil der HERR dort die Sprache der ganzen Erde verwirrt hatte [*balal*]. Und von dort zerstreute sie der HERR über die ganze Erde."

Diese Namensdeutung wurde von liberalen Forschern mit dem Hinweis, dass *Babel* ja selbstverständlich ein akkadischer Name sei, der „Tor Gottes" oder „Tor der Götter" bedeute, als volksetymologische, d.h. nicht ernst zu nehmende nachträgliche Interpretation, abgetan.[224] Diese bibelkritische Auffassung sollte nun endgültig der Vergangenheit übergeben werden. Seitdem bekannt geworden ist, dass *Babel* weder sumerisch noch akkadisch ist, muss die Deutung in Gen 11,9 in einem völlig neuen Licht gesehen werden.

In diesem Zusammenhang stellt sich auch die Frage nach der Ursprache der Menschheit. Wenn das altmesopotamische Wort *Babel* nicht sumerisch ist, gemäß der Heiligen Schrift aber durch eine *semitische* Wortwurzel gedeutet werden muss, kann man nun davon ableiten, dass es sich bei der Ur-Sprache vor der babylonischen Verwirrung um eine *semitische Sprache* gehandelt hat? Ich komme auf diese Frage gleich nochmals zurück.

4.3.3.3 Die Wortwurzel „balal"

Eine nähere Untersuchung der mit „verwirren" übersetzten hebräischen bzw. allgemein-semitischen Wortwurzel *balal*[225] kann die bi-

221 Im griechischen Text des NT findet sich das Wort *babylôn* an folgenden Stellen: Mat 1,11.12.17; Apg 7,43; 1Pet 5,13; Off 14,8; 16,19; 17,5; 18,2.10.21.

222 Hebräische Aussprache *balal (< balala).*

223 = hebr. „Verwirrung".

224 Vgl. z.B. Parrot: La Tour de Babel, S. 9.

225 Die Wurzel *bll* findet sich in verschiedenen semitischen Sprachen (Gesenius/Meyer/Donner: Hebräisches und aramäisches Handwörterbuch über das Alte Testament, Bd. I, S. 153).
Nachfolgend eine Reihe von Beispielen: akkadisch: *balalu* („besprengen", „vermischen"), punisch: *bll* („vermischtes Opfer"), arabisch: *balla* („be-

blische Aussage bezüglich des Wesens der Sprachenverwirrung um einiges aufhellen:[226]

Bei der Wortwurzel *bll* handelt es sich eigentlich um eine zweiradikalige Wurzel, nämlich *bl,* deren zweiter Konsonant verdoppelt ist.[227] Der Städtename *Babel* (in der hebräischen Konsonanten-Schrift *bbl* geschrieben) ergibt sich durch Verdopplung des ersten Wurzelkonsonanten.[228]

balal hat im Hebräischen die Grundbedeutung „(mit Öl) anfeuchten", „(mit Öl) übergießen", „vermengen", „verrühren" oder „vermischen".[229] Dieses Wort wird im Alten Testament in den meisten Stellen dann verwendet, wenn es spezifisch um *Vermengung von Öl mit Mehl* geht.[230] Eine solche Vermischung von Öl mit Mehl führt bekanntlich zu einem völlig unentwirrbaren Ergebnis. Daraus erklärt sich die im Kontext von Gen 11 geforderte sekundäre Bedeutung von *balal* im Sinn von „verwirren".[231]

feuchten"), *balbala* („durcheinanderbringen"), tigrisch: *balbala* („schütteln"), jüdisch-aramäisch: *balbel* („vermischen", „verwirren"), syrisch: *bal* („mischen").

Beim Vergleich der verschiedenen semitischen Sprachen fällt auf, dass die Grundbedeutung von *bll* offensichtlich in dem Konzept „mischen" besteht.

226 Alle Stellen, wo die Wurzel *balal* im AT in der Form des Grundstammes (Kal) vorkommt: Gen 11,7.9; Ex 29,2.40; Lev 2,4.5; 7,10.12; 9,4; 14,10.21; 23,13; Num 6,15; 7,13.19.25.31.37.43.49.55.61.67.73.79; 8,8; 15,4.6.9; 28,5.9.12.13.20.28; 29,3.9.14; Ri 19,21 (hier als Ableitung von *belil* [„Mengfutter"] mit der Bedeutung „Mengfutter vorschütten"); Ps 92,11. Ferner im reflexiven Hithpolal-Stamm: Hos 7,8 (in der Bedeutung: „sich [mit den nicht-israelitischen Völkern] vermischen".

Wörter, die im Hebräischen von *balal* abgeleitet werden können: *belil* („Mischfutter", Hi 6,5; 24,6; Jes 30,24); *šavlul* („Schnecke", vom Anfeuchten des Weges, Ps 58,9); *tevallul* („Ineinandermischung"/„Unordnung [im Auge]", d.h. möglicherweise: „[weißer] Fleck [auf der schwarzen Pupille]", Lev 21,20).

227 Vgl. Joüon/Muraoka: A Grammar of Biblical Hebrew, Bd. I, § 82.

228 Davidson erklärt die Namensform *bavel* als Nebenform von *balbel* (= Reduplikation der gesamten zweiradikaligen Wurzel; Davidson: Analytical Hebrew and Chaldee Lexicon, S. 87; ebenso: Vilmar: Collegium Biblicum, S. 98).

229 Gesenius/Meyer/Donner: Hebräisches und aramäisches Handwörterbuch über das Alte Testament, S. 153; Köhler/Baumgartner: Hebräisches und aramäisches Lexikon zum Alten Testament, Bd. I, S. 128; König: Hebräisches und aramäisches Wörterbuch zum Alten Testament, S. 41.

230 Z.B. Ex 29,2 (*matztzoth challoth* = „durchlöcherte Mazzen"); Ex 29,40 (*soleth* = „Feinmehl"); Lev 7,10 (*minchah* = „Speisopfer").

231 Vgl. z.B. Gesenius/Buhl: Hebräisches und aramäisches Handwörterbuch über das Alte Testament, S. 101 (*bll*).

4.3.4 Was heißt „Sprachenverwirrung"?

4.3.4.1 Zur polyphyletischen Entstehung der Sprachen

Die biblische Aussage, dass in Babel die eine Ursprache verwirrt worden sei, bedeutet mit anderen Worten gesagt dies: Gott, der Schöpfer, zerstörte durch die Gabe verschiedener neuer Sprachen die ursprüngliche Einheit und führte eine Situation der totalen Verwirrung herbei. Dieses Ereignis hatte eine Aufteilung in verschiedene Populations-Gruppen zu Folge.

Man kann aus dem biblischen Bericht von Gen 11 ableiten, dass die heute existierenden Sprachen nicht auf *eine* Ursprache, sondern auf eine *Vielzahl* von sprachlichen Grundtypen zurückgehen. Dies stimmt genau mit der linguistischen Beobachtung zusammen, dass man die über 6.800 heute gesprochenen Sprachen in eine ganze Reihe von verschiedenen Sprachstämmen einteilen muss, wobei man unter den Sprachstämmen jeweils keine genealogische Verwandtschaft nachweisen kann. Die Heilige Schrift liefert damit den Rahmen und die Ausgangslage für die Sicht einer *polyphyletischen Entstehung*[232] der menschlichen Sprachen.[233]

4.3.4.2 Die Sprachen im Querstand

Im Zusammenhang mit dem Begriff „Sprachenverwirrung" ist die Feststellung, dass keine einzige Sprache zur anderen in einem Ver-

[232] Dies steht diametral im Gegensatz zur Meinung, dass alle heutigen Sprachen *monophyletisch* auf *eine* Ursprache zurückgeführt werden könnten (vgl. oben unter 3.1.7).

[233] In diesem Zusammenhang drängt sich eine frappante Parallele zur Biologie auf. Während Evolutiontheoretiker die Tiere aller Stämme auf *eine* Urform zurückführen wollen, leiten schöpfungstheoretisch orientierte Biologen die zahlreichen heutigen Arten auf eine Vielzahl von „Grundtypen" zurück, die aber bei weitem nicht mit den Tierstämmen zusammenfallen. Die Zahl der „Grundtypen" ist aber deutlich geringer als die Zahl der heute als „biologische Arten" definierten Tierarten. (vgl. dazu SCHERER: Typen des Lebens.) Während das evolutionstheoretische Modell als *monophyletisch* bezeichnet werden kann, lässt sich das schöpfungstheoretische indessen als *polyphyletisch* charakterisieren. Der Gedanke des polyphyletischen Ursprungs der Lebewesen steht im Einklang mit der im Schöpfungsbericht der Genesis 10mal vorkommenden Bemerkung, dass die Lebewesen „nach ihren Arten" erschaffen worden sind (vgl. die philologische Untersuchung des Begriffs „nach ihren Arten" in: OUWENEEL: Gedanken zum Schöpfungsbericht, S. 139-146). Zum Grundtypenmodell in der Schöpfungsforschung vgl.: JUNKER/SCHERER: Evolution – ein kritisches Lehrbuch, S. 27-56; JUNKER: Wie das Zebra seine Streifen bekam.

hältnis von 1:1 steht, sehr bemerkenswert und interessant. Ständen sie in einem Verhältnis von 1:1 zueinander, so wäre es kein Problem, wirklich gute Computer-Übersetzungen zu realisieren. Die Wirklichkeit sieht jedoch verwirrend problematisch aus. Wer sich schon mit Hingabe dem Übersetzen aus verschiedensten Sprachen gewidmet hat, weiss wie notvoll diese Tatsache ist. Die ganzen Code-Systeme der Sprachen stehen zueinander in einem „verwirrten" Verhältnis, und dies gilt für alle Ebenen der Langues.

So hat z.B. jedes Wort einer bestimmten Sprache ein ihm eigenes Bedeutungsfeld und befindet sich zusammen mit anderen Wörtern und Begriffen innerhalb einer hierarchischen Ordnung. Ferner stehen Wörter in einem bestimmten Assoziationsverhältnis zu anderen Wörtern, bedingt durch Klang, Etymologie (sozial, religiös, politisch, wissenschaftlich etc.).[234] Sucht man in zwei Sprachen Wörter, die genau das gleiche Bedeutungsfeld haben, stößt man bei diesem nicht gerade hoffnungsvollen Unterfangen auf die allergrößten Schwierigkeiten. Es ist kaum möglich, 100%ig deckungsgleiche Wörter zu finden. Selbst wenn man Fälle von weitgehender semantischer Deckungsgleichheit gefunden hat, so überrascht es andererseits nicht, wenn man feststellen muss, dass diese Wörter innerhalb der betreffenden Sprachen in einer anderen hierarchischen Ordnung stehen. Normalerweise überschneiden sich die semantischen Felder. Genau hier liegt ja eines der großen Probleme, wenn jemand mechanisch anhand eines Wörterbuches von einer Sprache in die andere übersetzen will.

Wir g ehen von dem Satz *Der Wüstenfuchs ist eingegangen* aus. Nun wollen wir ihn auf Französisch übertragen. Nehmen wir an, wir wüssten nicht, was *eingehen* in der Zielsprache bedeutet. Wir schlagen dieses Wort in einem Wörterbuch nach und finden den Begriff *rétrécir*. Doch hier geht die mechanische Übertragung schief. *Rétrécir* können wir verwenden, wenn es beispielsweise um einen Wollpullover geht, den man auf 95°C gewaschen hat, aber niemals im Zusammenhang mit dem Verenden eines Tieres. Den oben genannten Satz muss man unter Verwendung des Verbs *mourir* übertragen: *Le fennec est mort.*

Vielfach findet man in einer anderen Sprache gar kein entsprechendes Wort. Trotzdem ist es möglich, alles, was man will, zu übersetzen. Auf Französisch gibt es z.B. kein Wort für „übersalzen".

234 Vgl. dazu ausführlich z.B.: KEDAR: Biblische Semantik.

Es besteht aber die Möglichkeit, dieses deutsche Ein-Wort-Konzept gallizistisch[235] mit drei bis vier Wörtern zu umschreiben: *mettre trop de sel* oder *saupoudrer de sel.*

Charles F. HOCKET hat es sehr prägnant formuliert:

> „Die Sprachen unterscheiden sich weniger in dem, was in ihnen gesagt werden kann, sondern darin, wie leicht es gesagt werden kann."[236]

Wir sehen: Das Vokabular der Sprachen ist im Vergleich miteinander „verwirrt". Die in den Wörtern ausgedrückten Konzepte und Bedeutungen sind „vermischt", wie Öl und Mehl im Teig. Wenn dies schon für Sprachen innerhalb eines bestimmten Sprachstammes der Fall ist, wie am Beispiel der indogermanischen Sprachen Französisch und Deutsch soeben etwas illustriert worden ist, wie viel mehr gilt dies doch beim Vergleich von Sprachen aus verschiedenen Sprachstämmen!

Dieser Querstand der Sprachen untereinander gilt aber nicht nur für den Bereich des Vokabulars, sondern genauso für alle anderen Aspekte der Langues, und zwar auf allen Ebenen. Wenn wir z.B. das deutsche Verbalsystem mit dem klassischen Hebräischen vergleichen wollen, so liegen hier Welten dazwischen. Im Deutschen ist man an die Tatsache der verschiedenen Zeitstufen wie Präteritum, Plusquamperfekt, Perfekt, Präsens sowie Futur I und II gewöhnt. Im Bibel-Hebräischen ist das Tempussystem – falls man hier überhaupt diesen selben Ausdruck verwenden darf – völlig anders aufgebaut. Der Querstand geht so weit, dass z.B. ein und dieselbe hebräische Wortform ins Deutsche übertragen in einem bestimmten Fall mit Futur I, in einem anderen aber beispielsweise mit Präteritum übersetzt werden muss. Obwohl das eine Verbalsystem sich total von dem anderen unterscheidet, kann dennoch jeder beliebig Text korrekt von der einen in die andere Sprache übertragen werden. Die „Oberflächenstruktur" der Sprachen unterscheidet sich in gewaltigem Maße voneinander. Doch die „Tiefenstruktur" ist weltweit bei allen Völkern und Stämmen gleich.

4.3.4.3 „Oberflächenstruktur" verwirrt – „Tiefenstruktur" intakt

Das Ereignis der Sprachenverwirrung von Gen 11 können wir nun

[235] D.h. mit einer typisch französischen Wendung.

[236] Zitiert nach: ZIMMER: So kommt der Mensch zur Sprache, S. 134-135.

mit Hilfe von Begriffen aus der „generativen Schule“ von CHOMSKY wie folgt umschreiben:[237]

Gott verwirrte die sprachliche „Oberflächenstruktur“ der menschlichen Urgesellschaft in Babel solcherart, dass die verschiedenen Stammesgruppen je völlig verschiedene Code-Systeme (Langues) erhielten, die untereinander auf allen Ebenen im Querstand lagen. Die „Tiefenstruktur“ blieb jedoch intakt. Dank der Tatsache, dass die „Tiefenstruktur“ aller Menschen unverändert blieb, war und ist es möglich, von jeder Sprache aus in jede beliebige andere Sprache korrekt und angemessen zu übersetzen. Jedes x-beliebige Konzept in der „Tiefenstruktur“ kann in jede existierende „Oberflächenstruktur“ transformiert werden.

4.3.5 Welche Sprache wurde vor der Verwirrung gesprochen?

4.3.5.1 Semitische Eigennamen

Die Sprache vor der babylonischen Verwirrung wird nirgends in der Bibel namentlich bezeichnet. Dennoch gibt es einige Hinweise darauf, dass es sich um eine semitische Sprache gehandelt haben muss. Bei den zahlreichen in den ersten Kapiteln der Genesis genannten Eigennamen von Menschen aus der Zeit vor der Flut, handelt es sich offensichtlich um semitische Namen. Dasselbe gilt auch für die vielen geographischen Bezeichnungen in diesem Bibelteil. In den meisten Fällen ist es sogar sehr einfach möglich, diese Namen etymologisch auf semitische Wortwurzeln zurückzuführen und sie in ihrer Bedeutung dem Kontext angemessen überzeugend zu klären.

4.3.5.2 Die Namen der zehn Patriarchen vor der Flut

Nachfolgend wollen wir anhand von Gen 5 als Beispiel die Eigennamen der Patriarchen etymologisch untersuchen:

1. Der Name *'adam* (Gen 5,1) ist verwandt mit dem Wort *'adamah* („roter Erdboden“, „rote Ackererde“; vgl. Gen 2,7). Sowohl *'adam* wie auch *'adamah* gehen etymologisch zurück auf die Verbalwurzel *'adam* („rot sein“). Der erste Mensch wurde von Gott aus

[237] Ich habe früher schon darauf hingewiesen, dass die Begriffe „Tiefen-“ und „Oberflächenstruktur“ im Sinne des früheren CHOMSKY veraltet sind. Wenn ich diese Ausdrücke nun dennoch weiter verwende, so lediglich in ganz vorsichtiger Weise mit den bereits gemachten Einschränkungen und Modifikationen grundsätzlicher Art.

Erde gebildet. Man könnte daher *Adam* treffend als „Erdling" wiedergeben. *Adam* ist im Hebräischen sowohl ein Eigenname als auch ein gewöhnliches Substantiv, letzteres mit der Bedeutung „Mensch". Somit bezeichnet der Name „Adam" den Menschen als das Wesen, das einst moralisch gut und perfekt aus der Hand Gottes vorgegangen ist (vgl. Pred 7,29a).

2. *šet*[238] (Gen 5,3; 4,25) bedeutet „Ersatz". Dieser Name hängt mit der Wortwurzel *šit* („setzen", „stellen", „legen") zusammen. Seth war ja ein Ersatz für den ermordeten Abel, indem er an seine Stelle als Träger der Verheißung gesetzt wurde (Gen 4,25).

3. *'enoš* (Gen 5,6; 4,26) ist von der Wortwurzel *'anaš* („sterblich", „sündig", „verderbt", „böse sein"; vgl. Jer. 17,9: *'anuš* = „verderbt", „bösartig") ableitbar. Dieser Name entspricht daher unserer deutsch-poetischen Bezeichnung des Menschen als „Sterblicher", allerdings mit dem Nebenbegriff des Bösen und Sündigen.

4. *qenan* (Gen 5,9) leitet sich von einer *qun* lautenden hohlen Wortwurzel[239] her. In den semitischen Sprachen gibt es aber öfter mehrere gleichklingende Wortwurzeln. So ist es auch in diesem Fall. Je nachdem von welcher Wurzel *qun* man diesen Namen herleitet, kann man *qenan* entweder mit „Schmied", „Metallhandwerker" oder mit „Klagender" übersetzen (*qun I* = in der Pilel-Form: „klagen"; *qun* II = „formen", „schmieden").

5. *mahalal'el* (Gen 5,12) bedeutet „Gott ist lobenswürdig" (*mahalal* = lobenswürdig, von der Wurzel *halal*, die im Pi'el-Stamm „loben" bedeutet, *'el* = Gott).

6. *jered* (Gen 5,15) bedeutet „Abstieg", „Herniederkunft" und ist auf die Verbalwurzel *jarad* („herabsteigen") zurückzuführen.

7. *chanokh* (Gen 5,18) heißt „Geweihter" oder „Eingeweihter" (von der Wurzel *chanakh* = „weihen", „einweihen").

8. *methušelach* (Gen 5,21) könnte man als „Mann des Wurfgeschosses" übersetzen. Der Wortteil *methu* bedeutet „Mann". Es handelt sich um einen Wortteil, der öfter in semitischen Eigennamen

238 Die gräzisierte Form lautet *Seth*.

239 Unter dem Begriff „hohle Wurzeln" versteht man in den semitischen Sprachen Wortwurzeln, die im Gegensatz zum Üblichen nicht aus drei, sondern aus zwei Konsonanten bestehen. Zwischen die zwei Konsonanten wird aber ein Waw bzw. ein Jod eingeschoben. Auf diese Weise werden diese zweiradikaligen Wortwurzeln den dreiradikaligen angeglichen.

vorkommt. Der zweite Teil geht auf die Wurzel *šalach* („werfen") zurück. Wenn man den Namen anders aufteilt, nämlich in *meth* und *u-šelach*, so bedetet er: „Ist er tot, so wird er es senden" (*meth* = „tot", *u-šalach* = „und/so wird er senden"). Übrigens: Wenn man die Chronologie in Gen 5 durchrechnet, so stellt man fest, dass die Sintflut exakt im Todesjahr Methusalahs einsetzte und die ganze Welt vernichtete!

9. *lamekh* (Gen 5,25) ist ein seltener Name. Man kennt ihn nur von den zwei vorsintflutlichen Personen aus Gen 4,19 und 5,25. Auch in den unzähligen Inschriften des Nahen Ostens hat man bis heute keine Parallele dazu gefunden. Nicht einmal die Wortwurzel *lamakh* hat man in irgendeiner semitischen Sprache gefunden. Die Übersetzung dieses Namens ist daher schwierig. Man könnte jedoch einen Zusammenhang mit dem arabischen Wort *jilmak* (beachte die Konsonanten *l, m, k)* sehen. So kommen wir zur Übersetzung „gewalttätiger Mensch" oder „starker junger Mann".
10. *noach* (Gen 5,29) kommt von der Wurzel *nuach* („ruhen") und bedeutet somit „Ruhe".

4.3.5.3 Zur Evangeliums-Botschaft der Namen

Die zehn ersten Wörter des Buches 1. Chronika sind identisch mit den zehn Namen der vorsintflutlichen Patriarchen. Der Chronist fasst mit diesen wenigen Vokabeln die gesamte Frühgeschichte des Menschen vom Paradies bis zur großen Flut zusammen.

Wenn man die Methode des Propheten Daniel, welcher semitische Wörter durch deren Wortwurzeln heilsgeschichtlich deutete, auf die Namen der Patriarchen vor der Flut bzw. auf die ersten 10 Wörter von 1Chr, anwendet, kommt man auf ein überraschendes Resultat. Dies erwähne ich nur so beiläufig, indem ich diesen Abschnitt gewissermaßen als Parenthese in unseren linearen Gedankenverlauf einfüge. Daniel deutete nämlich die geheimnisvollen an die Wand geschriebenen Wörter gegenüber König Belsazar auf eine förmlich auf semitische Sprachen zugeschnittene Weise (vgl. Dan 5,25-29): *mene', theqel* und *u-pharsin,* besser vokalisiert *u-pherasin,* bedeutet „Mine", „Schekel", „und Halbminen") gemäß ihrer Wortwurzel-Bedeutungen (*mena'* = „zählen", *theqal* = „wägen"; *peras* = „teilen") und fasste sie in ausdeutende ganze Sätze zusammen, sogar unter Zuhilfenahme von Wortanklang.[240]

[240] Das Wort „Perser" (= *paras*) klingt an das aramäische Wort „Halbmine" (=

Wir betreten die Fußspuren Daniels und deuten die Botschaft der zehn vorsintflutlichen Patriarchen-Namen wie folgt:

Der Mensch (Adam) kam in die Stellung (Seth) eines sterblichen Sünders (Enosch).[241] *Er musste klagen (Kenan). Der lobenswerte Gott (Mahalalel) stieg herab (Jered). Er lebte in geweihter Hingabe (Henoch). Sein Tod sendet (Methusalah) dem gewalttätigen Menschen (Lamech) Ruhe (Noah).*

4.3.5.4 Wortspiele in den ersten Kapiteln der Genesis

In manchen Fällen kommen Eigennamen in der biblischen Urgeschichte im Zusammenhang mit kontextuell wichtigen Wortspielereien vor. Nachfolgend einige Beispiele: Das Wort *'adam* („Mensch", „Adam") wird mit dem Nomen *'adamah* („rote Erde") in Verbindung gebracht, weil der erste Mensch ja aus Erdboden gebildet worden war (Gen 2,7).

Nachdem Eva aus einer Rippe Adams erschaffen worden war, wurde sie dank einem im Hebräischen möglichen Wortspiel *'išah* („Frau") genannt. Das Wort für „Mann" lautet auf Hebräisch *'iš* (Gen 2,23). Möglicherweise sind diese beiden ähnlich klingenden Wörter etymologisch von unterschiedlichen Verbalwurzeln herzuleiten.[242] Aber innerhalb der hebräischen Sprache ergibt sich durch den engen Anklang ein schönes Wortspiel, das man im Deutschen am besten durch das Oppositionspaar *Mann – Männin* wiedergibt.

Nach dem Sündenfall gab Adam seiner Frau den Namen *chavvah*"[243] („Leben"), weil sie „die Mutter aller Lebendigen (hebr. *chajim*) war (Gen 3,20).

Die ersten Kapitel der Genesis sind voller Wortspiele. Man könnte auf diese Weise weiterfahren.[244] Es ist unbestreitbar: Die Eigennamen in den frühen Kapiteln bis hin zur Sprachenverwirrung sind eindeutig *semitisch.*

Die Wortspielereien sind, wenn man sie alle zusammennimmt jedoch ein klarer Hinweis darauf, dass diese Namen nicht einfach nur semitisch sind, sondern enger gefasst – *hebräisch.* Zum Teil

peras) an. Beide Wörter werden im Aramäischen gleich geschrieben, jedoch mit verschiedenen Vokalen ausgesprochen.

241 Vgl. Röm 5,12.19.

242 Die Etymologie dieser Wörter ist in der Fachliteratur umstritten.

243 Im Griechischen wurde dieser Name durch *eua* transkribiert (vgl. 2Kor 11,3).

244 Vgl. z.B. Gen 4,1; 4,12.16 (*Nod* = „Flucht"); 5,29 in Verbindung mit 8,4.8.21 (w. „Duft der Ruhe"); 9,27 (*Japhet* = „Weite", „Ausdehnung"); 10,25 (*Peleg* = „Zerteilung"); 11,9.

würden diese Wortspiele auch innerhalb anderer semitischer Sprachen funktionieren. Doch wenn man alle zusammennimmt, so fügen sie sich ganz klar ins Hebräische ein.

4.3.5.5 Sind die hebräischen Namen in den frühen Kapiteln der Genesis ursprünglich?

Man könnte sich nun noch fragen, ob Mose bei der Abfassung der Genesis die Eigennamen und auch die geographischen Bezeichnungen vielleicht aus einer uns unbekannten Ursprache ins Hebräische übertragen hatte. Wenn dies so wäre, so bestünde selbstverständlich heute gar keine Möglichkeit mehr, aufgrund der Namen in Gen 1-11 einen Rückschluss auf die erste Sprache der Menschheit zu ziehen. Doch es gibt überzeugende Argumente dafür, dass die Namen in den frühen Kapiteln des ersten Buches Mose ursprünglich sein müssen:

Die nicht-hebräischen Namen im Rest der Genesis wurden auch nicht ins Hebräische übertragen. So finden wir z.B. Eigennamen aus dem Elamitischen (*Kedorlaomer,* Gen 14,1),[245] dem Hethitischen (*Tidal,* Gen 14,1)[246] und dem Ägyptischen (*Potiphar,* Gen 37,36; *Asnat, Zaphnath-Paneach,* Gen 41,45).[247] Auch in den anderen Büchern, Exodus bis Deuteronomium, ja im ganzen Rest der Bibel, ist es allgemein ganz normal, dass die Eigennamen und geographischen Bezeichnungen aus anderen Sprachen lediglich transkribiert, aber nicht durch eine Übersetzung ausgetauscht sind. Man denke zum Beispiel an die akkadischen und persischen Königsnamen wie Osnappar, Sanherib, Nebukadnezar, Ewil-Merodach, Belsazar, Kores, Artasasta, Darius, Ahasveros etc. Es ist sehr schwierig, Ausnahmen von dieser Regel zu finden.[248] Wir haben daher allen Grund, davon auszugehen, dass die hebräischen Namen in Gen 1-11 ursprünglich sind. Daraus können wir den Schluss ziehen, dass es sich bei der Ursprache bis zur babylonischen Verwirrung um ein *Ur-Hebräisch* gehandelt haben muss. So erklären sich auch die vielen Wortspiele in der Urgeschichte der Genesis auf natürliche Weise. Sie brauchen überhaupt nicht als gekünstelte Übertragungen angesehen zu werden.

245 *kudur* ist das elamitische Wort für „Sklave"; *lagamar* war eine Hauptgöttin im Pantheon der Elamiter (PRICE: The Stones cry out, S. 101).

246 PRICE: The Stones cry out, S. 101.

247 ARCHER: Einleitung in das Alte Testament, Bd. I, S.

248 Eine solche ganz spezielle Ausnahme stellt der aramäische Name *kephas* dar, der im NT parallel zur griechischen Übersetzung *petros* verwendet wird (vgl. Joh 1,42; Mat 16,18).

4.3.6 Die ersten Völkerwanderungen der Geschichte

4.3.6.1 Ausgangslage: Der Knotenpunkt von Europa, Asien und Afrika

Die Erschaffung der neuen Ursprachen von Babel führte gemäß Gen 10 zur Aufteilung der Menschheit in verschiedene Nationen. Die Völkertafel spricht über die Wanderungen der Urvölker nach der Sprachenverwirrung von Babel. Der Nahe Osten war der ideale Ausgangspunkt für die Besiedlung der ganzen Welt, bildet er doch gewissermaßen die Schnittstelle der drei Kontinente Europa, Asien und Afrika.

4.3.6.2 Japhetiten, Hamiten und Semiten

Durch diese Völkerwanderungen wurde schließlich das adamitische bzw. noachitische Gebot aus Gen 1,28 und 9,1 erfüllt.

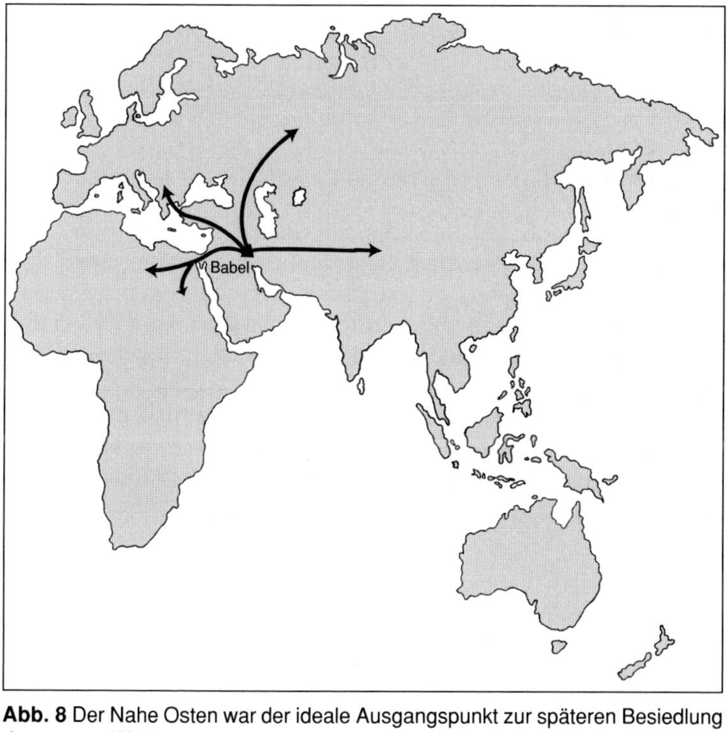

Abb. 8 Der Nahe Osten war der ideale Ausgangspunkt zur späteren Besiedlung der ganzen Welt.

Nachdem in Gen 10,2-4 die *Japhetiten* behandelt worden sind, heißt es im folgenden Vers:

> „Von diesen aus verteilten sich die Bewohner der Küsten[249] der Nationen[250] in ihren Ländern, eine jede nach ihrer Sprache, nach ihren Sippen, in ihren Nationen."

Gen 10,6-20 ist den *Hamiten* gewidmet. Abschließend wird dazu kommentiert (Gen 10,20):

> „Das sind die Söhne Hams nach ihren Sippen, nach ihren Sprachen, in ihren Ländern, in ihren Nationen."

Die Beschreibung der *Semiten* in Gen 10,21-31 wird mit der entsprechenden Bemerkung beschlossen:

> „Das sind die Söhne Sems nach ihren Sippen, nach ihren Sprachen, in ihren Ländern, nach ihren Nationen."

Gen 10,32 stellt eine Zusammenfassung des gesamten Kapitels dar:

> „Das sind die Familien der Söhne Noahs nach ihren Geschlechtern, in ihren Nationen; und von diesen aus haben sich nach der Flut die Nationen auf der Erde verteilt."

4.3.7 Babel und die verschiedenen Rassen

Aus dem Ereignis der Sprachenverwirrung lässt sich auch der Ursprung der verschiedenen Rassen einfach erklären, denn das, was hier stattgefunden hat, entspricht genau dem in der Genetik als „Flaschenhalsereignis" bekannten Phänomen, das auch gesteuert in der Zucht von Pflanzen und Tieren immer wieder nachvollzogen werden kann:[251] Die Urgesellschaft in Babel stellte genetisch eine *Ursprungspopulation* dar. Von ihr spaltete sich infolge der Sprachenverwirrung eine ganze Reihe von *Gründerpopulationen* ab. Dadurch entstanden *Populationsengpässe,* so genannte „Flaschenhälse". Die einzelnen Gründerpopulationen pflanzten sich, von-

249 Das hebräische Wort *'ijim* bezeichnet im AT insbesondere die Inseln und Küstenländer des Mittelmeeres (Block: Nations/Nationality, S. 967), hier ist es ein Hinweis auf das japhetitische Europa.

250 Hebr. *goi* (pl. *gojim*) = eine politische Gemeinschaft. Dieses selbe Wort im Plural ist in den nachfolgenden Zitaten aus Gen 10 immer mit „Nationen" übersetzt worden (vgl. Block: Nations/Nationality, S. 971.

251 Junker/Scherer: Entstehung und Geschichte der Lebewesen, S. 200-201.

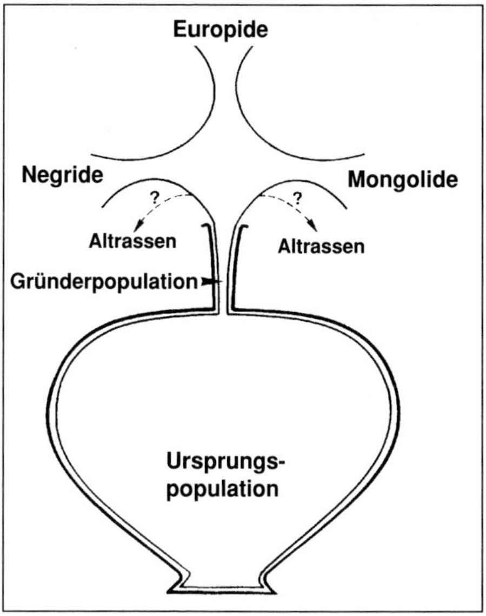

Abb. 9 Schematische Darstellung eines Flaschenhalsereignisses in der Geschichte der Menschheit.

einander durch Sprachgrenzen und geographische Entfernungen getrennt, nur noch untereinander fort, ohne sich miteinander zu vermischen. Dadurch wurden sie in ihrer genetischen Vielfalt beschnitten. Innerhalb weniger Generationen war es so möglich, dass aus den einzelnen Gründerpopulationen verschiedene Rassen der Menschheit hervorgehen konnten.

4.3.8 Gene, Völker und Sprachen

Nebenbei sei an dieser Stelle noch darauf hingewiesen, dass man bei Untersuchungen über Zusammenhänge zwischen Sprachen, Völkern und Genen gut beachten muss, dass im Lauf der Geschichte manche Völker ihre Sprache gewechselt haben. So spricht man z.B. heute in Ägypten einen arabischen Dialekt, was aber keineswegs bedeutet, dass Ägypter *genetisch* wirklich Araber wären und damit auf die ismaelitischen Stämme aus Saudiarabien zurückgingen.[252]

252 Heute bezeichnet man alle Arabisch sprechenden Menschen als Araber. Dies ist aber keine genetische, sondern eine sprachliche und kulturelle Bezeichnung.

Nein, die hamitischen Ägypter sprachen früher Koptisch und übernahmen das Arabische erst in der Folge der islamischen Eroberung ihres Landes. Natürlich muss man davon ausgehen, dass es auch eine gewisse Vermischung mit Ismaelitern gegeben hat, allerdings nur in beschränktem Maße.

Ein weiteres gutes Beispiel ist durch die Eroberung von Byzanz im Jahr 1453 gegeben. Damals wurde das Griechische durch das altaische Türkisch verdrängt. Während diese islamische Machtübernahme kulturell gewaltige Folgen hatte, so blieb allerdings der Einfluss der Eroberer auf die Gene dieser Menschen gering.[253]

4.3.9 Noah und die heutige Erdbevölkerung

In Verbindung mit der Völkertafel in Gen 10 stellt sich die konkrete Frage, wie es eigentlich zum Ausmaß der heutigen Erdbevölkerung von ca. 6 Milliarden Menschen kommen konnte, wenn sie wirklich alle auf die 3 Söhne Noahs und deren Ehefrauen im 4. oder 3. Jahrtausend v. Chr. zurückgehen.

Bevölkerungsstatistische Überlegungen zeigen, dass dies sehr realistisch ist:[254] Geht man von einer mittleren Kinderzahl von 2,25 Kindern pro Familie aus, so wachsen 3 Urfamilien in etwas mehr als 5.000 Jahren tatsächlich auf eine Bevölkerung von 6 Milliarden heran. Dies entspräche einer mittleren Zuwachsrate von 0,4%.

Ginge man von der heutigen Zuwachsrate von 1,9% aus, so hätte die Zeitspanne von lediglich etwas mehr als 1.500 Jahren bereits ausgereicht, um die 6-Milliarden-Marke zu erreichen. Die heutige Zuwachsrate ist erstaunlich hoch, wenn man bedenkt, wie unsere Zeit doch von so vielen Kriegen in aller Welt geprägt ist, nebst den gewaltigen Katastrophen durch Erdbeben, Fluten sowie den große Teile der Weltbevölkerung in beängstigender Weise betreffenden Problemen von Hunger und Epidemien (z.B. Pocken [bis 1980], AIDS) etc.

Für die Evolutionslehre stellt die Bevölkerungsstatistik ein Problem dar: Geht man davon aus, dass es den *Homo sapiens sapiens*, also den so genannten modernen Menschen schon seit 40.000 Jahren gäbe, so wäre damit zu rechnen, dass die Erdbevölkerung

253 Vgl. CAVALLI-SFORZA: Gene, Völker und Sprachen, S. 173. Für weitere Beispiele vgl. S. 170-175.

254 STUTZ: Die Millionen fehlen, Argumente für eine junge Erde, S. 76-78; vgl. ferner: SCHERER: Die Suche nach Eden, S. 170-172.

die 10-Milliarden-Marke schon etwa 70 mal überschritten hätte. Doch wo sind die unzähligen prähistorischen Gräberfelder mit all ihren Beigaben geblieben? Man findet sie nirgends. Sie fehlen einfach. So sprechen auch diese Überlegungen gegen das Evolutionskonzept. Andererseits passen sie wirklich gut in das biblische Geschichtsbild hinein.

4.4 Genesis 11 im Vergleich mit den Sprachenverwirrungs- und Turmbau-Erzählungen aus aller Welt

4.4.1 Eine Parallele aus Sumer

Der Gedanke, dass die urzeitliche Menschheit nur *eine* Sprache hatte, findet sich auch in der sumerischen Literatur. Das Enmerkar-Epos berichtet von einem goldenen Zeitalter ohne Schlangen und Skorpionen, ohne Furcht und Schrecken, wo der Mensch keine Feinde gehabt habe.[255] Alle Menschen hätten den Gott Enlil „mit *einer* Sprache" gepriesen.[256] Doch später sei mittels übernatürlicher Intervention, und zwar durch Enki, den Gott der Weisheit, die Ursprache der Menschen in eine Vielzahl von Sprachen geändert worden,[257] sodass infolge dessen Streit entstanden sei.[258]

4.4.2 Babylonische Entsprechungen

4.4.2.1 Der Bericht des Berossus

Der babylonische Marduk-Priester Berossus hat ein umfassendes Werk verfasst, das verloren gegangen ist. Doch spätere antike Schriftsteller haben daraus zitiert, sodass uns dennoch einiges daraus heute noch bekannt ist. Eusebius hat den babylonischen Sprachentstehungs-Mythos von Berossus in der Überlieferung durch Abydenus wie folgt wiedergegeben:[259]

255 Vgl. Gen 2.

256 Vgl. Gen 11,1.

257 Vgl. Gen 11,9.

258 Vgl. den ins Englische übersetzte Text in: HAMILTON: The Book of Genesis, Chapters 1-17, S. 358.

259 Die zu den folgenden Traditionen in den Fußnoten vermerkten biblischen Parallelstellen-Verweise stammen jeweils von RL.

„Einige sagen, die ersten aus der Erde hervorgegangenen Menschen, trotzend auf ihre Größe und Stärke und die Götter verachtend und sich besser als jene dünkend,[260] hätten es unternommen, einen hohen Turm zu bauen,[261] da, wo jetzt Babylon ist.[262] Schon wären sie dem Himmel nahe[263] gewesen, da hätten die Winde, den Göttern zu Hilfe kommend, das Bauwerk umgestürzt. Die Trümmer desselben hätte man Babylon genannt.[264] Da die Menschen bis dahin *eine* Sprache gehabt,[265] so hätten sie nun durch den Willen der Götter verschiedene Sprachen bekommen,[266] darauf sei zwischen Kronos und Titan der Krieg ausgebrochen."[267]

4.4.2.2 Babylonische Mythologie in der Bibel?

Nun könnte man behaupten, dass es sich bei dem biblischen Bericht in Gen 11 einfach um die Übernahme und Weiterführung eines sumerischen bzw. babylonischen Mythos handle. Doch so einfach geht das nicht. Wie wollte man denn erklären, dass es Turmbau- und Sprachenverwirrungs-Erzählungen nicht nur in den biblischen Ländern des Nahen Ostens gibt, sondern ebenso bei anderen Völkern, und zwar in allen fünf Kontinenten?

Dem Thema der Turmbau- und Sprachverwirrungs-Erzählungen ist in der theologischen Fachliteratur im Allgemeinen bisher keine sonderlich große Aufmerksamkeit geschenkt worden. So erwähnt z.B. der sehr liberale Waldenser Alberto SOGGIN in seinem 1997 im Deutschen erschienenen Genesis-Kommentar das Phänomen der weltweit verbreiteten Turmbau- und Sprachenverwirrungs-Erzählungen überhaupt nicht.[268] Claus WESTERMANN weiß zwar in seinem umfassenden bibelkritischen Standard-Kommentar zum ersten Buch der Bibel von dieser völkerkundlichen Erscheinung zu berichten,[269] tut sie aber oberflächlich

260 Vgl. Gen 11,4.
261 Vgl. Gen 11,3-5.
262 Vgl. Gen 11,9.
263 Vgl. Gen 11,4.
264 Vgl. Gen 11,9.
265 Vgl. Gen 11,1.
266 Vgl. Gen 11,9.
267 Eusebius, Praeparatio Evangelica 9,14; zitiert nach: LÜKEN: Die Traditionen des Menschengeschlechts, 1. Aufl. 1856, S. 279.
268 SOGGIN: Das Buch Genesis, S. 176-184.
269 WESTERMANN: Genesis, Kapitel 1-11, S. 715ff.

als eine in der frühen Menschheit anzutreffende religiöse Reflexion über das Faktum der Vielheit von Sprachen und Völker ab.[270] Er bemüht sich überhaupt nicht, eine Erklärung für die weltweit übereinstimmenden Details und für die eindrücklichen Verknüpfungen von Sintflut, Turmbau, Sprachenverwirrung und Völkerwanderungen zu geben.

1999 hat Fred Hartmann eine zusammenfassende kleine Studie veröffentlicht, in der er etwa 60 Turmbau- und Ursprache-Sagen aus aller Welt miteinander und mit der biblischen Erzählung vergleicht und schließlich statistisch auswertet.[271]

Es bleibt zu hoffen, dass diese Besinnung auf die Aussagekraft dieser Völker-Erzählungen für die geschichtliche Einordnung von Gen 11 wahrgenommen, verwertet und weiter ausgeführt wird.

Die Behauptung, Gen 11 gehe auf frühere sumerische oder babylonische Quellen zurück, macht angesichts von z.B. indianischen, afrikanischen sowie fernöstlichen Parallelen überhaupt keinen Eindruck. Unter deren Berücksichtigung könnte ja schließlich jemand mit ähnlichem Recht behaupten, die Bibel hätte Erzählstoff bei den Ur-Indianern geborgt. Aber da würde wohl jeder merken, wie mutwillig eine solche Annahme wäre.

4.4.2.3 Zum Gilgamesch-Epos

Einen exakt parallelen Fall bildet die unmittelbar vor der Turmbau-Erzählung und der Völkerzerstreuung berichtete Sintflutgeschichte in Gen 6-9, die manche Gelehrte nach der Veröffentlichung des Gilgamesch-Epos[272] als Variante einer babylonischen Vorlage interpretierten.

Es lohnt sich, in diesem Zusammenhang auf die näheren Umstände etwas einzugehen:

Das im Ganzen aus zwölf Tafeln bestehende Gilgamesch-Epos wurde im 19. Jahrhundert von Henry Layard entdeckt. 1872 wurde es zum ersten Mal publiziert. Seinen Namen erhielt dieser Text von dem darin beschriebenen nach Unsterblichkeit strebenden König Gilgamesch von Uruk (um 2600 v. Chr.). Mit der Entzifferung dieser Inschrift erkannte man sogleich, dass die darin enthaltene Sintflut-

270 Westermann: Genesis, Kapitel 1-11, S. 740.

271 Hartmann: Der Turmbau zu Babel, Mythos oder Wirklichkeit? Turmbausagen im Vergleich.

272 Englischer Text des Gilgamesch-Epos: Pritchard: Ancient Near Eastern Texts Relating to the Old Testament, S. 72-99.

geschichte eine frappante babylonische Parallele zum biblischen Bericht in Gen 6-9 darstellt.[273] Sogleich wurde von manchen Gelehrten lautstark die Behauptung verbreitet, dass die biblische Sintfluterzählung selbstverständlich auf diese Keilinschrift-Quelle zurückgehe. Der dadurch ausgelöste Streit bezüglich der Abhängigkeit zwischen heidnischen Quellen und der Bibel ging als „Babel-Bibel-Streit" in die Theologiegeschichte ein.

4.4.2.4 Kulturanthropologie und der Babel-Bibel-Streit

Mit Hilfe der Kulturanthropologie kann heute allerdings zur Genüge deutlich gemacht werden, wie müssig es war, eine Abhängigkeit der Genesis von dem Gilgamesch-Epos zu postulieren. Bis heute sind Hunderte von Sintflut-Berichten aus aller Welt bekannt geworden. In allen fünf Kontinenten und in allen möglichen Kulturen finden sich parallele Erzählungen zur biblischen Geschichte von der Sintflut.[274] Die Übereinstimmungen betreffen frappanterweise auch viele kleine Einzelheiten.[275]

Die Babel-Bibel-Kontroverse sollte man in unseren Tagen endgültig begraben. Die weltweiten Sintflut-, Turmbau- und Sprachenverwirrungs-Erzählungen liefern uns heute von der kulturanthropologischen Seite her schwergewichtige Indizien[276] für

[273] Der von LAYARD entdeckte Text ist nicht vollständig. Doch es kamen in der Folge noch mehr Fragmente ans Licht, sodass es heute möglich ist, aus verschiedenen Bruchstücken, einen umfassenden Text zusammenzusetzen. Die bis heute bekannten Fragmente stammen aus ganz verschiedenen Zeiten zwischen 1750 und 612 v. Chr. Die ältesten Texte haben deutlich gemacht, dass das Gilgamesch-Epos ein sehr hohes Alter hat. Vielleicht ist es sogar noch deutlich älter als das ins 18. Jh. v. Chr. datierte Fragment (PRICE: The Stones cry out, S. 63).

[274] Vgl. z.B. RIEM: Die Sintflut in Sage und Wissenschaft (Zusammentragung von 268 Sintflutberichten, 35 zusätzliche Nachweise, 21 Regenbogen-Sagen); ANDREE: Die Flutsagen ethnographisch betrachtet (Sammlung von etwa 100 Sintfluterzählungen); LÜKEN: Die Traditionen des Menschengeschlechts, 1. Aufl. 1856 und 2. Aufl. 1869.

[275] Vgl. LA HAYE/MORRIS: The Ark on Ararat, S. 231-241 (umfangreiche Liste von Fluterzählungen: S.233-236; statistische Auswertung eines Vergleichs von solchen Erzählungen mit dem biblischen Bericht: S. 237; ausführliche Literatur- und Quellenhinweise: S. 241); WHITCOMB/MORRIS: Die Sintflut, S. 82-88; HARTMANN: Der Turmbau zu Babel, S. 80-93 (Quellen- und Literaturhinweise: S. 93).

[276] Der Begriff „Indizien" wird nach „Duden" wie folgt definiert: „Umstand, dessen Vorhandensein mit großer Wahrscheinlichkeit auf einen bestimmten Sachverhalt schließen lässt" (Duden, Fremdwörterbuch, S. 321).

1. eine weltweite Flutkatastrophe,
2. eine gemeinsame Herkunft der Völker in aller Welt,
3. die Entstehung neuer Sprachen nach einem Ursprache-Verwirrungs-Ereignis.

4.4.2.5 Gen 1-11 im Spiegel der Völker-Traditionen

Übrigens finden sich solche Parallelen mit der Bibel nicht nur da, wo es um Ereignisse geht, die in Gen 6-11 berichtet werden. Weltweite Parallelen können auch zur Schöpfungsgeschichte (Gen 1-2), zum Paradies mit dem Baum des Lebens, zum Sündenfallereignis mitsamt dem Eintritt des Todes (Gen 3) und zu Kains Brudermord in der zweiten Generation (Gen 4) aufgezeigt werden.[277]

Beachtlich ist nun noch Folgendes: Alle in Gen 1,1 bis 11,8 berichteten Ereignisse haben sich *vor* der Ausbreitung der Urmenschheit ereignet. Es wäre daher plausibel, falls die biblische Urgeschichte historisch zuverlässig ist, dass man zu ihr Parallelen in allen möglichen Kulturkreisen fände. Genau dies ist wirklich der Fall!

Zu biblischen Ereignissen, die *nach* der Trennung der Urgesellschaft in Babel stattgefunden haben, finden sich keine weltweit in allen Kontinenten verbreitete parallele Traditionen! Selbst zu so markanten Geschichten wie z.B. „die Zehn Plagen“, „der Auszug aus Ägypten“, „die 40-jährige Wüstenwanderung“ oder „Jona im Bauch des großen Fisches“ gibt es keine weltweiten mythischen Parallelen im Sagenkompendium der Völker.

4.4.2.6 Die „Missionars-Hypothese“

Man hat schon versucht, das Phänomen der weltweiten Fluttraditionen mit der „Missionars-Hypothese“ wegzudiskutieren: Christliche Missionare hätten diese biblische Geschichte Menschengruppen in aller Welt erzählt. So sei es vielen Völkern möglich gewesen, den Flutbericht bzw. verschiedene Elemente daraus in ihre jeweilige Kultur zu übernehmen und durch Ausschmückungen zu eigenen Mythen umzuformen.

[277] Wertvolles Material dazu findet sich z.B. in: LÜKEN: Die Traditionen des Menschengeschlechts, 1. Aufl. 1856 und 2. Aufl. 1869; RICHARDSON: Ewigkeit in ihren Herzen; KANG/NELSON: Erinnerungen an die Genesis, Die Chinesen und die biblische Urgeschichte; SPROUL: Schöpfungsmythen der östlichen Welt; SPROUL: Schöpfungsmythen der westlichen Welt; BAUMANN: Schöpfung und Urzeit im Mythos der afrikanischen Völker; SCHIRRMACHER: Urzeitmythen der afrikanischen Völker.

Diese Argumentation könnte nun auch bezüglich der an sich weniger allgemein bekannten Turmbau- und Sprachenverwirrungs-Mythen entsprechend angewandt werden.

Doch bevor man so etwas tut, müsste man sich folgenden die Missionarshypothese zerstörenden Argumenten stellen:[278]

1. Weltweit gibt es nur Parallelen zu Ereignissen aus der biblischen Urgeschichte (Gen 1-11). Mit der Völkerzerstreuung von Gen 11,9 riss nämlich die der Menschheit gemeinsame Tradition ab. Dies widerspiegelt sich in der Existenz bzw. Nicht-Existenz paralleler Erzählungen zur Bibel in allen fünf Kontinenten.
2. Für die Ausbildung von Mythen mit oft starkem eigenem kulturellem Kolorit müsste man normalerweise viel Zeit veranschlagen. Doch die zeitliche Spanne seit der Ankunft eines ersten Missionars bei Eingeborenen bis heute ist im Allgemeinen eher relativ kurz.
3. Es sollte auch gut bedacht werden, dass die überwältigende Mehrheit an Fluterzählungen nicht von Missionaren, sondern von säkularen Anthropologen, die gewöhnlich kein Interesse an einer Bestätigung der Genesis hatten, gesammelt worden sind.

Nachfolgend zitiere ich angesichts der Fülle der gesammelten Traditionen einige herausgegriffene Beispiele von Turmbau-, Sprachenverwirrungs- und Völkerzerstreuungs-Erzählungen. Ich beschränke mich dabei bewusst auf Überlieferungen, die ganz klar außerhalb des nahöstlichen biblischen Kulturkreises gefunden worden sind und die deshalb besonders ansprechende Zeugnisse für die Historizität von Gen 10-11 liefern.

4.4.3 Nord-Amerika

Die Tradition der Tsimschian-Indianer aus British Columbia (Kanada) verbindet, genau wie die Bibel, das Sintflutereignis mit der nachfolgenden Sprachenverwirrung:

> „Zwanzig Tage war die Erde überflutet.[279] Dann begann das Wasser zu sinken[280] und verließ die Erde.[281] Es fiel beständig,

278 Whitcomb/Morris: Die Sintflut, S. 87.
279 Vgl. Gen 7,24.
280 Vgl. Gen 8,3.
281 Vgl. Gen 8,14.

und alle Arten Bäume waren durch den Strudel des Wassers ausgerissen worden. Und die Leiber der Menschen, Tiere, Vögel, Schlangen, alles war durch den Wirbel der See verschlungen worden. Einige Menschen kamen nicht um zu dieser Zeit,[282] sie wurden ringsherum zerstreut.[283] Damals wurden ihre Sprachen vermengt,[284] denn vor der Flut hatten sie alle nur eine Sprache.[285] Nach der Flut waren ihre Sprachen verschieden. Infolgedessen wissen die Menschen, dass sie verwandt sind, obwohl die Sprachen verschieden sind.[286] Denn sie sind wirklich vor der Flut von einer Stadt hergekommen.[287]

Es ist gesagt worden, dass zwei Personen gerettet worden sind. Diese wurden die Stammeltern der Stämme am oberen Skeena-Fluss. Wo die Kanus ans Land kamen, da lagerten sie sich im unbekannten Lande. Bald nach der Flut gab es noch keine Bäume, alles war Lehm, und sie wohnten in Häusern aus Elenfell am Gestade des großen Meeres, das sie vorher nicht gekannt hatten. Und all die Tiere und alles war ihnen neu. Es wurden sehr viele Menschen und sie vergaßen ihre Sprachen und brauchten neue Sprachen, die sie früher nicht kannten."[288]

4.4.4 Mittel-Amerika

In Mexiko gibt es bekanntlich viele indianische Stufenpyramiden, so z.B. in Cholula, Cuernavaca, Veracruz, Oaxaca, Teotihuacan, Chiapa und Yucatan. Sie gleichen in zahlreichen Details frappant dem Bautyp der mesopotamischen Zikkurate.

4.4.4.1 Das aztekische Turmlied von Cholula

Die Stufenpyramide von Cholula gilt mit ihrer Höhe von 60m als das größte Bauwerk der Neuen Welt. Die Indianer von Cholula sangen an ihren Festen beim Tanzen rund um den Turm herum das folgende Lied:

282 Vgl. Gen 7,13.
283 Vgl. Gen 11,9.
284 Vgl. Gen 11,9.
285 Vgl. Gen 11,1.
286 Vgl. Gen 10.
287 Vgl. Gen 11,1-9.
288 Riem: Die Sintflut in Sage und Wissenschaft, S. 90-91.

Abb. 10 Die Pyramiden von Teotihuacàn (Mexiko) gleichen den mesopotamischen Stufentürmen in frappanter Weise. Im Bild: Die Hauptachse von Teotihuacàn. Sicht von der Mondpyramide aus. Links im Bildhintergrund: Die Sonnenpyramide; Höhe 65 m. (A. und A. Sapienza).

„Nachdem die Wasser (der Sündfluth) abgelaufen waren,[289] ging einer von den Riesen,[290] genannt Xelhuaz der Baumeister, nach Chollollan (Cholula), wozu er zum Andenken an den Berg Tlalok, der ihm und seinen sechs Brüdern zum Zufluchtsort gedient hatte, einen künstlichen Hügel von pyramidischer Form aufführte.[291] Die Ziegel[292] dazu ließ er in der Provinz Tlamanalco, am Flusse der Sierra von Cocotl, verfertigen, und stellte, um sie nach Cholula zu bringen, eine Reihe Menschen auf, die sie von Hand zu Hand boten. Die Götter sahen dies Gebäude,[293] dessen Spitze die Wolken erreichen sollte,[294] mit Unwillen und schleuderten, aufgebracht

289 Vgl. Gen 8,11.
290 Vgl. Gen 6,4.
291 Vgl. Gen. 11,3-5. Vgl. Zikkurat = „Bergspitze", ein pyramidischer Turm.
292 Vgl. Gen 11,3.
293 Vgl. Gen 11,5.
294 Vgl. Gen 11,4.

über Xelhuaz's Kühnheit, Feuer auf die Pyramide. Viele Arbeiter kamen um, das Werk wurde nicht fortgesetzt,[295] und man weihte es in der Folge dem Gotte der Luft Quetzalcoatl..."[296]

3.4.4.2 Eine Erzählung aus Yucatan

In Yucatan, einem weiteren mexikanischen Turmbau-Ort, fand man eine Tradition, die der biblischen Erzählung sehr nahe kommt. Hier der Bericht von LÜKEN:

> „Eben so auffallend der biblischen Geschichte sich anschließend finden wir nun im südlichen Mexico, in Jucatan, die Sage von Botan, dem Wanderer und Stammvater der Chiapanesen. Botan soll danach bei dem Bau des großen Hauses gewesen sein,[297] das auf Befehl seines Großvaters, der in der Arche[298] gewesen, von der Erde bis zum Himmel hinauf habe reichen sollen.[299] Er soll auch der erste Mensch gewesen sein, den Gott dahin sandte, die Länder der Indianer abzusondern und zu vertheilen.[300] Ferner sei in jener Gegend, wo das große Haus erbaut, einem jeden Volk seine Sprache[301] gegeben."[302]

4.4.5 Süd-Amerika

4.4.5.1 Eine Sage der Jurucares in Bolivien

Bei den Jurucares in Bolivien findet man die nachstehende Sage, welche die Sintflut und die Völkerzerstreuung miteinander in Zusammenhang bringt. Ich zitiere sie aus LÜKENS Standardwerk mitsamt den dort zu findenden Bemerkungen in Klammern:

> „Die verschiedenen Völker der Erde seien aus der Höhle (der Sündfluthöhle) hervorgegangen. Als nun einer hervorging,

[295] Vgl. Gen 11,8.

[296] LÜKEN: Die Traditionen des Menschengeschlechts, 2. Aufl. 1869, S. 319-320. Heinrich LÜKEN war stets bemüht, die Quellen seiner gesammelten Traditionen genau anzugeben.

[297] Vgl. Gen 11,3-5.

[298] Vgl. Gen 6,14-16.

[299] Vgl. Gen 11,4.

[300] Vgl. Gen 10,32; 11,8.

[301] Vgl. Gen 11,9.

[302] LÜKEN: Die Traditionen des Menschengeschlechts, 2. Aufl. 1869, S. 320.

> der über alle diese herrschen wollte (Nimrod),[303] schloß Tiri (der Gott) das Loch. Letzteres liegt bei einem großen unersteiglichen Felsen, den ein großer Drache (wie bei dem Paradiese) bewacht.[304] Tiri aber sprach zu den Völkern: Ihr müßt euch theilen und alle Gegenden der Erde bevölkern,[305] deßhalb säe ich Zwietracht unter euch und ihr sollt Feinde sein. Da fielen Pfeile herab von der Sonne, mit denen sie sich bewaffneten."[306]

4.4.5.2 Die Turmbau-Geschichte der Acroas

Die Acroas-Indianer in Brasilien kennen auch eine in unserem Zusammenhang nennenswerte Tradition:

> „Der große Geist habe im Anfang ein hohes Haus gen Himmel errichtet,[307] durch dessen Einsturz die verschiedenen Völker entstanden[308] seien."[309]

4.4.6 Korea

Die nächste Überlieferung geht zurück auf eine buddhistische Mönchssekte, die neben der auf Gautama Siddharta zurückgehenden Lehre noch manches aus dem älteren traditionellen Schamanismus beibehalten hatte. Van Gorcum, ein Holländer, der im 17. Jahrhundert während 12 Jahren in Korea gefangen gehalten worden war, hatte sie dort kennen gelernt. Diese Erzählung besagt,

> „dass früher alle Menschen dieselbe Sprache gesprochen hätten,[310] erst bei der Erbauung eines Thurmes,[311] von wo sie in den Himmel steigen wollten,[312] sei dieselbe in Verwirrung[313] gerathen."[314]

303 Vgl. Gen 10,8-10.
304 Vgl. Gen 3,24.
305 Vgl. Gen 1,28; 9,1; 10,32; 11,9.
306 LÜKEN: Die Traditionen des Menschengeschlechts, 2. Aufl. 1869, S. 321.
307 Vgl. Gen 11,4.
308 Vgl. Gen 10,32; 11,9.
309 LÜKEN: Die Traditionen des Menschengeschlechts, 2. Aufl. 1869, S. 321
310 Vgl. Gen 11,1.
311 Vgl. Gen 11,3-5.
312 Vgl. Gen 11,4.
313 Vgl. Gen 11,9.
314 LÜKEN: Die Traditionen des Menschengeschlechts, 2. Aufl. 1869, S. 316.

4.4.7 China

4.4.7.1 Zur Tradition der Miao-Stämme

Die Miao-Stämme in den Bergen von Südwest-China besitzen eine Urgeschichte, die erstaunliche Parallelen mit Gen 1-11 aufweist. Diese Tradition wurde in poetischer Form durch Auswendiglernen von Generation zu Generation weitergegeben. Beachtlich ist u.a. der bereits in den vorsintflutlichen Gedichten der Bibel zu findende synonyme Parallelismus.[315] Nebst den erstaunlichen Übereinstimmungen mit der Genesis sind gerade die zahlreichen Unterschiede Hinweis auf die Echtheit dieser Überlieferung.

Der Engländer Ernest TRUAX verbrachte den größten Teil seines Lebens als Missionar unter den Miao. Er übersetzte ihre Urgeschichte auf Englisch. Nachfolgend zitiere ich aus dem Abschnitt, der auf den Turmbau und die Sprachenverwirrung Bezug nimmt:[316]

> „Lo-han zeugte Cusah und Mesay.[317]
> Lo-shan zeugte Elan und Nga-shur.[318]
> Ihre gezeugte Nachkommenschaft wurde zu Stämmen und Völkern.
> Ihre Nachkommen gründeten Niederlassungen und Städte.[319]
> Ihr Gesang bestand aus den gleichen Melodien und derselben Musik.
> Ihr Sprechen vollzog sich mit denselben Wörten und derselben Sprache.[320]
> Da sagten sie: Lasst uns eine sehr große Stadt bauen.[321]
> Lasst uns einen sehr hohen Turm bauen, bis zum Himmel.[322]
> Dies war falsch, doch sie führten ihren Entscheid aus.

315 Vgl. Gen 2,23; 4,23-24; 5,29. Unter synonymem Parallelismus versteht man die poetische Technik, bei der das in einer ersten Zeile Ausgedrückte in der folgenden mit anderen Worten wiederholt wird.

316 Die folgenden Anmerkungen zum Text der Miao-Turmbau-Erzählung stammen von RL.

317 Vgl. Gen 10,6: Ham, Kusch und Mizraim.

318 Vgl. Gen10,22: Schem, Elam und Assur.

319 Vgl. Gen 10,32.

320 Vgl. Gen 11,1.

321 Vgl. Gen 11,3-5.

322 Vgl. Gen 11,4.

Nicht recht war es, doch unbesonnen beharrten sie darauf.
Da schlug sie Gott und änderte ihre Sprache und ihren Akzent.[323]
Herabgekommen im Zorn,[324] verwirrte[325] er Töne und Stimmen.
Des einen Sprechen hat keine Bedeutung für den andern, der ihn hört.
Er spricht mit Worten, doch können sie ihn nicht verstehen.
So wurde die Stadt, die sie bauten, nie vollendet.[326]
Der Turm, den sie machten, muss nun unvollendet dastehen.
In Hoffnungslosigkeit trennen sie sich [und verteilen sich] unter dem ganzen Himmel.
Sie verlassen einander und umgehen die Welt.[327]
Sie kommen zu sechs Ecken und sprechen die sechs Sprachen."[328]

3.4.7.2 *Riems Urteil über die Miao-Überlieferung*

Johannes Riem schrieb bereits 1925 im Blick auf die Traditionen der Miaos:

> „Die Tatsache, dass die Miao, Nosu und andere Ureinwohner von Westchina eine Überlieferung der Flut haben, ist in Missionarskreisen wohlbekannt. Diese Geschichten sind von einem Geschlecht zum andern weitergegeben worden und haben im Laufe der Zeit natürlich vieles von ihrer Ursprünglichkeit verloren. Während sie der Hauptsache nach übereinstimmen und also in großen Zügen auch mit der Erzählung der Bibel, so hat hinsichtlich der Einzelheiten jeder Stamm augenscheinlich seine besondere Erzählung, oft vermischt mit andern wichtigen Ereignissen aus der Weltgeschichte, wie die Erschaffung und der Ursprung des ersten Weibes usw."[329]

323 Vgl. Gen 11,9.
324 Vgl. Gen 11,5-9.
325 Vgl. Gen 11,9.
326 Vgl. Gen 11,8.
327 Vgl. Gen 10,32; 11,8-9.
328 Truax: Genesis according to the Miao People.; deutsche Übersetzung: RL.
329 Riem: Die Sintflut in Sage und Wissenschaft, S. 44-45.

4.4.8 Südsee

Im Zusammenhang mit der Südsee enthält LÜKEN einen weiteren interessanten Abschnitt:

> „Befragen wir endlich noch den neuesten Welttheil, so treffen wir auch dort die Sagen vom Turmbau und der Sprachenverwirrung. Die Fidschi-Insulaner zeigen noch auf einer ihrer Inseln eine Stelle, wo in früheren Zeitaltern die Menschen einen großen Turm bauten,[330] weil sie nach astronomischen Kenntnissen begierig waren, besonders ob der Mond bewohnt sei oder nicht...[331] Um ihren Zweck zu erreichen, führten sie einen hohen Damm auf und errichteten darauf ein großes hölzernes Gebäude. Der Turm hatte sich bereits weit himmelwärts[332] erhoben, als die unteren Stützwerke brachen und die Arbeiter sich dann über alle Theile Fidschis verbreiteten."[333]

4.4.9 Afrika

Stellvertretend für die in Afrika zu findenden Erzählungen, die Parallelen zu Gen 11 aufweisen, führe ich die Tradition der Akwapim an der Goldküste an:

> „Die Vorfahren der *Akwapim* wollten zu Gott Nyankupon hinauf und türmten dazu die Fufumörser aufeinander.[334] Da einer fehlte, zogen sie den untersten hervor, – da fiel der ganze Turm zusammen. Nur durch die Flucht entkamen sie,[335] und vor Schreck bildeten sie neue Sprachen;[336] bis dahin hatte es nur *eine*[337] gegeben."[338]

330 Vgl. Gen 11,3-5.
331 Vgl. Gen 11,4.
332 Vgl. Gen 11,4.
333 Vgl. Gen 10,32; 11,9.
LÜKEN: Die Traditionen des Menschengeschlechts, 2. Aufl. 1869, S. 322.
334 Vgl. Gen 11,4.
335 Vgl. Gen 11,8-9.
336 Vgl. Gen 11,9.
337 Vgl. Gen 11,1.
338 BAUMANN: Schöpfung und Urzeit des Menschen im Mythos der afrikanischen Völker, S. 258.

Diese Beispiele aus ganz verschiedenen Teilen der Welt stehen stellvertretend für viele andere Traditionen. Ich denke, dass man anhand dieser Auswahl zeigen kann, dass es sich wirklich lohnt, sie als Argument in die Kontroverse um Schöpfung und Evolution mit gebührlichem Nachdruck einfließen zu lassen.

5. Methodik einer Konfrontation zwischen Schöpfung und Evolution

5.1 Wie kann man Sprachentstehungs-Aussagen überprüfen?

Wir haben nun evolutionistische und biblische Darlegungen über den Ursprung der Sprachen einander gegenübergestellt. Jetzt stehen wir vor der Frage, wie wir sie auf ihren Wahrheitsgehalt überprüfen können. Es ist uns ja verwehrt, in die Vergangenheit zurückzukehren, um nachzusehen, wie die Sprachen entstanden sind. Die Möglichkeit der direkten Beobachtung ist uns völlig verschlossen. Es gibt keine Zeitmaschinen, um uns in die Vergangenheit zurückzuversetzen, damit wir etwa zuschauen könnten, wie sich die Sprachentstehung ereignet hat.

5.1.1 Zur Methode der Deduktion

Von der Wissenschaftstheorie her bietet sich jedoch in solchen Fällen die *Methode der Deduktion* an:[339] Von jedem Standpunkt aus lassen sich durch Logik Schlussfolgerungen ziehen, die mit uns zugänglichem Faktenmaterial verglichen und kontrolliert werden können. Ein Ausgangspunkt, dessen durch Ableitung vorausgesagte Sachverhalte einer Prüfung nicht standhalten, wird dadurch in Frage gestellt oder sogar widerlegt. Ein Standpunkt, dessen Voraussagen sich mit dem untersuchbaren Faktenmaterial deckt, sollte wissenschaftlich ernst genommen und als in diesem Punkt bestätigt angesehen werden.

5.1.1.1 Nur mit Fakten arbeiten

Mit dem Begriff „Faktenmaterial" meine ich in unserem Zusammenhang insbesondere die bekannten Daten über die alten und modernen Sprachen der Welt, die real aus Textdokumenten und/oder aktueller Sprachbenützung gewonnen werden können. Wir verzichten in der vorliegenden Arbeit bewusst auf jegliche theoretische

339 Vgl. Junker/Scherer: Evolution – Ein kritisches Lehrbuch, S. 11-20 (Grundlagen aus der Wissenschafts- und Erkenntnistheorie).

Rekonstruktionsversuche, die immer nur hypothetisch sein können. An ihrem Platz haben sie bestimmt eine angemessene Berechtigung, jedoch sollte man sich dabei immer ihres spekulativen Charakters wohl bewusst sein. In der Sprachwissenschaft können hypothetische Rekonstruktionen leicht in die Irre führen. Dies kann man gut anhand von Fällen illustrieren, wo man versucht hatte, innerhalb einer bestimmten Sprache ältere Wortformen mit Hilfe von Lautgesetzen zu rekonstruieren und die sich später, als bis anhin noch nicht bekannte Dokumente ans Licht gekommen waren, eindeutig als falsch erwiesen haben.[340] Wenn also Rekonstruktionsversuche sich schon innerhalb einer bestimmten Sprache als mit manchen Ungewissheiten behaftet erweisen, wie viel mehr gilt dies, wenn man aufgrund einer Vielzahl von bekannten Sprachen eine Proto-Sprache, deren Existenz auf reiner Vermutung basiert, rekonstruieren will.

Wenn nachfolgend gewissermaßen ausnahmsweise ab und zu mal am Rande auf hypothetische Rekonstruktionen verwiesen wird, so soll dies nur des Interessens halber nebenbei geschehen. Solche Rekonstruktionen haben in der Methodik der vorliegenden Arbeit aus wohl überlegten Gründen keinen Platz.

5.1.1.2 Hypothetische Sprachrekonstruktionen

Es scheint mir wichtig, an dieser Stelle noch einmal auf das bereits früher angeführte Zitat des bedeutenden Indogermanisten A. MEILLET hinzuweisen, dessen komparative Grammatik, wie gesagt, trotz ihres relativ hohen Alters immer noch ein Referenzwerk ist. Er schrieb im Blick auf die Rekonstruktion des Indogermanischen:

> „Die vergleichende Grammatik der idg. Sprachen ist in der Lage, in der sich die der romanischen Sprachen befände, wäre das Latein unbekannt: *die einzigen Tatsachen, mit denen sie zu tun hat, sind die Entsprechungen zwischen den überlieferten Sprachen.* Die Entsprechungen lassen die Annahme von etwas Gemeinsamem zu, aber dieses Gemeinsame bleibt unbekannt,

340 Vgl. als Beispiel innerhalb der hebräischen Sprachwissenschaft: PETERS: Zum Vokalismus des Hebräischen in vorexilischer Zeit, S. 1.
Natürlich gibt es auf der anderen Seite bei Rekonstruktionen auch Anerkennung verlangenden Erfolg zu verbuchen. Ich verweise hierbei z.B. auf die durch die Entdeckung des Hethitischen nachträglich bestätigten Vermutungen von DE SAUSSURE im Zusammenhang mit dem indogermanischen Lautsystem (vgl. BALDI: Indo-European Languages, S. 44-45.)

und man kann sich davon nur auf Grund von Hypothesen ein Bild machen, von unbeweisbaren Hypothesen: die Entsprechung allein ist also Gegenstand der Wissenschaft. Man kann eine verschwundene Sprache durch Vergleichung nicht rekonstruieren: die Vergleichung der romanischen Sprachen gäbe weder eine genaue, noch eine vollständige Vorstellung vom Vulgärlatein. Es besteht kein Grund zur Annahme, die Vergleichung der idg. Sprache sei lehrreicher; man kann das Indogermanische nicht rekonstruieren."[341]

5.1.2 Skizze der Deduktions-Methodologie

Unsere methodische Vorgehensweise sieht einfach skizziert folgendermaßen aus:

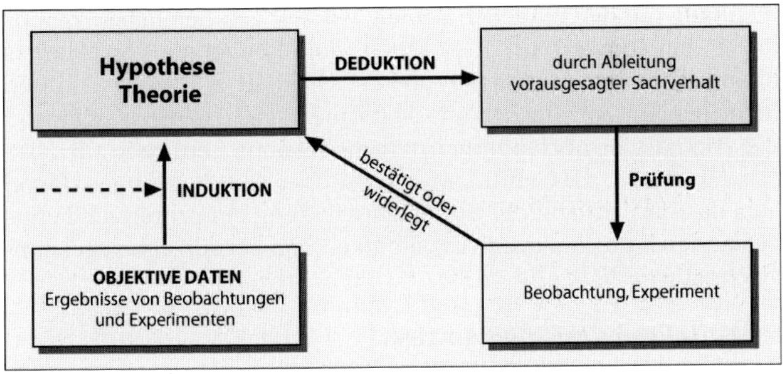

5.2 Deduktionen im Blick auf die ältesten Sprachen

5.2.1 Evolution: Primitiver Anfang

Die Evolutionslehre geht von der Annahme aus, dass sich im Bereich der Sprachen Komplexes aus Einfacherem entwickelt hat, und zwar beginnend in der Altsteinzeit, weiter verlaufend über die Mittel-, die Jung- und die Kupfersteinzeit,[342] sodann über die Bronzezeit etc. bis heute.

341 Meillet: Einführung in die vergleichende Grammatik der indogermanischen Sprachen, S. 17.

342 = Chalkolithikum.

Die in diesem Konzept zeitlich eigentlich unglaublich lang angesetzte Kulturentwicklung in der Steinzeit wird in äußerst flachem Verlauf gesehen, bis es im Übergang zur Bronzezeit (je nach Ort auf der Welt um etwa 3000-1800 v. Chr.) zu einer Kulturexplosion gekommen sei.

Aus all dem folgt im Blick auf die Entstehung und Entwicklung der Sprachen: Je weiter wir in die Vergangenheit zurückgehen, desto primitiver müssten die Sprachen im Prinzip gewesen sein, und zwar auf allen Ebenen der Langue. *Aus der Sicht der Evolutionslehre sollte man daher logischerweise erwarten, dass die ältesten Sprachen der Welt im Vergleich zu den modernen Sprachen der hoch zivilisierten Staaten abendländischer Kultur bedeutend primitiver waren.*

Die Folgerichtigkeit dieser Deduktion soll anhand einiger sehr wertvoller Zitate aus der Frühzeit des Sprachevolutionismus belegt und bestätigt werden. Die Evolutions-Vorstellungen im Zusammenhang mit den Sprachen kamen, wie wir gesehen haben, bereits im 18. Jahrhundert auf, also schon viele Jahrzehnte vor DARWINS biologischer Entwicklungshypothese. Damals waren die ältesten heute bekannten Sprachen wie das Sumerische, das Ägyptische und das Akkadische noch überhaupt nicht bekannt. Leute wie z.B. HERDER, HUMBOLDT, die Gebrüder SCHLEGEL oder ADELUNG gingen davon aus, dass am Anfang der Sprachentwicklung ein primitiver Typus bestanden hatte, der durch Einsilbigkeit und Formlosigkeit gekennzeichnet war.[343]

5.2.1.1 Johann Christoph ADELUNG

ADELUNG drückte sich um 1806 im Blick auf eine Ursprache so aus:

> „Bey der rohen Einsilbigkeit lagen noch alle Begriffe ungeschieden unter einander ... die Redetheile waren noch nicht abgesondert; jeder Wurzellaut war Substantiv, Verbum, Adjectiv, oder was man sonst wollte ..."[344]

5.2.1.2 August SCHLEICHER

Mit August SCHLEICHER eroberte der Darwinismus die Sprachgeschichtsforschung. Um 1863 schrieb er in seinem „Die Darwinsche

343 Vgl. JUNGRAITHMAYR: Was ist „primitiv"? Zum Stand der Sprachgeschichtsforschung in Afrika, S. 190.

344 ADELUNG: Mithridates oder allgemeine Sprachenkunde, S. XXIV; zitiert nach: JUNGRAITHMAYR: Was ist „primitiv"? Zum Stand der Sprachgeschichtsforschung in Afrika, S. 190.

Theorie und die Sprachwissenschaft" betitelten offenen Sendschreiben an Ernst HAECKEL:

> „Die Glottik, die Wissenschaft der Sprache, ist ... eine Naturwissenschaft; ihre Methode ist im Ganzen und Allgemeinen dieselbe, wie die der übrigen Naturwissenschaften."[345]

Etwas weiter im Kontext heißt es:

> „Darwins Lehre ist eine Notwendigkeit. Das was Darwin für die Arten der Thiere und Pflanzen geltend macht, gilt nun aber auch, wenigstens in seinen haupsächlichsten Zügen, für die Organismen der Sprache."[346]

August SCHLEICHER ist wegen seines Einflusses, den er im 19. Jahrhundert auf die Sprachwissenschaft ausgeübt hatte, nachträglich als „der Chomsky seiner Zeit" betitelt worden. Er „rekonstruierte" ein spekulatives Ur-Indogermanisch, in dem es angeblich nur Bedeutungslaute gegeben habe. Er formulierte es so:

> „...einfache Lautbilder für Anschauungen, Vorstellungen, Begriffe, die in jeder Beziehung, d.h. als jede grammatische Form fungieren konnten, ohne daß für diese Functionen ein lautlicher Ausdruck, so zu sagen, ein Organ vorhanden war. Auf dieser urältesten Stufe sprachgeschichtlichen Lebens gibt es also, lautlich unterschieden, weder Verba noch Nomina, weder Conjugation noch Deklination u.s.f."[347]

5.2.2 Bibel: Komplexer Anfang

Die Aussagen der Bibel über den Ursprung der Sprachen zwingen einen zum Schluss, dass die ältesten Sprachen der Welt strukturell hoch stehend und komplex gewesen sein mussten, da sie ja, gemäß

345 SCHLEICHER: Die Darwinsche Theorie und die Sprachwissenschaft, S. 7; zitiert nach: JUNGRAITHMAYR: Was ist „primitiv"? Zum Stand der Sprachgeschichtsforschung in Afrika, S. 190.

346 SCHLEICHER: Die Darwinsche Theorie und die Sprachwissenschaft, S. 11; zitiert nach: JUNGRAITHMAYR: Was ist „primitiv"? Zum Stand der Sprachgeschichtsforschung in Afrika, S. 190.

347 SCHLEICHER: Die Darwinsche Theorie und die Sprachwissenschaft, S. 22; zitiert nach: JUNGRAITHMAYR: Was ist „primitiv"? Zum Stand der Sprachgeschichtsforschung in Afrika, S. 190.

dem Zeugnis der Heiligen Schrift in Gen 1-2 und 11 als Schöpfungswerk aus der Hand Gottes hervorgegangen sind. Sie standen dem Zeitpunkt ihrer Erschaffung am nächsten. Falls man davon ausgehen müsste, dass im Laufe der Sprachgeschichte eine gewisse Degeneration eingetreten ist, so wären sie jedenfalls dem perfekten Urzustand noch am allernächsten gestanden. Was aus der Hand Gottes hervorgeht, muss, wie z.B. der Bericht in Gen 1 eindringlich bezeugt, stets „sehr gut" sein (Gen 1,31; vgl. Gen 1,5.10.12.19.21.25).

5.2.2.1 Zum Gerichtsakt in Genesis 11

Im Blick auf Gen 11 könnte man natürlich einwenden, dass es sich dort um einen *Gerichtsakt* handelte und man deswegen nicht zwingend annehmen müsste, dass diese Sprachen auch das Qualitätssiegel „sehr gut" aus dem Schöpfungsbericht von Gen 1 trugen.

Eine solche Meinung ist allerdings theologisch ein schwerer Irrtum. Gottes Handeln ist gemäß dem Zeugnis der Bibel immer perfekt, unabhängig davon, ob es um Schöpfungs-, Heils- oder gar Gerichtshandeln geht. Das göttliche Gericht in der Apokalypse ist ja durch die Zahl 7, die oft symbolisch von Vollkommenheit spricht,[348] förmlich charakterisiert: Das Buch des Gerichts am Ende der Bibel enthält sieben Siegel, wobei das siebte Siegel aus sieben Posaunen-Gerichten besteht, deren Letztes wiederum aus sieben Schalen-Gerichten zusammengesetzt ist.[349]

Im Zusammenhang mit der Vorbereitung auf den Höhepunkt der apokalyptischen Gerichte sah Johannes wie der himmlische Tempel mit der Schechina, der Wolke der Herrlichkeit Gottes, gefüllt wurde, sodass niemand in die unmittelbare Gegenwart des Allmächtigen treten konnte (Off 15,5-8). Dies drückt eine ganz wichtige gesamtbiblische Botschaft aus: *Selbst das Gericht Gottes muss letztlich der Herrlichkeit, Majestät und Ehre Gottes dienen.*

Der in Gen 3,14.17.18 als Folge des Sündenfalles über die Tier- und Pflanzenwelt verhängte Fluch[350] hatte gewaltige und einschneidende biologische, chemisch-physikalische und ökologische Aus-

348 Beispiele als Beleg für diese Aussage: Die Schöpfungswoche in Gen 1 besteht aus 7 Tagen. 7 Mal wird in Verbindung mit Gottes Schöpfungswerken das Prädikat „gut" verwendet, beim siebten Mal sogar verstärkt in der Wendung „sehr gut" (Gen 1,4.10.12.19.21.25.31).

349 Ouweneel: Die Offenbarung, S. 260.

350 Der Fluch über die Tierwelt im Allgemeinen kommt in Gen 3,14a nur durch eine genaue Übersetzung zum Ausdruck. Hier die Übersetzung unter Berücksichtigung der komparativischen Bedeutung des Ausdrucks *'arur min*

wirkungen:[351] Verlängerung der Nahrungsketten, Neuausbildung von Strukturen zum Erwerb tierischer Nahrung, Bildung von Verhaltensweisen zur Feindabwehr (Tarnung, Mimese,[352] Mimikry[353]). Wiewohl all diese Dinge deutlich den Stempel des Fluches über die Schöpfung tragen, so verblüffen sie den Betrachter insbesondere durch die Perfektion ihrer Funktionsweise und den dahinter zu erblickenden erfinderischen Ideenreichtum.

Aus dem Gesagten folgt: Die biblischen Aussagen über die Entstehung der Sprachen führen uns zur Schlussfolgerung, dass die ältesten Sprachen komplex und hoch stehend gewesen sein müssen.

5.3 Deduktionen im Blick auf die Sprachen der Eingeborenen-Völker

5.3.1 Evolution: Die Sprachen der Eingeborenen müssen primitiver sein als die der hoch zivilisierten Völker

Aus der Sicht der Evolutionslehre ist die Entstehung und Entwicklung der Sprachen eng an die kulturelle Entwicklung gekoppelt. *Dieses Axiom führt logischerweise ungezwungen zur Annahme, dass Völker, die heute noch in einer Steinzeitkultur leben oder sich sonst auf einem einfacheren Entwicklungsniveau befinden, eine primitivere Sprachen besitzen müssten als Menschen aus dem hoch zivilisierten Abendland*, schließlich soll ja nach der Evolution die Sprache in der Altsteinzeit entstanden sein und im Verlauf immer weiter gehender kultureller Entwicklungen durch Evolution stets höhere Ebenen erreicht haben.

5.3.1.1 Johann Christoph Adelung

Ich habe oben bereits Adelungs Sicht aus dem Jahr 1806 angeführt, wo er seine Meinung im Blick auf eine Ursprache zum Ausdruck brachte. Er unterschied zwischen einsilbigen und mehrsilbigen Sprachen, die

(„verfluchter als"; vgl. Joüon/Muraoka: A Grammar of Biblical Hebrew, § 141): „Und der HERR Gott sprach zur Schlange: Weil du dieses getan hast, sollst du mehr verflucht sein als alles Vieh, und mehr als alle Tiere des Feldes!"

351 Vgl. Junker: Sündenfall und Biologie, S. 17.

352 Nachahmung einer anderen Lebensstruktur; vgl. z.B. die tropische Gespensterheuschrecke, die gestaltet ist wie ein Blatt.

353 Scheinwarntracht; vgl. z.B. beim harmlosen Hornissenschwärmer, der die gefährliche Hornisse imitiert.

er als „primitive" bzw. „entwickelte" Sprachen titulierte. Nachfolgend gebe ich dieses Zitat noch etwas breiter wieder, weil dort auch noch seine Bewertung der Eingeborenensprachen zum Tragen kommt:

> „Bey der rohen Einsilbigkeit lagen noch alle Begriffe ungeschieden unter einander ... die Redetheile waren noch nicht abgesondert; jeder Wurzellaut war Substantiv, Verbum, Adjectiv, oder was man sonst wollte ... So einsylbig leben und weben noch ganze Millionen Menschen in dem südöstlichen Asien fort, ohne zu ahnden, dass ihre Sprachen noch einer größeren Ausbildung fähig sey ... Der Sinese hat sich durch seine steife Einsylbigkeit den Weg zu aller weitern Cultur des Geistes verschlossen; aber die Sprache des Huronen und Grönländers hat alles in sich, sich zu der Sprache eines Plato und Voltaire zu erheben."[354]

5.3.1.2 *Heymann* STEINTHAL

Der Berliner Sprachpsychologe Heymann STEINTHAL legte 1867 in seinem Werk „Die Mande-Neger-Sprachen – psychologisch und phonetisch betrachtet" dar, wie er damals unter dem Eindruck der Evolutionslehre die Struktur von Eingeborenen-Sprachen beurteilte:

> „Mit der gegenwärtigen Schrift beabsichtigt der Verfasser zu zeigen, daß es in der That Sprachen gibt, ... welche mit unseren höher organisierten indoeuropäischen Sprachen rücksichtlich des inneren Baues zu vergleichen so wenig möglich ist, als es angeht, ein Insekt mit einem Säugetier zu vergleichen ..."

Des Weiteren finden sich dort auch noch folgende Formulierungen:

> „Wie der Frosch und der Mensch athmet, so haben die Soso-Sprache und das Sanskrit Wörter für Thätigkeiten und Substanzen ... wie aber physiologisch genommen das menschliche Athmen vermittelst der Brust bei den Fröschen und noch niederen Thieren nicht zu finden ist, so geht auch dem Soso das Nomen und Verbum des Sanskrit ab."[355]

354 ADELUNG: Mithridates oder allgemeine Sprachenkunde, S. XXIV-XXIV; zitiert nach: JUNGRAITHMAYR: Was ist „primitiv"? Zum Stand der Sprachgeschichtsforschung in Afrika, S. 190.

355 STEINTHAL: Die Mande-Neger-Sprachen – psychologisch und phonetisch betrachtet, Berlin 1867, S. VI-VII; zitiert nach JUNGRAITHMAYR: Was ist „primitiv"? Zum Stand der Sprachgeschichtsforschung in Afrika, S. 187.

Steinthal beschrieb die vier Mande-Sprachen Soso, Vai, Bambara und Mandingo, wiewohl er selbst nie mit einem Vertreter dieser Sprachen in Berührung gekommen war. Er stützte sich lediglich auf frühe Veröffentlichungen zu diesen Sprachen aus der ersten Hälfte des 19. Jahrhunderts ab. Er tat dies zu einem Zeitpunkt, als die moderne Afrikanistik noch auf sich warten ließ. Für die westafrikanischen Sprachen, mit denen sich Steinthal zu beschäftigen suchte, wurde erst 1911 mit D. Westermanns Werk „Die Sudansprachen" ein tragfähiges Fundament gelegt. Vor diesem Zeitpunkt war eine angemessene Einschätzung und Beurteilung dieser Sprachen gar nicht möglich. In der Zeit davor fehlte es an gründlichen Beschreibungen. Dennoch wurden im 19. Jahrhundert schwer wiegende Urteile über unerforschte Eingeborenen-Sprachen aus der Sicht der Evolution gefällt. Solche Zitate sind für unsere Studien aber besonders wertvoll, weil sie deutlich machen, dass die Evolutionslehre einen logischerweise dazu führen muss, solche Schlussfolgerungen im Blick auf die Sprachen der Eingeborenen zu ziehen.

5.3.2 Bibel: Die Sprachen der Eingeborenen müssen nicht primitiver sein als die der hochzivilisierten Völker

Aus der Sicht der Bibel müssen die Sprachsysteme (Langues) der Eingeborenen-Völker keineswegs primitiv sein. Diese Völker und Stämme haben ja gemäß Gen 11 genauso wie die Völker des Westens ihre Sprachen aus der Hand des Schöpfers bekommen. Gemäß der Bibel sind die Sprachen ein Produkt aus einem göttlichen Schöpfungsakt und nicht wie im Blickfeld der Evolutionisten ein Produkt menschlicher Kulturleistung.

Allerdings ist es tatsächlich so, wie ich es oben ausgeführt habe, dass gewisse Aspekte der Sprachen, insbesondere die Lexik und die Syntax, offen sind für kulturelle Weiterführung. Selbst wenn gewisse Völker die kulturelle Entwicklung ihrer Sprachen in diesen Bereichen vernachlässigt hätten, so ändert das überhaupt nichts an der Tatsache, dass ihre Sprachsysteme nichtsdestotrotz hoch stehend und komplex sein müssen. Im Bereich der Lexik ist jedoch zu erwarten, dass er ein Spiegelbild des jeweiligen kulturellen Standes ist.

5.4 Deduktionen im Blick auf den Verlauf der Sprachgeschichte

5.4.1 Evolution: Aufwärtsentwicklung auf allen Ebenen

Bekanntlich sind Sprachen komplexe Code-Systeme mit den Ebenen *Phonologie, Morphologie, Syntax* und *Semantik.* Nach der Evolutionslehre wäre zu erwarten, dass man bei Sprachen, deren Geschichte über große Zeiträume hinweg dokumentiert sind, *Entwicklungstendenzen* von unten nach oben auf *allen* Ebenen der Langue festgestellt werden könnten. Ebenso sollte es möglich sein, in der real nachvollziehbaren Sprachgeschichte *Mechanismen zu entdecken, die evolutive Tendenzen* auf *allen* Sprachebenen überhaupt *ermöglichen.*

5.4.2 Bibel: Aufwärts- und Abwärtsentwicklungen

5.4.2.1 Entwicklungsmöglichkeiten im Bereich der Lexik und der Semantik

Aus der Sicht der Bibel sind menschliche Sprachen Systeme, die zwar einerseits durch Schöpfung vorgegeben sind, jedoch durch ihren flexiblen offenen Charakter Möglichkeiten zur kulturellen Entwicklung enthalten. Dies gilt insbesondere in der *Lexik* und in der *Syntax.*

Es ist somit denkbar, dass im Bereich des Vokabulars je nachdem mit großen Fortschritten zu rechnen ist, da der Mensch gemäß Gen 2 prinzipiell zur Bildung von neuen Wörtern (Neologismen) befähigt worden ist. Allgemein kann sogar gesagt werden, dass damit generell im Bereich der *Semantik,* Verfeinerungen, Bereicherungen und Aufwärtsentwicklungen durchaus erwartet werden können – immer unter der Bedingung, dass sich eine bestimmte Sprachgruppe auch wirklich darum bemüht hat. Dies ist aber nicht zwingend. Wenn eine Sprachgruppe ihren durch Gen 1,28 begründeten Kulturauftrag in diesem Bereich vernachlässigt hat, könnte man auch mit Verarmung bzw. Abwärtsentwicklung rechnen.

Wir haben gesehen, dass der Mensch gemäß Gen 2 von Anfang an mit poetischen Fähigkeiten ausgerüstet worden ist. Dabei haben wir festgestellt, dass diese Fähigkeiten zu einem gewichtigen Teil durch eine künstlerisch-kreative Wirksamkeit im Bereich der *Syn-*

tax zum Ausdruck kommen. Daher muss man erwarten, dass im Verlauf der Geschichte einer bestimmten Sprache, unter Umständen – auch hier gilt: falls eine Sprachgruppe ihren Kulturauftrag erfüllt hat – bereichernde Entwicklungen auf der Ebene der Syntax festgestellt werden könnten.

Im den Domänen der Semantik und Syntax sind also nebst Abwärtsentwicklungen unter Umständen auch bedeutende Aufwärtsentwicklungen zu erwarten.

5.4.2.2 *Zerfallserscheinungen auf dem Gebiet der Formenlehre*

Es bleiben nun noch die beiden untersten Ebenen des Sprachsystems, wenn wir, wie bereits früher dargelegt, in unserem Zusammenhang von der Graphemik absehen: die *Morphologie* und die *Phonologie.* Bereits an früherer Stelle haben wir jedoch gesehen, dass die Phonologie für die Frage von Evolution bzw. Devolution nicht viel bringt, da man eine Reduktion bzw. eine Zunahme, je nach Betrachtungsstandpunkt, so oder so deuten kann.[356] So bleibt uns nun noch die Ebene der Morphologie. Dieser Bereich entzieht sich (wie die Phonologie) in besonderem Maße dem kreativen Umgang mit der Sprache. Wer käme denn schon auf den Gedanken z.B. im Deutschen urplötzlich eine neue Fallform, eine neue Zeitform oder Morpheme eines neuen Aspekts einzuführen? Speziell im Bereich der Formenlehre ist mit der Möglichkeit von Zerfallserscheinungen im Lauf ihrer Geschichte zu rechnen!

Dies erklärt sich aus folgenden biblisch-theologischen Überlegungen: Gemäß Röm 8,20 ist die ganze (!) Natur (durch den Sündenfall Adams) dem Gesetz des Zerfalls anheim gestellt worden. Es heißt dort:

> „Denn die Schöpfung ist der Vergänglichkeit unterworfen worden..."

Mit anderen Worten wird dieses Prinzip im Hebräerbrief durch ein Zitat aus den Psalmen[357] umschrieben (Heb 1,10-12):

> „[10] ... Du, Herr, hast im Anfang die Erde gegründet, und die Himmel sind Werke deiner Hände; [11] sie werden untergehen, du aber bleibst; und sie alle werden veralten wie ein

356 Vgl. 2.2.1.2.
357 Ps 102,25-27.

> Kleid, [12] und wie ein Gewand wirst du sie zusammenwickeln, und sie werden verwandelt werden. Du aber bist derselbe, und deine Jahre werden nicht vergehen."[358]

Diesem allgemeinen Gesetz des Zerfalls stellt sich zwar in gewissen Bereichen das Potenzial zur kreativen Kulturentwicklung als Gegenpol entgegen, doch in den Bereichen, die sich dem kreativen Zugriff entziehen oder zumindest weitgehend entziehen, müsste mit der Möglichkeit gerechnet werden, dass durch das Gesetz der Vergänglichkeit bedingte Spuren feststellbar sind.

5.4.2.3 Der ergiebigste Bereich: Die Formenlehre

Die Erwartungen aus den Standpunkten der Evolution und der Bibel können sich in den Bereichen der Lexik, der Semantik und der Syntax durchaus decken. Somit sind diese Domänen nicht so sehr geeignet, um die beiden Standpunkte gegeneinander auszuspielen. Aus anderen, bereits genannten Gründen, gilt dies auch für die Phonologie. Dafür kann insbesondere *der Bereich der Formenlehre* sehr gut verwendet werden, um die jeweiligen Voraussagen zu überprüfen.

5.5 Zusammenfassung

Der Übersichtlichkeit halber stelle ich die in diesem Kapitel erarbeiteten Deduktionen in geraffter Form für jeden Standpunkt noch einmal zusammen:

5.5.1 Deduktionen aus den evolutionistischen Aussagen

1. Aus der Sicht der Evolutionslehre müsste man logischerweise erwarten, dass die ältesten Sprachen der Welt im Vergleich zu den modernen Sprachen der hoch zivilisierten Staaten abendländischer Kultur bedeutend *primitiver* waren, und zwar auf *allen* Ebenen der Langue.
2. Der Standpunkt des Darwinismus legt nahe, dass die Sprachen der Stämme und Volksgruppen auf tieferer Zivilisationsstufe im Vergleich mit den Sprachen der modernen Hochkulturen (bedeutend) *primitiver* sein müssten.

[358] Vgl. dazu ferner noch Kol 2,21-22: „(21) Berühre nicht, koste nicht, betaste nicht! (22) *(Dinge, welche alle zur Zerstörung durch den Gebrauch bestimmt sind)* nach den Geboten und Lehren der Menschen..."

3. Folgerichtig müsste im Lauf der Geschichte einer bestimmten Sprache eine (stete) Höherentwicklung auf *allen* Ebenen des Code-Systems festgestellt werden können. Zudem sollten *Entwicklungsmechanismen* gefunden werden, die eine Evolution auf *allen* vier Ebenen der Langue überhaupt ermöglichen.

5.5.2 Deduktionen aus den biblischen Aussagen

1. Die Aussagen der Bibel über den Ursprung der Sprachen zwingen einen zum Schluss, dass die ältesten Sprachen der Welt strukturell *besonders hoch stehend und komplex* sein müssten, da sie ja, gemäß dem Zeugnis der Heiligen Schrift in Gen 11, als Schöpfungswerk aus der Hand Gottes hervorgegangen sind und dem Zeitpunkt der Erschaffung am nächsten stehen. Was aus der Hand Gottes hervorgeht, muss, wie z.B. der Bericht in Gen 1 bezeugt, stets sehr gut sein.
2. Der Standpunkt der Bibel zwingt *nicht* zur Annahme, dass die Sprachsysteme (Langues) von Eingeborenen-Völker *primitiver* sein müssten als die Sprachen der so genannten Hochkulturen. Ihre Sprachen sind der Heiligen Schrift zufolge genauso aus der Schöpferhand Gottes hervorgegangen, wie die Sprachen der hoch zivilisierten Nationen.
3. Es ist damit zu rechnen, dass eine Sprache im Laufe ihrer Geschichte insbesondere in den Bereichen, die sich dem kreativen Zugriff des Menschen entziehen (*Formenlehre*), *Zerfallserscheinungen* unterliegt, weil die Schöpfung gemäß Röm 8,20 durch den Sündenfall der Vergänglichkeit anheim gestellt worden ist. In den Bereichen wie *Lexik, Syntax* und *Semantik* ist *auch* mit *Aufwärtsentwicklungen* zu rechnen, da der Mensch in diesen Sphären kreativ veranlagt ist, und auf diese Weise dort dem Zerfallgesetz entgegenwirken kann.

In den folgenden drei Kapiteln wollen wir nun die beiden einander entgegengesetzten Standpunkte im Rahmen dreier Untersuchungen einem Test unterziehen. Im Anschluss werden wir aus den daraus resultierenden Ergebnissen Folgerungen ziehen.

6. Erste Untersuchung: Die ältesten Sprachen der Welt

Die ältesten drei der heute bekannten Sprachen sind das Sumerische, das Ägyptische und das Akkadische.

Die allerfrühesten erhaltenen und entzifferten Sprachzeugnisse sind auf Sumerisch abgefasst. Sie führen uns – gemäß traditioneller archäologischer Datierung[359] – in die Zeit um ca. 3100 v. Chr. zurück. Es ist somit möglich, anhand des heute zugänglichen Faktenmaterials viele Jahrtausende in die Vergangenheit der Sprachgeschichte zurückzugehen.

Es stellt sich uns nun die Frage, ob die ältesten Sprachen der Welt im Vergleich zu den modernen Sprachen des 3. nachchristlichen Millenniums besonders primitiv und einfach oder äußerst komplex und hochstehend sind.

Wir werden dies im Folgenden insbesondere im *Bereich der Formenlehre* untersuchen, dies im vollen Wissen darum, dass die vier verschiedenen Ebenen des Sprachsystems damit eng verzahnt sind. Schon allein die Betrachtung der Formenlehre wird sich für unsere Untersuchung als äußerst aufschlussreich erweisen.

Anschauliche Daten können besonders dem Nominal- und dem Verbalsystem entnommen werden.

6.1 Das Sumerische

Die frühesten Überlieferungen in sumerischer Sprache[360] gehen, wie bereits gesagt, auf die Zeit um etwa 3100 v. Chr. zurück. Diese Zeugnisse stammen aus Süd-Mesopotamien. Es handelt sich stets um keilinschriftliche Dokumente.

359 Wie schon oben breiter ausgeführt, verwende ich hier die in der Archäologie im allgemeinen verwendeten Daten, ohne damit den Anschein zu wecken, als sei ich der Meinung, dass in der Chronologie der Frühgeschichte bereits das letzte Wort gesprochen sei. Auf diesem Gebiet gibt es noch sehr viel zu tun, und es ist daher zu erwarten, dass in Zukunft noch einige Datierungskorrekturen stattfinden werden.

360 Zum Sumerischen vgl.: GELB: Sumerian Language; FALKENSTEIN: Das Sumerische; POEBEL: Grundzüge der sumerischen Grammatik; DELITZSCH: Kleine sumerische Sprachlehre.

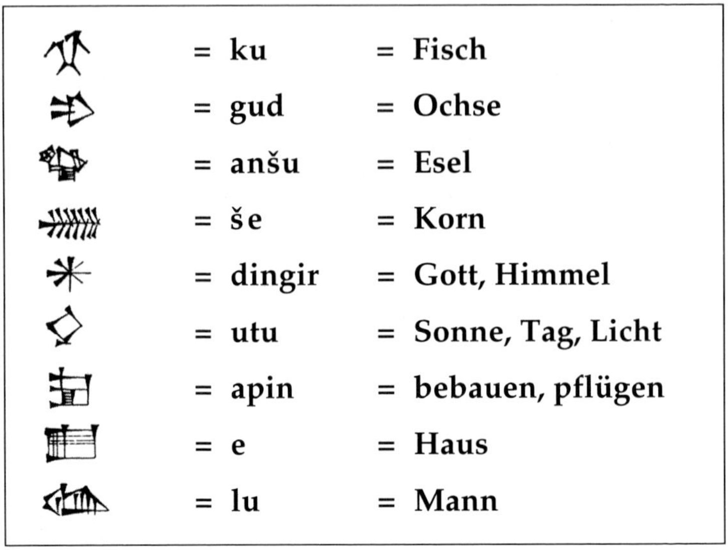

Abb. 11 Beispiele sumerischer Keilschrift (um 2800 v. Chr.) mit Umschrift und deutscher Übersetzung.

Bereits um ca. 2000 v. Chr. starb das Sumerische als gesprochene Sprache aus. Es musste dem Akkadischen weichen. Als geschriebene Sprache vermochte sich das Sumerische allerdings noch sehr lange halten. Die jüngsten Überlieferungen stammen aus dem 1. Jahrhundert n. Chr. Die sumerische Sprachgeschichte kann somit über einen Zeitraum von etwa 3.200 Jahren verfolgt werden.

6.1.1 Perioden der Sprachgeschichte

Die Sprachgeschichte des Sumerischen kann in vier verschiedene Perioden gegliedert werden:

a) Archaisches Sumerisch: ca. 3100 - ca. 2500 v. Chr.

b) Altsumerisch bzw. Klassisches Sumerisch: ca. 2500 - ca. 2300 v. Chr.

c) Neusumerisch: ca. 2300 - ca. 2000 v. Chr.

d) Postsumerisch: ca. 2000 v. Chr. - 1. Jh. n. Chr.

6.1.2 Zur Wiederentdeckung des Sumerischen

Die Anfänge der Entzifferung keilinschriftlicher Texte führen uns zurück in die erste Hälfte des 19. Jahrhunderts. Der Hauptbeitrag dieser gewaltigen Leistung wurde durch den Generalmajor Sir Henry RAWLINSON (1810-1895) erbracht.[361] Den Haupt-Schlüssel zum Knacken der Keilschrift lieferte die mehrsprachige Fels-Inschrift von Behistun im West-Iran. Diese auf den persischen König Darius I. Hystaspis (522-486 v. Chr.)[362] zurückgehende Inschrift enthält drei nahezu identische Texte auf Altpersisch, Elamitisch und Akkadisch. In jahrelanger akribischer Arbeit gelang es RAWLINSON schließlich, diese Inschrift zu entziffern. 1851 veröffentlichte er den akkadischen Text der Behistun-Inschrift in Transliteration[363] und Übersetzung. Dieses Jahr markierte den Beginn der neuzeitlichen Erforschung der alten Literatur der Babylonier und Assyrer.

Allerdings wurde man sich der Tatsache, dass es in den zahlreichen im 19. Jahrhundert ausgegrabenen keilinschriftlichen Texten noch eine weitere überlieferte Sprache gab, nämlich das Sumerische, erst bewusst, als die Kenntnis des Akkadischen einigermaßen fortgeschritten war.

6.1.3 Zur Einordnung des Sumerischen

Bis heute konnte, wie schon an früherer Stelle angedeutet, keine Verwandtschaft des Sumerischen mit irgendeiner anderen Sprache der Welt überzeugend nachgewiesen werden. So ist man gezwungen, diese Sprache einem eigenen Sprachstamm zuzuordnen.

Sprachtypologisch gesehen ist Sumerisch eine *agglutinierende Sprache.* Dies zeigt sich darin, dass, gemäß äußerst komplexen, aber genau festgelegten Regeln, eigentliche Morphem-Ketten gebildet werden.

361 Zur Geschichte der Entzifferung keilinschriftlicher Texte: MILLARD: Schätze aus biblischer Zeit, S. 28-31; MCCARTER: Ancient Inscriptions, Voices of the Biblical World, S. 6-7.

362 Es handelt sich um den in Hagg 1,1 und Sach 1,1 erwähnten Herrscher.

363 D.h. in Umschrift.

6.1.4 Bemerkungen zum Nominalsystem

Das Nomen unterscheidet sich formal durch nichts von einer Verbalwurzel. So kann z.B. das Wort *dug*,[364] wenn es für sich allein steht, sowohl *das Reden* als auch *reden* bedeuten. Der Unterschied wird aber deutlich durch die Syntax und durch diverse Zusätze.

Ein grammatisches Geschlecht gibt es für das Nomen nicht. Dafür kennt man ein Zweiklassensystem, das Nomina entweder einer so genannten „Personen-" bzw. einer „Sachklasse" zuweist.

Es wird zwischen Singular und Plural unterschieden. Der Plural wird entweder durch die Suffixe *me* (bzw. *me* + *eš*), *hia*, und *ene*, oder durch Reduplikation[365] bezeichnet (z.B. *kur* = „Berg", *kur kur* = „Berge").

Ferner existiert ein umfassendes Kasussystem. In den nachfolgenden Transkriptionen sollen die eingefügten Bindestriche dem Leser Erleichterung bieten, um die einzelnen Morpheme zu erkennen.

6.1.5 Zum sumerischen Kasussystem

a) Der *Nominativus absolutus* hat keine zusätzliche Endung (z.B. *kur* = „Berg").

b) Den *Agentiv* erkennt man am Suffix *-e*. Subjekte von finiten transitiven Verben stehen im Agentiv (z.B. *lugal-e* = „der König").

c) Der *Genitiv* wird durch das Suffix *-ak* bzw. *-k* gebildet (z.B. *dumu-an-ak-e* = „Kind von An").

d) Der *Dativ:* Dieser Kasus wird oft durch das Suffix *-ra* bezeichnet (z.B. *en-ra* = „dem Herrn").

e) Der *Lokativ* ist am Suffix *-a* erkenntlich (z.B. *e-a* = „im Haus").

f) Der *Lokativ-Terminativ der unmittelbaren Nähe:* Diese Fallform wird durch das Suffix *-e* bezeichnet (z.B. *ka-e* = „neben der Tür").

g) Der *Terminativ:* Durch *-sche*, *-esche* oder *-esch* wird eine Richtung ausgedrückt (z.B. *an-sche* = „zum Himmel").

h) Der *Komitativ:* Das Suffix dieses Falls lautet *-de* bzw. *-da* (z.B. *lagascha-da* = „mit Lagasch").

[364] Im folgenden ist die Umschrift gegenüber der Standardform etwas vereinfacht worden.

[365] D.h. Verdoppelung.

i) Der *Ablativ-Instrumental:* Dieser Fall wird durch Anhängen der Postposition *-ta* gebildet (z.B. *kur-ta* = „vom Bergland").

j) Der *Äqativ:* Dieser Kasus wird in der älteren Sprachstufe durch *-gim* ausgedrückt (z.B. *a-gim* = „wie Wasser".

Mit diesen zehn Beispielen ist das sumerische Kasussystem noch keineswegs ausgelotet. Es gibt noch weitere Fälle, so z.B. der Vokativ. Doch bereits diese Auswahl an Paradigmen vermag den differenzierten morphologischen Reichtum des sumerischen Nomens anschaulich zu dokumentieren.

6.1.6 Bemerkungen zum Verbalsystem

Das sumerische Verbalsystem besitzt eine überaus komplexe und extrem komplizierte Struktur.

Es steht eine überwältigend große Zahl von Präfixen, Infixen und Suffixen zur Verfügung. Mit Hilfe dieser sprachlichen Elemente können Verbalinhalte auf äußerst präzise Art und Weise zum Ausdruck gebracht werden. So gibt es z.B. Morpheme, durch die Person, Zahl, Tempus (Präsens-Futur, Präteritum und Permansiv), Modus (Indikativ, Optativ, Prohibitiv, Prekativ, Kohortativ, Prospektiv, Imperativ) und Diathese (aktiv, passiv, reflexiv) bezeichnet werden. Ferner können auch Aspekte (Punktual, Durativ) ausgedrückt werden. Es gibt auch Möglichkeiten, Intensität, Richtung, Relation und Objektsbeziehung der Handlung durch gebundene Morpheme zu verdeutlichen. Die Reihenfolge der Kettenbildung geschieht nach streng festgelegten grammatikalischen Regeln. Es können Tausende von verschiedenen Verbalformen gebildet werden!

Den interessierten Leser, der sich gerne näher über die sumerische Sprache ausführlicher informieren möchte, verweise ich nochmals auf die bereits genannten Grammatiken von POEBEL, FALKENSTEIN und DELITZSCH.

6.2 Das Akkadische

Die ältesten akkadischen Dokumente stammen aus der Zeit um ca. 2500 v. Chr. Sie sind in Keilschrift überliefert. Die Akkader übernahmen die Schrift der Sumerer. Allerdings war sie zur Wiedergabe

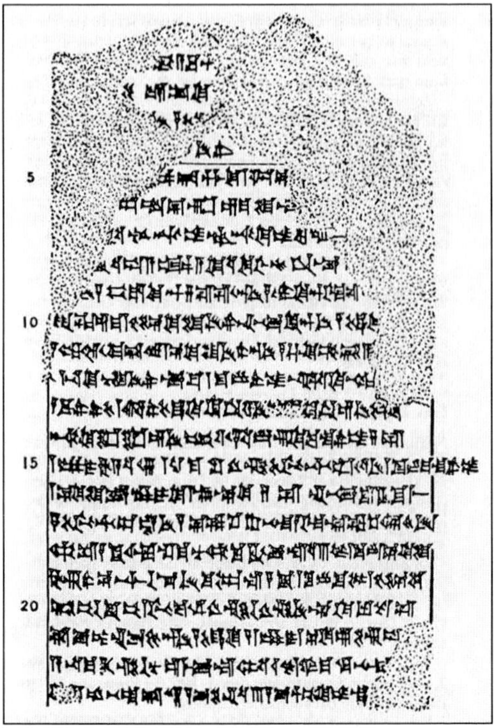

Abb. 12 Akkadische Keilschrift 6. Jh. v. Chr. (Nabonidus-Chronik, Rückseite, Spalte III). (Bibelbund Deutschland)

ihrer Sprache recht ungeeignet. Akkadisch[366] ist ja, wie schon an früherer Stelle erwähnt, eine semitische Sprache und damit strukturell ganz anders aufgebaut als das Sumerische.

Die jüngsten akkadischen Inschriften stammen aus der Zeit um 70 n. Chr. Somit kann diese Sprache über einen Zeitraum von annähernd 2.600 Jahren untersucht werden.

6.2.1 Zur Einordnung des Akkadischen

Das Akkadische gehört zum *Hamito-Semitischen,* und innerhalb dieses Stammes zu den *semitischen Sprachen.* Typologisch gesehen han-

366 Zum Akkadischen: von Soden: Grundriss der akkadischen Grammatik; Riemschneider: Lehrbuch des Akkadischen; von Siebenthal: Kleine Einführung ins Akkadische.

delt es sich beim Akkadischen, wie überall im Semitischen, um eine *flektierende Sprache.* Gegenüber den anderen semitischen Sprachen weist das Akkadische allerdings gewisse Eigenheiten auf. Es hat nämlich starke Beeinflussungen durch das Sumerische erlitten, weil die Akkader kulturell ausnehmend von den Sumerern abhängig waren. Zudem hatten sich die beiden Völker allmählich völlig miteinander vermischt.

6.2.2 Perioden der Sprachgeschichte

a) *Altakkadisch:* ca. 2500 - ca. 2000 v. Chr. Später teilte sich das Akkadische in zwei Hauptdialekte auf:

b) 1. *Altbabylonisch:* ca. 2000 - ca. 1500 v. Chr.[367]
2. *Altassyrisch:* ca. 19. und 18. Jh. v. Chr.[368]

c) 1. *Mittelbabylonisch:* ca. 1500 - ca. 1000 v. Chr.
2. *Mittelassyrisch:* ca. 1500 - ca. 1000 v. Chr.

d) 1. *Neubabylonisch:* ca. 1000 - ca. 500 v. Chr.
2. *Neuassyrisch:* ca. 1000 - 612 v. Chr.[369]

e) *Spätbabylonisch:* ca. 500 v. Chr. - 70 n. Chr.

Im Folgenden sollen das Nominal und das Verbalsystem recht ausführlich zur Sprache kommen.[370]

6.2.3 Zum Nominalsystem

Das akkadische Nominalsystem kennt zwei Geschlechter (maskulinum und femininum), drei Numeri (Singular, Plural und Dual), einen Status rectus und einen Status constructus, sowie drei

367 Diese Sprachstufe wird als *klassisches Akkadisch* bezeichnet.

368 Diese Sprachstufe ist nur durch wenige Inschriften belegt.

369 Im Jahr 612 v. Chr. fiel die Hauptstadt Ninive. Dieser Zeitpunkt markiert den Untergang des assyrischen Weltreiches (vgl. die ausführliche Prophezeiung dieses Ereignisses im Buch Nahum).

370 Die nachfolgenden Paradigmata repräsentieren das klassische Akkadisch (altbabylonische Sprachstufe = Grundlage der akkadischen Grammatik). Die Unterschiede zum Altakkadisch sind jedoch äußerst geringfügig und hauptsächlich im Bereich des Lautstandes (z.B. 3. Pers. fem. *ta-prus* anstatt *i-prus*). Vgl. Riemschneider: Lehrbuch des Akkadischen, S. 158-163.

Kasus (Nominativ, Genitiv und Akkusativ). Hinzu kommen allerdings eigentlich noch zwei weitere seltenere Fallformen: Der Lokativ-Adverbial und der Terminativ-Adverbial.

Damit man sich eine konkretere Vorstellung der Deklinationen im Akkadischen machen kann, soll das Wort *kalbum* („Hund") bzw. der entsprechende feminine Ausdruck *kalbatum* („Hündin") als Illustrationsbeispiel durchexerziert werden. Die in der Transkription verwendeten Bindestriche sind als Hilfe gedacht, um dem Leser wiederum die Formenbildung etwas klarer zu verdeutlichen.

Status rectus, mask.

	Singular	Plural
Nominativ:	kalb-um	kalb-ū
Genitiv:	kalb-im	kalb-ī
Akkusativ:	kalb-am	kalb-ī

Status constructus, mask.

	Singular	Plural
Nominativ:	kalab	kalb-ū
Genitiv:	kalb-i	kalb-ī
Akkusativ:	kalab	kalb-ī

kalab bedeutet „Hund des", der Gebrauch des Status constructus wird an folgendem Beispiel deutlicher: *kalab wardim* = „der Hund des Sklaven". Bei der Wortform *wardim* handelt es sich um den Genitiv von *wardum.*

Status rectus, fem.

	Singular	Plural
Nominativ:	kalb-at-um	kalb-āt-um
Genitiv:	kalb-at-im	kalb-āt-im
Akkusativ:	kalb-at-am	kalb-āt-im

Status constructus, fem.

	Singular	Plural
Nominativ:	kalb-at	kalb-āt
Genitiv:	kalb-at-i	kalb-āt-i
Akkusativ:	kalb-at	kalb-āt-i

Zum Dual: Hier werden keine Geschlechter unterschieden. Als Beispiel folgt das Wort *šepan* („beide Füße").

Nominativ:	šēpān
Genitiv:	šēpīn
Akkusativ:	šēpīn

6.2.4 Zum Verbalsystem

Das Verbalsystem im Akkadischen ist überaus komplex. Anhand des regelmäßigen Verbes *parasum* („scheiden") möchte ich dem Leser einen gewissen Eindruck von den großartigen morphologischen Möglichkeiten dieser Sprache vermitteln.

Grundlegend für das Akkadische wie für die semitischen Sprachen schlechthin sind die zumeist aus drei Konsonanten gebildeten Wortwurzeln. Diese können nach bestimmten Vorgaben durch Suffixe, Infixe und Affixe modifiziert werden. Man unterscheidet in diesem Zusammenhang verschiedene *Verbalstämme.* Eine bestimmte Wurzel erscheint üblicherweise nicht in allen durch das Sprachsystem vorgegebenen Verbalstämmen. Die nachstehende Darstellung ist bewusst vereinfachend gehalten. Im Blick auf breitere Ausführungen sei der Leser auf die bereits genannten Standardgrammatiken verwiesen.

Es folgen zunächst die Formen des Grundstammes, den man kurz und bündig *G-Stamm* nennt:

6.2.4.1 Der G-Stamm

a) Präteritum

Das Präteritum drückt eine punktuelle Vergangenheit aus (z.B. *iprus* = „er schied").

Man beachte Folgendes: In den Verbaltabellen werden die Personen in anderer Reihenfolge aufgeführt als dies im Deutschen üblich ist: nämlich: 3./2./1. Person. Die 3. und 2. Person wird zudem für maskulinum und femininum gesondert aufgeführt, da sie z.T. formal unterschieden werden können.

G-Stamm, Präteritum

	Singular	Plural
3. Pers. mask.	i-prus	i-prus-ū
3. Pers. fem.	i-prus	i-prus-ā
2. Pers. mask.	ta-prus	ta prus-ā
2. Pers. fem.	ta-prusī	ta-prus-ā
1. Pers. mask./fem.	a-prus	ni-prus

b) Präsens

Das akkadische Präsens kann Verschiedenes ausdrücken: Gegenwärtiges, Zukünftiges, Modales (können, wollen, dürfen) und Duratives (in Gegenwart und Vergangenheit). So bedeutet z.B. *iparras* u.a. „er scheidet", „er wird scheiden", „er will scheiden" oder „er pflegte zu scheiden". Man bedenke in diesem Zusammenhang, dass Mehrdeutigkeit sprachlicher Ausdrücke meistens durch kontextuelle Faktoren neutralisiert wird.[371]

G-Stamm, Präsens

	Singular	Plural
3. Pers. mask.	i-parras	i-parras-ū
3. Pers. fem.	i-parras	i-parras-ā
2. Pers. mask.	ta-parras	ta-parras-ā
2. Pers. fem.	ta-parras-ī	ta-parras-ā
1. Pers. mask./fem.	a-parras	ni-parras

c) Perfekt

Das Perfekt bezeichnet soeben Vollendetes, das bis in die Gegenwart hinein Wirkung zeigt. Nebst Präfixen und Affixen wird hier auch noch ein *t*-Infix verwendet. *iptaras* z.B. bedeutet ungefähr „er hat soeben geschieden".

G-Stamm, Perfekt

	Singular	Plural
3. Pers. mask.	i-ptaras	i-ptars-ū
3. Pers. fem.	i-ptaras	i-ptars-ā
2. Pers. mask.	ta-ptaras	ta-ptars-ā
2. Pers. fem.	ta-ptarsī	ta-ptars-ā
1. Pers. mask./fem.	a-ptaras	ni-ptaras

Es folgen nun die Formen des Passiv-/Reflexiv-Stammes. Man bezeichnet ihn als *N-Stamm:*

6.2.4.2 Der N-Stamm

a) Präteritum

ipparis z.B. bedeutet „er wurde geschieden". Durch sprachgeschichtliche Rekonstruktion kann als ursprüngliche Form *inparis* erschlossen werden. Von diesem typischen darin enthaltenen formbildenden *n* her ergibt sich die Bezeichnung N-Stamm.

371 Vgl. VON SIEBENTHAL: Die Mehrdeutigkeit sprachlicher Ausdrücke und Textinterpretation.

N-Stamm, Präteritum

	Singular	Plural
3. Pers. mask.	i-pparis	i-ppars-ū
3. Pers. fem.	i-pparis	i-ppars-ā
2. Pers. mask.	ta-pparis	ta-ppars-ā
2. Pers. fem.	ta-pparis-ī	ta-ppars-ā
1. Pers. mask./fem.	a-pparis	ni-pparis

b) Präsens

N-Stamm, Präsens

	Singular	Plural
3. Pers. mask.	i-pparras	i-pparras-ū
3. Pers. fem.	i-pparras	i-pparras-ā
2. Pers. mask.	ta-pparras	ta-pparras-ā
2. Pers. fem.	ta-pparras-ī	ta-pparras-ā
1. Pers. mask./fem.	a-pparras	ni-pparras

c) Perfekt

N-Stamm, Perfekt:

	Singular	Plural
3. Pers. mask.	i-ttapras	i-ttapras-ū
3. Pers. fem.	i-ttapras	i-ttapras-ā
2. Pers. mask.	ta-ttapras	ta-ttapras-ā
2. Pers. fem.	ta-ttapras-ī	ta-ttapras-ā
1. Pers. mask./fem.	a-ttapras	ni-ttapras

Es folgen die Formen des Faktitiv-Stammes, der in der Semitistik allgemein als *D-Stamm*[372] bezeichnet wird. Dieser Verbalstamm drückt meistens die Herbeiführung des durch den G-Stamm ausgedrückten Vorgangs bzw. Zustands aus.

6.2.4.3 Der D-Stamm

a) Präteritum

D-Stamm, Präteritum

	Singular	Plural
3. Pers. mask.	u-parris	u-parris-ū
3. Pers. fem.	u-parris	u-parris-ā
2. Pers. mask.	tu-parris	tu-parris-ā
2. Pers. fem.	tu-parris-ī	tu-parris-ā
1. Pers. mask./fem.	u-parris	nu-parris

[372] = Doppelungs-Stamm. Man beachte die Verdoppelung des mittleren Radikals.

b) Präsens

D-Stamm, Präsens

	Singular	Plural
3. Pers. mask.	u-parras	u-parras-ū
3. Pers. fem.	u-parras	u-parras-ā
2. Pers. mask.	tu-parras	tu-parras-ā
2. Pers. fem.	tu-parras-ī	tu-parras-ā
1. Pers. mask./fem.	u-parras	nu-parras

c) Perfekt

D-Stamm, Perfekt

	Singular	Plural
3. Pers. mask.	u-ptarris	u-ptarris-ū
3. Pers. fem.	u-ptarris	u-ptarris-ā
2. Pers. mask.	tu-ptarris	tu-ptarris-ā
2. Pers. fem.	tu-ptarris-ī	tu-ptarris-ā
1. Pers. mask./fem.	u-ptarris	nu-ptarris

Es folgen die Formen des Kausativ-Stammes, den man wegen des vorne angefügten *Sch*-Lautes Š-*Stamm* nennt. Mit diesem Verbal-Stamm wird das Veranlassen des durch den G-Stamm ausgedrückten Vorgangs zum Ausdruck gebracht.

6.2.4.4 Der Š-Stamm

a) Präteritum

Š-Stamm, Präteritum

	Singular	Plural
3. Pers. mask.	u-šapris	u-šaprisū
3. Pers. fem.	u-šapris	u-šaprisa
2. Pers. mask.	tu-šapris	tu-šapris-a
2. Pers. fem.	tu-šapris-ī	tu-šapris-a
1. Pers. mask./fem.	u-šapris	nu-šapris

b) Präsens

Š-Stamm, Präsens

	Singular	Plural
3. Pers. mask.	u-šapras	u-šapras-ū
3. Pers. fem.	u-šapras	u-šapras-ā
2. Pers. mask.	tu-šapras	tu-šapras-ā
2. Pers. fem.	tu-šapras-ī	tu-šapras-ā
1. Pers. mask./fem.	u-šapras	nu-šapras

c) Perfekt

Š-Stamm, Perfekt

	Singular	Plural
3. Pers. mask.	u-štapris	u-štapris-ū
3. Pers. fem.	u-štapris	u-štapris-ā
2. Pers. mask.	tu-štapris	tu-štapris-ā
2. Pers. fem.	tu-štapris-ī	tu-štaprisā
1. Pers. mask./fem.	u-štapris	nu-štapris

Neben den Formen des Präteritum, Präsens und Perfekt, kennt das Akkadische ferner den so genannten Permansiv, mit dem Zustände, ohne Berücksichtigung der Zeitstufe, ausgedrückt werden. Es folgen die Paradigmata im G-Stamm. *paris* kann z.B. mit „er ist einer, der scheidet" übersetzt werden.

6.2.4.5 Der Permansiv

Permansiv

	Singular	Plural
3. Pers. mask.	paris	pars-ū
3. Pers. fem.	pars-at	pars-ā
2. Pers. mask.	pars-āta	pars-ātunu
2. Pers. fem.	pars-āti	pars-ātina
1. Pers. mask./fem.	pars-āku	pars-anu

6.2.4.6 Der Subjunktiv

Im Präteritum, Präsens, Perfekt und Permansiv können in allen Verbalstämmen Subjunktivformen gebildet werden. An die endungslosen Verbformen wird dabei das Suffix *-u* angehängt. Der Subjunktiv kennzeichnet das Verb in den dem Hauptsatz untergeordneten Nebensätzen. So lautet z.B. die Form *iprus* (= „er schied") im Subjunktiv *iprusu.*

6.2.4.7 Der Ventiv

In allen vier Tempi bzw. Aspekten (Präteritum, Präsens, Perfekt und Permansiv) und in allen Verbalstämmen können Ventivformen gebildet werden. Dabei werden an die Verba die Suffixe *-am, -m* bzw. *-nim* angehängt. Der Ventiv vermag etwas über die Bewegungsrichtung der durch das Verb ausgedrückten Handlung auszusagen („zu mir"/„her"). Als repräsentatives Beispiel folgen die Formen des Präteritums im G-Stamm. *iprusam* z.B. bedeutet wörtlich „er schied her".

G-Stamm, Ventiv, Präteritum

	Singular	Plural
3. Pers. mask.	i-prus-am	i-prus-ū-nim
3. Pers. fem.	i-prus-am	i-prus-ā-nim
2. Pers. mask.	ta-prus-am	ta-prus-ā-nim
2. Pers. fem.	ta-prus-īm	ta-prus-ā-nim
1. Pers. mask./fem.	a-prus-am	ni-prus-am

6.2.4.8 Der Imperativ

Die Imperativformen betreffen die 2. Person. Im Singular werden die Geschlechter formal unterschieden. In allen Verbalstämmen können Imperativformen gebildet werden. Als Beispiel folgen nur die Formen des G-Stammes:

G-Stamm, Imperativ

	Singular	Plural
2. Pers., mask.	purus	purs-ā
2. Pers., fem.	purs-ī	purs-ā

6.2.4.9 Das Partizip

Beim Partizip werden zwei Geschlechter (maskulinum und femininum), Singular und Plural, Status rectus und Status constructus und die Kasusformen Nominativ, Genitiv und Akkusativ unterschieden. Ferner ist zu betonen, dass das Partizip von allen Verbal-Stämmen aus gebildet werden kann. Die maskulinen Nominativformen im Singular lauten folgendermaßen:

Partizip	
G-Stamm	pāris-um
N-Stamm	mup-pars-um
D-Stamm	mu-parris-um
Š-Stamm	mu-ša-pris-um

6.2.4.10 Der Infinitiv

In allen Verbalstämmen kann ein Infinitiv konstruiert werden. Ferner wird oft auch eine Deklination desselben im Genitiv verwendet.

Infinitive	
G-Stamm:	parāsum
N-Stamm:	naprusum
D-Stamm:	purrusum
Š-Stamm:	šuprusum

6.2.4.11 Die Gt- , Dt- und Št-Stämme

Das akkadische Verb kennt für alle Tempi bzw. Aspekte, Partizipien, Imperative und Infinitive der G- , D- und Š-Stämme Formen mit einem *ta*-Infix. Durch dieses Bildeelement entstehen neue Verbalstämme. Im Gt-Stamm wird die Handlung als reziprok oder als ein nachfolgender Vorgang beschrieben. *iprus* („er schied") z.B., lautet mit ta-Infix *iptaras* = „er schied daraufhin". Die Pluralform *iptarasu* kann „sie schieden einander" bedeuten. Die Dt- und Št-Stämme haben passivische Bedeutung.

6.2.4.12 Die Gtn- , Ntn- , Dtn- und Štn-Stämme

Durch das Einschieben eines *tan*-Infix in den G- , N- , D-, und Š-Stamm (in allen Tempi, Partizipien etc.) entstehen vier weitere Verbalstämme. Diese Stämme haben iterative Bedeutung. Ein Beispiel mag klären, was damit gemeint ist: *iparras* (= „er scheidet") mit tan-Infix lautet *iptanarras* und bedeutet „er scheidet immer wieder".

6.2.4.13 Pronominalsuffixe

Ein weiteres interessantes Merkmal des akkadischen Verbs ist die Tatsache, dass Pronomen im Dativ und Akkusativ in Form von Suffixen angehängt werden können. Dadurch können recht komplizierte Formen entstehen. Ein Beispiel mag hier von Nutzen sein: *atrudakkuššu* bedeutet „ich sandte ihn zu dir" (= 1. Pers. Sing. Präteritum von *taradum* im Ventiv, mit Dativ- und Akkusativsuffix).

6.2.4.14 Wunschformen

Nebst dem Imperativ kennt das Akkadische diverse Wunschformen:

a) *Prekativ:* Er wird durch das Präfix *li-* bei der 3. Person gebildet (z.B. *liprus* = „er soll scheiden").
b) *Voluntativ:* Dies ist eine Wunschform der 1. Person Singular. Diese Form wir durch das Präfix *lu-* gebildet (z.B. *luprus* = „ich will scheiden").

Es gibt im Akkadischen noch weitere Verbalstämme, die jedoch selten sind. Somit ergeben sich auch für diese Sprache, wie für das Sumerische, Tausende von verschiedenen möglichen Verbalformen. Sieht man von den Pronominalsuffixen einmal ab, so kommt man auf ca. 1.000 verschiedene mögliche Formen. Wenn man die Pronominalsuffixformen jedoch mitzählt, so wird die genannte Zahl durch die vielen Kombinationsmöglichkeiten massiv vervielfacht.

6.3 Das Ägyptische

Mit dem Begriff *Ägyptisch* ist hier nicht der heute in Ägypten gesprochene arabische Dialekt gemeint, der im Zuge der islamischen Eroberung der dortigen Bevölkerung aufgezwungen worden ist. Es geht um die schon von den Ägyptern der Frühgeschichte benutzte Sprache.[373] Die ältesten schriftlichen Dokumente der alten Ägypter stammen aus der Zeit der 1. Dynastie, um ca. 2900 v. Chr. Diese Zeugnisse sind fast alle in Hieroglyphenschrift verfasst.

Die jüngste Sprachstufe des Ägyptischen ist unter der Bezeichnung *Koptisch* bekannt. Lange glaubte man, dass das Koptische bereits vor einigen Jahrhunderten völlig ausgestorben sei. Doch 1936 entdeckte Vycichl, dass es selbst im 20. Jahrhundert immer noch gewisse Dörfer in Oberägypten gab, die nach wie vor eine lebendige Tradition des Koptischen erhalten hatten![374] Somit ist die Sprachgeschichte des Ägyptischen über ca. 5.000 Jahre hinweg erforschbar.

6.3.1 Perioden der Sprachgeschichte

Das Ägyptische kann in folgende Haupt-Perioden eingeteilt werden:[375]

a) *Frühägyptisch:* 1.-2. Dynastie, ca. 2900 - ca. 2620 v. Chr.[376]

b) *Altägyptisch:* 3.-10. Dynastie, ca. 2620 - ca. 2100 v. Chr.[377]

373 Zum Ägyptischen: Gardiner: Egyptian Grammar; Albright: Egyptian; Erman: Kurzer Abriss der ägyptischen Grammatik; Schenkel: Tübinger Einführung in die klassisch-ägyptische Sprache und Schrift; Gukch: Ägyptische Grammatik des Ägyptologischen Instituts der Universität Heidelberg (103 S.), Stand: Wintersemester 1986/1987 (unveröffentlicht).
Die älteren Standardgrammatiken (Gardiner, Brunner, Erman etc.) sind alle in manchen Teilen veraltet. Der neuere Stand, aufbauend auf den Arbeiten von Polotsky findet sich z.B. bei Schenkel und Gukch.
Diese Grammatiken gehen allgemein vom Mittelägyptischen aus, das sich allerdings nicht sehr stark von den älteren Sprachstufen unterscheidet.

374 Vgl.: Albright: Coptic, S. 318.

375 Gukch: Ägyptische Grammatik des Ägyptologischen Instituts der Universität Heidelberg, S. 1-2; Meyers Enzyklopädisches Lexikon: Ägyptische Sprache, Bd. 1, S. 501.

376 Aus dieser Periode sind nur kurze, schwer verständliche Inschriften bekannt.

377 Diese Sprachstufe ist bereits durch längere Texte bezeugt.

c) Mittelägyptisch: 11.-13. Dynastie, ab ca. 2100 v. Chr.[378]

d) Neuägyptisch: 18.-26. Dynastie,[379] 1018 - 570 v. Chr.

e) Demotisch: ab der 26. Dynastie, 7 Jh. v . Chr. - 1. Jh. n. Chr.

f) Koptisch: 2. - 20. Jh. n. Chr.

6.3.2 Zur Wiederentdeckung der Hieroglyphenschrift

Viele Jahrhunderte hindurch war die Kenntnis der Hieroglyphenschrift in völlige Vergessenheit geraten. Die Entzifferung dieser lange als mysteriös betrachteten Zeichen gelang erst im 19. Jahrhundert. Dank der Entdeckung des Steines von Rosetta im Jahr 1799, einer in drei verschiedenen Schriften (hieroglyphisch, demotisch und griechisch) abgefassten zweisprachigen Inschrift (ägyptisch, griechisch) gelang es dem jungen Franzosen J.F. CHAMPOLLION um 1822, die harte Nuss zu knacken. Damit war die Grundlage zur Entstehung der modernen Ägyptologie gelegt worden.

Die Geschichte der Erforschung des Ägyptischen zerfällt in drei Perioden:

Die durch CHAMPOLLION (1790-1832) initierte Pionierphase dauerte bis in die Siebzigerjahre des 19. Jahrhunderts. Danach folgte die Etappe 2 mit Adolf ERMAN (1854-1937), Kurt SETHE (1869-1934), Georg STEINDORF (1861-1951), Battiscombe GUNN (1883-1950) und Alan GARDINER (1879-1963). Diese Größen legten das systematische Grammatik-Fundament der klassisch-ägyptischen Sprache. Hans Jacob POLOTSKY (1905-1991) eröffnete mit seiner „Standardtheorie" seit den Vierzigerjahren des 20. Jahrhunderts die dritte Periode.

6.3.3 Zur Einordnung des Ägyptischen

Die Sprache der alten Ägypter stellte sich als eine *hamito-semitische Sprache* heraus. Das Ägyptische nimmt dabei gewissermaßen eine Mittelstellung zwischen den semitischen (z.B. Akkadisch, Arabisch,

378 Das Idiom dieser Periode liegt sehr nahe bei den ältesten Sprachstufen. Als *klassische Sprache* wurde es noch bis in die Ptolemäerzeit hinein verwendet. Es entstand durch ins Altägyptische eingedrungene Vulgarismen. Diese Sprachstufe bildet die Grundlage der modernen Grammatik.

379 In dieser Sprachstufe kam es zu einschneidenden Veränderungen in der Syntax.

Abb. 13 Ägyptischer Text in Hieroglyphenschrift (Schenkel, S. 298).

Hebräisch) und den hamitischen Sprachen (z.B. Berber-Sprachen, Tschadisch) ein. Sprachtypologisch handelt es sich beim Ägyptischen um eine *flektierende Sprache.*

6.3.4 Zum Nominalsystem

Im Ägyptischen gibt es zwei Geschlechter: maskulinum und femininum. Des Weiteren werden drei Numeri unterschieden: Singular, Dual (für paarweise auftretende Dinge) und Plural. Ob es Kasusendungen gegeben hat, ist nicht mit letzter Sicherheit zu sagen, da sie in der hieroglyphischen Konsonantenschrift nicht dokumentiert sind.

Die folgenden vereinfachten Transkriptionen aus dem Ägyptischen wiederspiegeln lediglich die hieroglyphische Konsonantenschrift, die zur Aussprache notwendigen Vokale sind bewusst weggelassen worden, da sie für die frühen Sprachstufen nicht erschlossen sind.

Singular
mask. keine Endung
fem. Endung *t*

Dual
mask. Endung *wj*
fem. *Endung tj*

Plural
mask. *Endung w*
fem. *Endung wt*

6.3.5 Zum Verbalsystem

In den vergangenen Jahrzehnten ist im Blick auf ein adäquates Verständnis des ägyptischen Verbalsystems vieles in Bewegung gekommen. Dabei erwiesen sich die Untersuchungen von H.J. Polotsky als sehr herausfordend. Wichtige Veröffentlichungen dazu erschienen in den Jahren 1944, 1965 und 1976 aus seiner Feder. Sie haben unter Ägyptologen eine große Diskussion hervorgerufen. Bestimmt kann man sagen, dass die großen und wichtigen Standardgrammatiken, z.B. von Gardiner, Erman und Brunner etc., so nützlich sie bezüglich sehr vieler Aspekte heute noch sind, in ihren Aussagen über die Bedeutung der Konjugationen inhaltlich z.T. veraltet und überholt sind. Die bis heute noch nicht gelösten Schwierigkeiten, um die Langue des Ägyptischen in einer System-Beschreibung wirklich überzeugend darzustellen, zeigt in etwa, um welch eine phänomenal komplexe Sprache es sich hier handelt.

Das ägyptische Verbalsystem eignet sich dank seiner Komplexität vorzüglich zum Ausdruck großer Präzision und feiner Nuancierungen. Dem ägyptischen Verb liegen Wurzeln von 2-4 Konsonanten zugrunde. Morphologisch können zahlreiche verschiedene Konjugationen unterschieden werden. Es gibt weit über 200 verschiedene Verbformen.

Nebst dem morphologischen Aspekt spielt im ägyptischen das syntaktische Verhalten der Verbformen eine überaus große Rolle, wie der eben genannte H.J. Polotsky es eindrücklich aufgezeigt hat. Dies ist z.B. im Akkadischen viel weniger der Fall, da der Reichtum an Formen dort größer ist.

Durch das ägyptische Verbalsystem werden, nebst vielem anderem, z.B. folgende Kategorien ausgedrückt:

In den Konjugationen werden 8 Personen unterschieden, indem an die Wurzel Personalendungen angehängt werden. Zusätzlich zur Unterscheidung der 6 Personen, die es ja auch im Deutschen gibt, kann in der 2. und 3. Person Singular zwischen maskulinum und femininum differenziert werden.

Handlungen können *mit* Zeitbezug (Vergangenheit, Gegenwart und Zukunft) oder auch *ohne* Zeitbezug beschrieben werden (in dem Fall ist nur die Handlung als solche wichtig). Es werden zudem verschiedene Diathesen (aktiv, passiv und kausativ), sowie verschiedene Aspekte (Durativ, Punktual und Resultativ) unterschieden. Auch verschiedene Modi wie Indikativ, Optativ, Adhortativ, Konjunktiv, Voluntativ und Imperativ können zum

Ausdruck gebracht werden. Vor-, Gleich- und Nachzeitigkeit kann ohne großen Aufwand verdeutlicht werden.

Wenn ich oben der Verständlichkeit halber Begriffe aus der griechisch-lateinischen Grammatik verwendet habe, so sollte sich der Leser allerdings dessen bewusst sein, dass sich die heute in der Ägyptologie verwendete Terminologie weitgehend von der in europäischen Sprachen verwendeten unterscheidet. Die Sprachstruktur und damit auch die Mittel, um die eben genannten Kategorien auszudrücken, sind im Ägyptischen oftmals von solch grundsätzlich anderer Art als das, was man sich in indogermanischen Sprachen gewohnt ist.

6.4 Fazit

6.4.1 Die ältesten Sprachen sind hochkomplex

Ein kleiner Einblick in die ältesten bekannten Sprachen der Welt mag überaus verblüffend wirken. Die ältesten Sprachen sind mitnichten primitiv. Sie sind auf *allen* Ebenen der Langue von hochkomplexer Struktur. Unsere Bewunderung wird dadurch förmlich herausgefordert.

Der komplizierte und umfassende Aufbau der Formenlehre des Sumerischen, des Akkadischen und des Ägyptischen steht in eindrücklichem Gegensatz zu den z.T. vergleichsweise extrem simplen morphologischen Strukturen in der Formenlehre der modernen Sprachen, die im 21. Jahrhundert n. Chr. im Abendland gesprochen werden.

Während wir z.B. im Akkadischen Tausende von *synthetischen Verbalformen* gebildet werden können, findet sich z.B. im Deutschen des 21. Jahrhunderts ein im Vergleich dazu gerade armselig wirkendes Formeninventar.

In diesem Zusammenhang muss kurz erklärt werden, was mit dem Begriff der *synthetischen Formen* gemeint ist:

Unter diesem Ausdruck versteht man aus *einem* Wort bestehende Formen, die keine weitere Umschreibungen durch Hilfsverben wie z.B. *haben, sein, wollen, dürfen* etc. und Partikel (z.B. Präpositionen) brauchen.

Verbformen, die durch Umschreibungen gebildet werden, nennt man im Gegensatz dazu *analytische Formen.*

6.4.1.1 Synthetische Formen im Deutschen

Betrachten wir als Beispiel im Deutschen das Verb *sprechen* mit seinen möglichen synthetischen Ableitungen:

Präsens, Indikativ

Singular	Plural
ich spreche	wir sprechen
du sprichst	ihr sprecht
er spricht	sie sprechen

Imperfekt

Singular	Plural
ich sprach	wir sprachen
du sprachst	ihr spracht
er sprach	sie sprachen

Präsens, Konjunktiv (I)

Singular	Plural
ich spreche	wir sprechen
du sprechest	ihr sprecht
er spreche	sie sprechen

Präsens, Konjunktiv (II)

Singular	Plural
ich spräche	wir sprächen
du sprächest	ihr sprächet
er spräche	sie sprächen

Zu diesen 24 Formen kommen noch das Partizip Präsens *sprechend* hinzu. Es unterscheidet drei Genera (mask., fem. und neutr.) und kann zusätzlich dekliniert werden. Ferner gibt es das Partizp Perfekt *gesprochen*, den Infinitiv, der substantiviert sogar noch die Möglichkeit hat, dekliniert zu werden. Nicht zu vergessen sind schließlich ebenso die Imperativ-Bildungen *sprich* und *sprecht*. Damit sind wir aber bereits an einem vergleichsweise bescheidenen Ende angekommen, denn alles Weitere, wie Plusquamperfekt, Perfekt, Futur I, Futur II etc. sind nur noch syntaktische Umschreibungen mit Hilfsverben (*haben, sein* etc.), Partizipien und dem Infinitiv. Natürlich könnte man noch Verbalformen mit Suffixen, insbesondere solche mit gebundenen Morphemen, dazurechnen, z.B. ver-sprechen, be-sprechen. Auf diese Weise käme man auf eine deutlich höhere Zahl von Formen. Aber auch so bleibt deutlich, dass zwischen der Komplexität der Formenlehre der ältesten Sprachen und dem modernen Deutsch Welten liegen.

6.4.1.2 Synthetische Formen im Englischen

Im Englischen ist das Inventar an synthetischen Formen noch geringer als im Deutschen. Hinzu kommt der Umstand, dass äußerst viele Verbformen gleich klingen, also homophon sind. Von dem Verb *to speak* z.B. können morphologisch nur 5 verschiedene Formen unterschieden werden (*speak, speaks, spoke, spoken, speaking*)!

6.4.1.3 Synthetische Formen in den alemannischen Schweizer-Dialekten

Auch in den alemannischen Schweizer-Dialekten, z.B. im Züridüütsch, ist die Situation eigentlich äußerst prekär. Hier gibt es z.B. nicht einmal Formen des Präteritums. Man muss sich hier mit etwas mehr als 20 synthetischen Verbalformen zufrieden geben. Auch da spielt die Homophonie eine bedeutende Rolle.

Natürlich gibt es moderne europäische Sprachen, die einen viel größeren morphologischen Reichtum aufweisen als Standarddeutsch, Englisch und Alemannisch (z.B. romanische und slawische Sprachen sowie Litauisch, Lettisch und Armenisch), doch im Vergleich zu den ältesten Sprachen ist auch ihr Formeninventar vergleichsweise immer noch relativ bescheiden, insbesondere wenn wir ans Sumerische und ans Akkadische denken. Zudem muss hier noch Folgendes beachtet werden: Die modernen Sprachen Europas, die ein ziemlich reiches Formeninventar besitzen, haben dieses nicht durch neuen Aufbau bekommen. Nein, sie waren nur bedeutend konservativer als die anderen Sprachen. In ihnen wurde die Formenfülle aus ältester Zeit besser bewahrt.

6.4.1.4 Die Syntax als Ausgleichsmittel für fehlende Formen

Die Armut einer Sprache im Bereich der Formenlehre muss durch syntaktische Mittel, wenigstens zum Teil, ausgeglichen werden, d.h. durch Umschreibungen und/oder durch bestimmte Wortstellungen im Satz. Die Syntax eignet sich gut als Ausgleichsmittel, weil mit Hilfe dieser Sprachebene grundsätzlich, u.U. allerdings über Umwege, jeder beliebige Gedanke ausgedrückt werden kann. Doch die morphologisch reichen Sprachen sind vom Prinzip her bedeutend ökonomischer.

6.4.1.5 Morphologie – Ökonomie und Zwang zu Präzision

In morphologisch reichen Sprachen kommt man mit weniger Wörtern aus. Zudem ist man in diesen Sprachen bei aller Sparsamkeit gezwungen, sich präzise auszudrücken. In einer deutlich analytischen Sprache ist es in viel größerem Maße dem Wohlwollen des Sprechenden überlassen, ob er um der Präzision willen ausführlicher werden will oder nicht. Weiter muss man beachten, dass eine Sprache, je formenreicher sie ist, normalerweise umso flexiblere Möglichkeiten hat für die Wortstellung. Dadurch können wiederum Nuancierungen auf höchst ökonomische Art zum Ausdruck gebracht werden.

6.4.1.6 Woher kommt die Komplexität der Morphologie in den ältesten Sprachen?

Wir wollen an dieser Stelle noch einmal bedenken, dass sich die ältesten Sprachen der Welt im Vergleich zu modernen Sprachen Europas gerade in dem Bereich der Formenlehre auszeichnen, d.h. also gerade in dem Bereich, der sich ja weitgehend unserer Sprachkreativität entzieht. Schweizer, Deutsche, Engländer und Amerikaner etc. haben es im Atomzeitalter des 20. Jahrhunderts nicht geschafft, ihre Sprache auch nur durch eine einzige synthetische Verbalform zu erweitern. Wie sollen dann Urmenschen es fertig gebracht haben, im ausgehenden Chalkolithikum, den Sumerern, Akkadern und Ägyptern solche Sprache zu vermitteln, die von synthetischem Formenreichtum nur so strotzen? Es ist völlig illusorisch, an so etwas zu glauben.

Der syntaktische Reichtum, der auch die modernen Sprachen des Abendlandes auszeichnet, überrascht eigentlich niemanden, da wir Menschen auf dem Gebiet der Syntax nun einmal eindeutig kreativ veranlagt sind.

6.4.1.7 Keine primitiven Sprachen

Mit allem Nachdruck möchte ich an dieser Stelle betonen, dass *jede* Sprache ein höchst kompliziertes und bewundernswertes Code-System ist, das sich als voll funktionstüchtiges Kommunikationsmittel erweist. Das gilt auch für alle modernen europäischen Sprachen. Es gibt keine primitiven Sprachen. Der Autor dieser Zeilen, weiß seinen muttersprachlichen Schweizer-Dialekt – es handelt sich um Züritüütsch – durchaus zu schätzen und zu lieben. Niemand sollte auf die Idee kommen, irgendeine moderne Sprache als primitiv zu bezeichnen. Dies wäre absurd. Doch es ging in diesem Kapitel um einen *Vergleich* zwischen der Formenlehre der ältesten Sprachen der Welt und den modernen Sprachen der abendländischen Hochzivilisation im beginnenden dritten nachchristlichen Jahrtausend, und da muss man im Zusammenhang mit der Formenlehre einfach eine gewaltige Diskrepanz feststellen. Es sollte an dieser Stelle gut bedacht werden, dass es sich bei der in den ältesten Sprachen so auffällig komplexen Formenlehre ausgerechnet um den ins Auge springenden Bereich handelt, der sich allgemein der menschlichen Kreativität weitgehend entzieht.

6.4.1.8 Sumeriologie, Akkadistik und Ägyptologie contra Evolution

Im Rahmen der ersten Untersuchung kommen wir nun zu folgendem Schluss:

> Die linguistischen Tatsachen stehen den Erwartungen aus dem Evolutionsmodell völlig entgegen. Die ältesten Sprachen haben nicht den geringsten Anstrich von Primitivität. Wäre z.B. Züritüütsch die älteste bekannte Sprache der Welt und Sumerisch, Akkadisch oder Ägyptisch eine Sprache des 21. Jahrhunderts n. Chr., so könnte man die Voraussage vom evolutionistischen Standpunkt im Bereich der Formenlehre wenigstens tendenziell als erfüllt betrachten. Da aber die Situation nun einmal gerade umgekehrt ist, so ist man zur Feststellung gezwungen, dass die Deduktion aus dem Evolutionsmodell bezüglich der ältesten Sprachen völlig fehlgegangen ist. Im Gegensatz dazu treffen die logischen Ableitungen aus den biblischen Mitteilungen bezüglich der ältesten Sprachen den Nagel auf den Kopf.

7. Zweite Untersuchung: Sind die Sprachen der Eingeborenen primitiv?

Im 19. Jahrhundert hegten viele von der Evolutionslehre geprägte Wissenschaftler Hoffnungen, noch existierende Zwischenstufen zwischen den postulierten affenähnlichen Vorfahren und den heutigen modernen Menschen zu finden. Diese Erwartungen waren in der Vergangenheit umso größer, je weniger Kulturen von Eingeborenvölkern bekannt waren.

7.1 Die Sprache der Feuerländer

7.1.1 Feuerländer auf der „Beagle“

Als DARWIN seine Weltreise mit der „Beagle“ machte, waren auch zwei Feuerländer mit auf dem Schiff.[380] Diese beiden „Lebewesen“ waren zu einem früheren Zeitpunkt nach Europa verschleppt worden. So wurden sie mit der englischen Hochkultur konfrontiert. Eine Zeitlang durften sie sogar etwas abendländischen Schulunterricht genießen.

Ihre Rückreise nach Feuerland sollte u.a. bezwecken, dass sie ihren „primitiven“ Stammesgenossen etwas von der hochentwickelten Kultur und Bildung Englands vermitteln würden.

Doch wie groß war die Enttäuschung! Nach kurzer Zeit fielen diese beiden Feuerländer wieder zurück in ihre alte „primitive“ Lebensweise! Für viele in England war das ein Beweis, dass es sich bei den Feuerländern um einen Überrest einer niedrigen Evolutionsstufe oder zumindest um einen ganz unterentwickelten Menschentyp handeln musste. DARWIN selbst äußerte sich einmal folgendermaßen über diese Inselbewohner:

> „Wenn sie nicht das fehlende Zwischenglied sind, sind sie auf jeden Fall nicht weit davon weg, es zu sein.“[381]

An Professor HENSLOW schrieb DARWIN am 11. April 1833:

380 Vgl.: GLASHOUWER/OUWENEEL: So entstand die Welt, S. 112.
381 Zitiert nach: GLASHOUWER/OUWENEEL: So entstand die Welt, S. 112.

„Ich glaube nicht, dass irgend ein Schauspiel interessanter sein kann als der erste Anblick von Menschen in ihrer ursprünglichen Wildheit. Es ist ein Interesse, welches man sich nicht gut vorstellen kann, bis man es selbst erfahren hat. Ich werde das nie vergessen, als wir in die Good Success Bay einfuhren, der Schrei, mit welchem uns eine Partie Feuerländer empfing. Sie saßen auf einer Felsspitze, von dem dunklen Buchenwalde umgeben; wie sie ihre Arme wild um ihre Köpfe herumwarfen und ihr langes Haar flatterte, schienen sie unruhevolle Geister aus einer andern Welt zu sein."[382]

In einem Brief an Ch. WHITLEY schrieb DARWIN am 23. Juli 1834:

„Ich habe aber nichts gesehen, was mich vollständiger in Erstaunen gesetzt hätte, als der erste Anblick eines Wilden. Es war ein nackter Feuerländer, sein langes Haar wehte umher, sein Gesicht war mit Farbe beschmiert. In ihren Gesichtern liegt ein Ausdruck, welcher, glaube ich, allen denen, die ihn nicht gesehen haben, ganz unbegreiflich wild vorkommen muss. Auf einem Felsen stehend stieß er Töne aus und machte Gesticulationen, gegen welche die Laute der domesticierten Thiere weit verständlicher sind."[383]

7.1.2 Thomas BRIDGES auf Feuerland

Der Engländer Thomas BRIDGES gab sich allerdings mit solchen Erklärungen und Urteilen nicht zufrieden. Er sah in den Feuerländern wertvolle Menschen, denen er die Frohe Botschaft von der Erlösung durch Jesus Christus bringen wollte. Dabei sah er sich zunächst mit der Schwierigkeit konfrontiert, die Sprachbarriere der Feuerländer zu überwinden. Wie sich herausstellte, bedeutete dies nicht, einfach ein paar primitive Schreie und Grunzlaute zu lernen. Nein, Thomas BRIDGES musste die Sprache der Feuerländer während 40 (!) Jahren intensiv studieren. Er erstellte ein Wörterbuch mit 32.000 Vokabeln. Die Sprache der Feuerländer entpuppte sich als eine Sprache mit umwerfend vielfältigen Ausdrucksmöglichkeiten. Die Feuerländer waren in der Lage, feinste sprachliche Nuancierungen zum Ausdruck zu bringen.[384]

382 DARWIN: Leben und Briefe von Charles Darwin, Bd. 1, S. 223-224.
383 DARWIN: Leben und Briefe von Charles Darwin, Bd.1, S. 235.
384 GLASHOUWER/OUWENEEL: So entstand die Welt, S. 112.

7.1.3 Vokabular

Die Zahl von 32.000 katalogisierten Vokabeln in der Sprache der Feuerländer ist erstaunlich, zumal es sich um eine Sprache ohne Schrift handelte. Durch die Schrift können nämlich unzählige Wörter, die außer Gebrauch kommen, konserviert werden, sodass später immer wieder neu darauf zugegriffen werden kann. Sprachgruppen, die über eine Schrift verfügen, haben die Möglichkeit, ihr Vokabular auf einer sehr hohen Zahl zu halten. Die Feuerländer hatten aber keine Schrift und lebten auf einer Kulturstufe, die man mit den steinzeitlichen Zivilisationen der Frühgeschichte vergleichen kann. Wenn man dies bedenkt, so ist die Größe ihres aktiven Vokabulars beeindruckend.

An dieser Stelle möchte ich auf einige wichtige Zahlen in Verbindung mit diesem Thema hinweisen:[385]

7.1.3.1 Statistik und Mindestwortschatz

Das als internationale Hilfssprache verwendete Basic English mit seiner vereinfachten Grammatik umfasst etwa 850 Wörter, und damit lässt sich bereits notdürftig kommunizieren.

Wer in irgendeiner Sprache die 2.000 statistisch am häufigsten verwendeten Wörter kennt, versteht bereits ca. 88% der täglichen Umgangssprache. Mit weiteren 2.000 Wörtern kann dieser Prozentsatz auf etwa 95% erhöht werden.

7.1.3.2 Vokabular und individuelle Sprachentwicklung

Kinder verfügen mit etwa $1^1/_2$ Jahren über ca. 50 Wörter bzw. wortähnliche Gebilde.[386] Von da an steigt ihr Wortschatz kontinuierlich an. Sechsjährige verwenden etwa 5.000 Vokabeln aktiv. Sie verstehen jedoch über 23.700 Wörter. Dies stellt ihr passiver Wortschatz dar. Innerhalb von $4^1/_2$ Jahren nehmen Kinder somit im Durchschnitt täglich 3,5 Wörter in ihren aktiven und 14 in ihren passiven Wortschatz auf. Diese steile Entwicklung geht jedoch nicht linear weiter, denn sonst würde unser aktiver Wortschatz mit 80 Jahren aus ungefähr 100.000 Wörtern bestehen, während unser passives Vokabular sage und schreibe mehr als 400.000 Wörter umfassen würde.

385 Vgl. ZIMMER: So kommt der Mensch zur Sprache, S. 24-25.

386 Von Kind zu Kind kann dies allerdings stark variieren, ohne dass deswegen sogleich an irgend ein Problem in der Entwicklung gedacht werden sollte.

In jungen Jahren waren wir wahrhaftig alle Wunderkinder. Doch mit zunehmender Reife hat diese Erfolgszeit ein Ende gefunden. Erwachsene verfügen nämlich im Normalfall aktiv über etwa 8.000 bis 16.000 Vokabeln. Gebildete Erwachsene sind in der Lage ihren passiven Wortschatz auf die stattliche Zahl von vielleicht etwa 94.000 Wörter zu expandieren.

7.1.3.3 Wortschatz in der Literatur

Ein paar statistische Zahlen über die Größe des Wortschatzes in der Literatur mögen das eben Ausgeführte noch etwas abrunden: Hölderlins Wortschatz umfasst in seinen Werken etwa 7.500 Vokabeln. Bei Homer kommt man auf ungefähr 9.000, während man bei Luther ca. 12.000 und bei Storm etwa 22.500 findet. Shakespeare überbietet diese Zahlen massiv. Sein literarischer Wortschatz umfasst etwa 30.900 Vokabeln.

7.2 Durch die Bibel motivierte Linguistik

7.2.1 Geistliche Erweckung und Sprachinteresse

Unter den Christen, welche die Bibel vollumfänglich als Gottes Wort betrachten, gab es ab dem 19. Jahrhundert ein großes Erwachen im Blick auf die weltweite Verbreitung der Frohen Botschaft. Immer mehr überzeugte Jünger von Jesus Christus, begannen aufgrund des biblischen Missionsauftrages[387] die Notwendigkeit einzusehen, dass alle Volksgruppen der Welt Gottes Wort *in ihrer eigenen Sprache* hören sollten. Man erkannte mehr und mehr, dass es nicht gut ist, die Eingeborenen dahin zu bringen, zuerst eine europäische Sprache zu lernen, um dann erst die Bibel lesen oder hören zu können. Nein, man erkannte vielmehr, dass allen Menschen die Möglichkeit geschaffen werden sollte, Gottes Reden durch die Bibel in der *„Sprache ihres Herzens“* aufnehmen zu können. Dies führte zu einem wahren Boom in der Sprachwissenschaft. Immer mehr bibeltreue Christen begannen, Sprachen von Eingeborenenvölkern zu studieren und anschließend zu alphabetisieren. Diese sprachwissenschaftlichen Forschungen trugen in gewaltigem Maße dazu bei, dass zahlreiche Eingeborenen-Sprachen in ihrer Bedeutung gestärkt wurden und so weniger durch europäische Sprachen verdrängt werden konnten.

[387] Vgl. Mat 28,19-20; Mark 16,15; Luk 24,47-49; Joh 20,21; Apg 1,8

Der Grundsatz, dass jede Sprache als Muttersprache gleich wertvoll und erhaltenswert sei, erwies sich dabei als sehr bedeutungsvoll. Manche Kulturen von Minderheiten konnten so vor ihrem Untergang bewahrt werden.

7.2.2 Bibelübersetzungen von 1800 bis heute

Anfang des vorletzten Jahrhunderts, also um 1800, lag die Bibel in etwa 70 Sprachen übersetzt vor. Von 1800 bis 1830 erschienen Übersetzungen in weiteren 86 Sprachen. In den Jahren von 1831 bis 1937 entstanden Bibelübersetzungen in 851 Sprachen. Das ergibt einen Durchschnitt von 8 Übersetzungen pro Jahr. In der Zeit von 1937 bis 1955 sank der Jahresdurchschnitt, wohl als Folge des Zweiten Weltkrieges, auf 4,6 Übersetzungen. Doch in den Jahren 1956 und 1957 wurden in 35 Sprachen Bibelteile erstmals übersetzt.[388] 2002 gab es Bibeln bzw. Bibelteile in ca. 2.300 Sprachen! Jedes Jahr kommen zwischen 10 und 20 neue Sprachen dazu.[389]

7.2.2.1 Linguistisch und ethnologisch hochstehende Missionsarbeit

In den vergangenen Jahrzehnten wurde die Arbeit an der Erforschung von Eingeborenensprachen u.a. durch die Organisation der *Wycliff Bibelübersetzer*[390] entscheidend vorangetrieben und gefördert, und zwar durch linguistische Seminare, Übersetzungsberatung von Spezialisten, Ausbildung in Ethnologie etc.

Die gewaltigen Fortschritte auf diesem Gebiet sind höchst erstaunlich. Bei diesen Bemühungen handelt es sich auch heute noch um eine wahre Pionierarbeit. Der Bibelübersetzer muss sich unter gewaltigem Verzicht auf viele kulturelle Annehmlichkeiten und Sicherheiten des Westens bei einem Eingeborenen-Stamm niederlassen und die Freundschaft mit diesen fremden Menschen anstreben. Unter großen gesundheitlichen Risiken geht es zunächst darum, die fremde Sprache, in der es noch gar keine schriftlichen

388 COWAN: Warum dieser Aufwand? S. 7.

389 Die jeweils aktuellen Zahlen können unter folgender Adresse eingesehen werden: www.wycliff.ch

390 Anschrift für die Schweiz: Wycliff Bibelübersetzer, Poststrasse 16, CH-2504 Biel. Für Deutschland: Wycliff Bibelübersetzer, Pf 603 45, D-57297 Burbach. Zur Geschichte der Wycliff Bibelübersetzer vgl.: WALLIS/BENNETT: Noch 2.000 Sprachen.

Vorlagen gibt, zu lernen. Ein für die jeweilige Sprache angemessenes Alphabet muss erst noch geschaffen werden. In einem nächsten Schritt steht die wissenschaftliche Beschreibung der Sprache in Form einer Grammatik auf dem Programm. Danach erst kann man an die eigentliche Bibelübersetzungsarbeit herangehen. Doch die Übersetzung nützt keinem Eingeborenen etwas, wenn er nicht lesen kann. So ist es nötig, möglichst viele Stammesmitglieder, Kinder und Erwachsene, in Leseklassen zu alphabetisieren.

7.2.2.2 Biblische Grundlagen der Bibelübersetzungs-Arbeit

Diese Arbeit wurde in der Vergangenheit wesentlich motiviert durch die Aussage der Heiligen Schrift, dass Gott *jeden* Menschen liebt, und dass *jeder* Mensch einmalig und wertvoll ist (vgl. Joh 3,16).

Auch die Motivation zur Achtung und Wertschätzung *jeder* existierenden Sprache lässt sich aus der Bibel entnehmen. Finden doch die verschiedenen Sprachen gemäß der Heiligen Schrift ihren Ursprung in Gott, dem Schöpfer aller Dinge (Gen 2 und 11). Zudem geht z.B. aus Off 5,10 und 7,9 hervor, dass Jesus Christus aus *allen Stämmen, Sprachen, Völkern und Nationen* Menschen rettet.

In der himmlischen Tempelszene in Off 5 beten die Häupter der 24 Priesterklassen Jesus Christus, das Lamm Gottes, an:

> „[8] Und als es [das Lamm Gottes] das Buch nahm, fielen die vier lebendigen Wesen und die vierundzwanzig Ältesten nieder vor dem Lamm, und sie hatten ein jeder eine Harfe und goldene Schalen voll Räucherwerk, welches die Gebete der Heiligen sind. [9] Und sie singen ein neues Lied: Du bist würdig, das Buch zu nehmen und seine Siegel zu öffnen; denn du bist geschlachtet worden und hast für unseren Gott erkauft, durch dein Blut, *aus allen Stämmen und Sprachen und Völkern und Nationen,* [10] und hast sie unserem Gott zu Königen und Priestern gemacht, und sie werden über die Erde herrschen!"

In Off 7,9ff. findet sich die bewegende Beschreibung einer unzählbaren Völkerschar, die aus der „großen Drangsal" (Off 7,14) kommt:

> „[9] Nach diesem sah ich: und siehe, eine große Volksmenge, welche niemand zählen konnte, aus *allen Nationen und Stämmen und Völkern und Sprachen,* und sie standen vor dem Thron

und vor dem Lamm, bekleidet mit weißen Gewändern, und Palmen waren in ihren Händen. [10] Und sie rufen mit lauter Stimme und sagen: Das Heil unserem Gott, der auf dem Thron sitzt, und dem Lamm!"

7.2.2.3 *Global Recordings Network*

In diesem Zusammenhang mag es auch noch von Interesse sein, nebst all den vielen anderen Projekten, Werken und Missionen, die sich um die Eingeborenen-Sprachen bemühen, ganz speziell auf die Arbeit von „Global Recordings Network"[391] hinzuweisen. Diese Organisation hat sich zum Ziel gesetzt, biblische Botschaften auf Kassetten und Schallplatten in möglichst vielen Sprachen zu verbreiten. Diese Arbeit wurde 1939 von Joy Ridderhof ins Leben gerufen. Heute existieren Botschaften des Evangeliums in über 5.000 Sprachen und Dialekten![392] Ausgerechnet zum 60. Jubiläum dieser Arbeit hat man es geschafft, die 5.000er-Marke zu erreichen. Das zurzeit angestrebte Ziel besteht darin, bis in zehn Jahren weitere 3.000 Sprachen und Dialekte mit der guten Nachricht von Jesus Christus zu erreichen.[393] Diese weiteren 3.000 Sprachen und Dialekte werden fast alle nur von Analphabeten gesprochen.

Im Kampf um die Eingeborenen-Sprachen der Welt wurden Kassettengeräte und Plattenspieler entwickelt, die sich für den Gebrauch im Busch vorzüglich eignen. Sie können ohne Stromleitungen und ohne Batterien betrieben werden.

Wir sehen nun, dass bezüglich der Eingeborenen-Sprachen in aller Welt heute eine unüberschaubare Informationsfülle zur Verfügung steht, die uns helfen kann, im Zusammenhang mit unserer zweiten Untersuchung zu eindeutigen Schlüssen zu gelangen.

7.3 Die Sprache der Ketschua

7.3.1 Beispiel einer Ketschua-Wortkette

Wer den Mut hat, sich an eine noch unerforschte außereuropäische Sprache heranzuwagen, sieht sich oftmals mit schier unüberwindli-

[391] Anschrift in der Schweiz: AudioGospel, 1 Chemin de Joux, CH-2316 Les Ponts-de-Martel.

[392] Audio Gospel: Echos von Audio Gospel, S. 1.

[393] Audio Gospel: Echos von Audio Gospel, S. 4.

chen Schwierigkeiten konfrontiert. Ein Beispiel aus der Ketschua-Sprache Boliviens vermag das eindrücklich zu illustrieren. Nehmen wir an, wir seien vor die Aufgabe gestellt, folgendes Wort zu erforschen und zu verstehen:[394]

ruwanayaschaskasniyquichejmantaka

Dieses Wort besteht aus 33 Buchstaben. Das ist schon recht beachtlich. Bis wir aber so weit sein werden, um zu erkennen, dass dieses Wort aus 8 verschiedenen grammatischen Teilen besteht, die immer in der genau gleichen Reihenfolge erscheinen müssen, werden wir allerdings bereits einen langen und mühsamen Studienweg hinter uns haben. Das Wort kann etwa folgendermaßen im Deutschen wiedergegeben werden:

Was die kontinuierliche Erfüllung der künftigen Arbeit betrifft

7.3.2 Mehr als 50.000 Verbformen

Man kann viel Verständnis aufbringen, wenn Sprachwissenschaftler, die eine Eingeborenen-Sprache erforschen, sich manchmal wie ein Ochse vor dem Berg fühlen.

In der Sprache der Ketschua kann fast jeder Verbstamm mit mehr als 50.000 verschiedenen Kombinationen von Morphemen verknüpft werden. Dies vermag auch auf Fachleute, schlicht ausgedrückt, verwirrend wirken.

Es hat übrigens nur ganz wenige Menschen aus der abendländischen Kultur gegeben, denen es gelang, ohne sprachwissenschaftliche Ausbildung eine nicht-indogermanische Sprache aus sich heraus zu begreifen und zu beschreiben!

7.3.3 Wortketten versus Wörterketten

Niemand denke, solche langen Ketschua-Wortketten seien im Prinzip nichts anderes, als wenn wir im Deutschen einfach Wörter-Folgen zusammenschreiben würden. Wortketten und Wörter-Folgen stellen linguistisch gesehen etwas *wesenhaft anderes* dar. Wenn wir das oben angeführte deutsche Übersetzungs-Beispiel noch-

394 NIDA: Gott spricht viele Sprachen, S. 16.

mals verwenden, so gäbe dies zusammengeschrieben nachfolgende Wörterkette:

Wasdiekontinuierlicheerfüllungderkünftigenarbeitbetrifft

Wir haben in Kapitel 2 unter 2.2.6 bereits gesehen, dass die Zusammensetzung von gebundenen Morphemen etwas ganz anderes ist als die Verbindung von Wörtern bzw. von freien Morphemen im Satz. *Sprachpsychologisch* liegen hier Welten dazwischen. Wenn wir ein gebundenes Morphem isoliert zu hören bekommen, so können wir meistens nicht viel damit anfangen. Wenn wir Morpheme wie *be-*, *Er-* oder *-lich* hören – das sind gebundene Morpheme aus dem oben angeführten deutschen Beispiel -, so sagt uns das nichts. Hören wir jedoch für sich genommen das Wort „Erfüllung", so kann dies kraft eines Assoziationsprozesses in gewissen Situationen in uns sogar seelische Bewegungen auslösen.

7.4 Die Sprache der Aimara

7.4.1 Zum Suffix-System

Das Verbalsystem in der Sprache der Aimara ist überaus erstaunlich.[395] Beim Verbum handelt es sich zunächst um eine Wortwurzel, an die eine Serie von bis zu 23 Suffixen angehängt werden kann. Mit Hilfe dieser Suffixe kann z.B. Verursachung, Richtung, Art und Weise, Bedingung, Zahl, Situation, Negation, Größe, Aspekt, Zeit, Subjekt, Intensität etc. zum Ausdruck gebracht werden.

Nachfolgend seien einige Suffixe beispielhaft aufgeführt: *-cata* („gegen"), *-ka* („ab"), *-naka* („von hinten nach vorne"), *-nta* („von außen nach innen"), *-su* („von innen nach außen"), *-tata* („in Entwicklung"), *-thapi* („sich reduzierend"), *-quipa* („Bewegung zu einem anderen Ort hin"), *-ranta* („die Totalität einer Oberfläche bedekkend"), *-ra* (= distributives Element).

Will man in der Sprache der Aimaras von einem Feuer sprechen, das erlischt, so benötigt man das Morphem *-ra,* weil aus den halberloschenen Holzkohlen noch ab und zu kleine Feuerzünglein aufzucken.

Spricht man jedoch von jemandem, der eine Kerze ausbläst, dann verwendet man das Morphem *-t'a,* das eine punktuelle Handlung

[395] NIDA: Coutumes et Cultures, S. 253-254.

ausdrückt. Dies ist sehr logisch, weil eine Kerze mit einer kleinen Geste in einem Augenblick gelöscht werden kann.

7.4.2 Beispiel einer Aimara-Wortkette

Es ist keine Seltenheit, dass man in dieser Sprache Verbalformen antrifft, die aus etwa zehn grammatischen Elementen zusammengesetzt sind, wie z.B. folgendes Wort:

awist'ayaniwayarapipjjämawa

Auf Deutsch heißt dies etwa:

Ich veranlasse, dass er durch dich benachrichtigt wird, wenn ich hierher komme.

Das genannte Aimara-Wort ist folgendermaßen zusammengesetzt:

a) *awist-* ist eine Verbalwurzel und bezeichnet die Handlung „benachrichtigen".

b) *-t'a* drückt aus, dass die Handlung momentan, d.h. punktuell ist.

c) *-ya* ist ein Kausativ-Morphem und drückt hier aus, dass das Subjekt („ich") die Handlung durch einen anderen ausführen lässt. Im Deutschen ist dies durch das Verb „veranlassen" umschrieben worden.

d) *-ni* bedeutet „gegen den Ort hin, wo der Satz gesprochen wird". Dies wurde in diesem Fall durch „hierher" übersetzt.

e) *-waya* bedeutet „auf dem Weg", im Deutschen ist es durch „wenn [ich hierher] komme" umschrieben worden.

f) *-rapi* ist ein Benefaktiv, was ausdrückt, dass die Handlung zugunsten eines anderen geschieht. Dies ist in der Übersetzung nicht wiedergegeben worden, weil es zu umständlich hätte umschrieben werden müssen.

g) *-pjja* drückt aus, dass mehrere an der Handlung beteiligt sind.

h) *-ä* bezeichnet die 1. Person, Singular, im Futur.

i) *-ma* ist eine Kombination der Pronomen „ich" und „du", vereinigt in einem Suffix.

j) *-wa* drückt die Intensität der Handlung aus. Dies ist in der Übersetzung nicht berücksichtigt worden. Eine Umschreibung dieser Nuance wäre viel zu umständlich ausgefallen.

7.4.3 Mehr als 100.000 Verbformen

Mit fast jeder Aimara-Verbalwurzel können mindestens 100.000 verschiedene Formen gebildet werden!
Der Reichtum und die Ausdruckspräzision der Sprache der Aimara sind tief beeindruckend und vermögen m.E. jedem hoch zivilisierten Abendländer allen Stolz und alle Einbildung auf seine hohe Kulturstufe zu brechen.

7.5 Die Sprache der Wintu-Indianer

Es ist wunderbar, zu sehen, wie manche Eingeborenen-Sprachen logische Strukturen enthalten, von denen man in europäischen Sprachen nicht annähernd etwas Vergleichbares finden kann. So besitzen die Wintu-Indianer in Kalifornien z.B. spezielle Formen, um folgende Aussagekategorien zu unterscheiden:[396]

1. Die Aussage ist eine Übernahme vom *Hören-Sagen.*
2. Die Aussage ist das Resultat *persönlicher Beobachtung.*
3. Die Aussage ist das Resultat einer *logischen Schlussfolgerung.* Hier werden zudem noch *drei verschiedene Grade von Plausibilität* unterschieden.

Man stelle sich vor, unsere Politiker, Journalisten, Fernseh- und Radiosprecher würden sich so ausdrücken! Wie viele Unklarheiten und Missverständnisse würden doch so von vornherein ausgeschlossen werden können!

Auch im Bereich der Wissenschaft würde sich eine solche Sprache als äußerst nützlich erweisen, wäre man doch gezwungen, sich stets erkenntnistheoretisch sauber Rechenschaft über die eigenen Aussagen abzulegen. Aber überhaupt auch im alltäglichen Zusam-

[396] NIDA: Coutumes et Cultures, S. 256; GITT: Sprache: Das Mittel zur Darstellung, Übertragung und Speicherung von Information, S. 34.

menleben in der Gesellschaft, in Ehe, Familie und Beruf könnte sich eine solche Präzision im Ausdruck äußerst konstruktiv und verständnisfördernd auswirken.

7.6 Indianer-Sprachen und die zwei Weltkriege

7.6.1 Comanche und der Erste Weltkrieg

Die Tatsache, dass viele Eingeborenen-Sprachen eine so extrem komplizierte und für die Linguistik überaus schwer zu entschlüsselnde Struktur aufweisen, wurde von den Amerikanern für strategische Zwecke ausgenützt. So benutzten sie im Ersten Weltkrieg die Sprache der Comanche-Indianer als Geheimcode. Auf Englisch vorgelegte Militärbotschaften wurden von Comanche-Indianern in ihrer Sprache übermittelt. Die weitergegebene Mitteilung wurde jeweils auch wieder von einem Comanche-Indianer empfangen und auf Englisch übersetzt. Obwohl solche Mitteilungen angezapft wurden, konnten sie von feindlicher Seite nicht entschlüsselt werden, weil diese Sprache so komplexe Strukturen aufweist und ein langjähriges Studium erfordert hätte, bis man in der Lage gewesen wäre, sie zu verstehen.[397]

7.6.2 „Code Talkers" im Zweiten Weltkrieg

Auch im Zweiten Weltkrieg benutzten die Amerikaner zur Verschlüsselung übermittelter Botschaften den bewährten Trick aus den schrecklichen Jahren 1914-1918. So wurden für diese Aufgabe wieder Comanche-, aber auch Choppewa-, Hopi- und Navajo-Indianer erfolgreich eingesetzt.[398]

7.7 Zu den Bantu-Sprachen in Afrika

Wer das Gefühl hat, dass die Sprachen Schwarz-Afrikas primitiv seien, könnte eine Art Schock erleben, wenn er sich z.B. mit den

397 Gitt: Sprache: Das Mittel zur Darstellung, Übertragung und Speicherung von Information, S. 34.

398 Gitt: Sprache: Das Mittel zur Darstellung, Übertragung und Speicherung von Information, S. 34.

Bantu-Sprachen[399] zu beschäftigen beginnt. Ein sehr großer Teil der schwarz-afrikanischen Bevölkerung spricht eine Sprache aus dieser Familie des Niger-Kordofan-Sprachstammes.

Das Verbalsystem in diesen Sprachen ist sehr komplex. Dasselbe gilt auch für das Nominalsystem. Wagen wir einen kleinen Einblick in seine Eigentümlichkeiten: Während es im Deutschen drei grammatische Geschlechter gibt, nämlich Maskulinum, Femininum und Neutrum, so gibt es in den Bantu Sprachen bis zu deren 20!

Man beachte in diesem Zusammenhang, dass das *grammatische Geschlecht* im Deutschen (und in anderen Sprachen) allerdings sehr oft nichts mit dem *biologischen Geschlecht* zu tun hat. Denn, warum ist z.B. *das Fräulein* „sächlich", obwohl es sich um eine Frau handelt,[400] weshalb ist *die Butter* „weiblich" und aus welchem Grund sollte *der Apfel* „männlich" sein?[401] Allerdings haben diese verschiedenen Kategorien einen wirklichen Sinn. In manchen Fällen, wo beim Fehlen dieser Geschlechtsunterscheidungen in Texten Mehrdeutigkeit entstehen würde, ergibt sich gerade durch die Unterscheidung verschiedener Kategorien glücklicherweise Eindeutigkeit! Die grammatischen Geschlechtskategorien schränken damit die Problematik der Polysemie ein.

In den Bantu-Sprachen wird diese Präzision durch eine Vielzahl von Klassen gegenüber dem Deutschen noch bedeutend erhöht. Diese „Geschlechter" oder vielleicht eben besser gesagt, *Wortklassen,* können auch als *Bedeutungsklassen* betrachtet werden, da oftmals Wörter mit ähnlicher Bedeutung zur selben Wortklasse gehören. Eine Wortklasse wird an einem bestimmten Präfix erkannt, z.B. *ba-, me-, ma-, ke-, ne-* etc.

Was weiter Anlass zum Staunen gibt, ist die Tatsache, in welch ausgedehntem Maße Wörter in einem Satz grammatisch miteinander übereinstimmen müssen. Das Präfix färbt sich nämlich umfassend auf die Satzstruktur ab, sodass alles, was mit einem bestimmten präfigierten Substantiv in Verbindung steht, ebenfalls mit dem betreffenden Präfix versehen wird. Zwei Beispiele aus dem in

[399] Zu den Bantu-Sprachen im Allgemeinen vgl.: WALD: Swahili and the Bantu Languages.

[400] Die grammatische Antwort lautet so: Weil das Verkleinerungs-Suffix *-lein* das Wort zu einem Neutrum macht. Damit ist aber immer noch nicht erklärt, weshalb man denn überhaupt eine solche Form verwendet, die ein ausgesprochen feminines Wesen mit einem Neutrum bezeichnet.

[401] Im Französischen z.B. ist es gerade umgekehrt: *Le beurre* ist „männlich" und *la pomme* „weiblich".

Tansania gesprochenen Ilamba sollen das Gesagte veranschaulichen:[402]

1. Ke:nto	kiakoe	keko:lu	kemoe	kiameke:la	eno:mba.
Sache	seine	groß	eine	ist größer als	(ein) Haus.
2. Lokani	loakoe	loko:lu	lomoe	loaoke:la	oo:ta
Wort	sein	großes	ein	ist größer als	(ein) Bogen.

Diese beiden Sätze bedeuten:

1. Seine große Sache ist größer als ein Haus.
2. Sein großes Wort ist größer als ein Bogen (d.h. stärker als ein Bogen).

Zu beachten ist ferner, dass Sätze in den Bantu-Sprachen nicht irgendwie konstruiert werden können. Vielmehr müssen die einzelnen Wörter nach präzisen Kriterien miteinander verbunden werden. Auch das Verbalsystem in den Bantu-Sprachen ist hochkomplex und äußerst differenziert.[403]

7.8 Fazit

Man könnte mit Beispielen beliebig weiterfahren,[404] z.B. mit den etwa 130 hamito-semitischen Tschad-Sprachen,[405] mit den überwältigend komplexen Eskimo-Sprachen,[406] mit den von Millionen in Asien gesprochenen Drawida-Sprachen[407] oder gar mit den Sprachen der australischen Ureinwohner etc., es würde einfach immer wieder neu folgendes Ergebnis der modernen Linguistik bestätigen:

402 NIDA: Coutumes et Cultures, S. 255.

403 Empfehlenswert als beschreibende Grammatik einer einzelnen Bantu-Sprache ist folgende Publikation: SCHAUB: Babungo.

404 Eine ausgezeichnete Einführung in die Sprachen aller möglichen Sprachstämme bietet folgendes Werk: COMRIE: The The World's Major Languages. Die einzelnen Beiträge stammen jeweils von inernational bedeutenden Spezialisten auf ihrem Gebiet.

405 Vgl. NEWMAN: Hausa and the Chadic Languages.

406 Vgl. z.B. KLEINSCHMIDT: Grammatik der grönländischen Sprache.

407 SANFORD: Tamil and the Dravidian Languages.

7.8.1 Es gibt keine primitiven Sprachen

Die moderne Erforschung von Eingeborenen-Sprachen in aller Welt hat deutlich gemacht, dass es auf der ganzen Welt keine primitiven menschlichen Sprachen gibt. Ferner ist völlig klar geworden, *dass zwischen dem Kulturniveau einer Gemeinschaft und der Struktur ihrer Sprache kein Zusammenhang besteht.* Das heißt, dass eine Stammesgemeinschaft in noch so einfachen, ja gar steinzeitlichen Verhältnissen leben kann und dennoch eine sehr komplexe Sprache hat. Oftmals sind Sprachen von Eingeborenen-Stämmen in ihrer Komplexität in gewissen Hinsichten sogar jeglicher modernen europäischen Sprache haushoch überlegen.

Eugene N. NIDA, ein international bekannter Spezialist für Eingeborenen-Srachen, schrieb zu dieser Thematik:

> „Der Glaube, wonach die ‚primitiven' Völker ‚primitive' Sprachen reden ist völlig irrig, falls man mit diesem Begriff all das bezeichnen will, was ultra-simpel, begrenzt oder mangelhaft ist. Der beachtliche Reichtum im Vokabular mit Zehntausenden von Wörtern sowie die komplizierte grammatikalische und lexikale Struktur, die in allen Sprachen anzutreffen ist, beweist, dass es überhaupt keinen Zusammenhang gibt zwischen der linguistischen Struktur und dem Komplexitätsgrad irgendeiner Kultur."[408]

Ferner ist es bedeutsam darauf hinzuweisen, dass man bei den Eingeborenen-Völkern die ja selbst heute noch oftmals von gewissen Leuten abschätzig als „primitiv" bezeichnet werden, Sprachen *aller typologischen Strukturen* findet! Es gibt also, genau wie bei den Sprachen der abendländischen Hochkultur sowohl flektierende, agglutinierende als auch isolierende Sprachen unter den Eingeborenen in aller Welt.[409]

7.8.2 Linguistik der Eingeborenen-Sprachen contra Evolution

Die vom Evolutionskonzept zu erwartende „Primitivität" in den Eingeborenen-Sprachen existiert nicht. Die Sprachen der Eingebore-

408 NIDA: Coutumes et Cultures, S. 260; deutsche Übersetzung: RL.
409 NIDA: Coutumes et Cultures, S. 260-261.

nen in aller Welt sind vielmehr alle hochkomplex. Es gibt nicht einmal ein einziges Ausnahmebeispiel unter den Tausenden von heute bekannten Sprachen, das der evolutionistischen Deduktion bezüglich der Eingeborenen-Sprachen in etwa entgegenkommen würde. Das Wesen der Eingeborenen-Sprachen, ihr Aufbau und ihre Struktur sprechen deutlich gegen die Entwicklungslehre.

Im Gegensatz dazu passen die objektiv feststellbaren Tatsachen ausgezeichnet in den Rahmen der biblischen Aussagen über die Sprachen der Eingeborenen. Die Tatsache, dass es keine mangelhaften, unvollständigen, primitiven Sprachen gibt, deckt sich gut mit der Lehre der Heiligen Schrift, dass alle Völker ihre Sprachen als ein göttliches Geschenk erhalten haben.

8. Dritte Untersuchung: Zur Geschichte der Sprachen: Evolution oder Devolution der Formenlehre?

In diesem Kapitel soll die Frage beantwortet werden, ob sich innerhalb der Sprachen, deren Geschichte über längere Zeiträume hinweg erforscht werden kann, im Laufe der Zeit der Bereich der Formenlehre – also die Domäne, die sich bekanntermaßen dem kreativen Zugriff des Menschen weitgehend entzieht – Höherentwicklungen oder Zerfallserscheinungen zu beobachten sind.

Es gibt zahlreiche Sprachen, besonders *hamito-semitische* und *indogermanische,* die sich für solche Untersuchungen außerordentlich gut eignen, da sie über sehr große Zeitabschnitte hinweg schriftlich dokumentiert sind. Nachfolgend seien nur gerade beispielhaft einige Sprachen aufgeführt, für die das zutrifft. Die Zahlen zwischen den Klammern bezeichnen die ungefähren Zeitspannen, über die hinweg diese Sprachen real verfolgt werden können.

Hamito-semitische Sprachen:
Ägyptisch (5.000 Jahre)
Akkadisch (2.600 Jahre)
Kanaanäisch (3.500 Jahre)
Aramäisch (3.000 Jahre)
Arabisch (2.500 Jahre)

Indogermanische Sprachen:
Griechisch (3.400 Jahre)
Latein und die romanischen Sprachen (2.700 Jahre)[410]
Indoarische Sprachen (3.000-3.500 Jahre)
Englisch (1.300 Jahre)
Deutsch (1.300 Jahre)

Drawida-Sprachen (2.200 Jahre)

[410] Oftmals hat sich eine Sprache im Laufe ihrer Geschichte in diverse neue Sprachen aufgespaltet. Ein gutes Beispiel hierfür ist das Lateinische, das in den verschiedenen romanischen Sprachen seine Fortsetzung gefunden hat. In diesem Fall umfasst die verfolgbare Periode etwa 2.600 Jahre, weil die ältesten bekannten lateinischen Inschriften in die Zeit des 7./6. Jh. v. Chr. datiert werden können (vgl. MEISER: Historische Laut- und Formenlehre der lateinischen Sprache, S. 2-4).

8.1 Das Gesetz des Zerfalls und das Gesetz der Kommunikations-Erhaltung

In der Naturwissenschaft, z.B. in der Physik und in der Chemie, spielt das Gesetz des Zerfalls eine entscheidende Rolle. Diese Gesetzmäßigkeit, auch unter dem Begriff „Entropiegesetz" bekannt, ist im 2. Thermodynamischen Hauptsatz formuliert worden.[411] Eine erstaunlich parallele Erscheinung wie dieses unerbittliche Naturgesetz, hat in gewissem Sinn auch seine Bedeutung in der Linguistik:

8.1.1 Zerfall der Formenlehre

Wo man auch immer den Verlauf der Sprachgeschichte betrachtet, überall lässt sich deutlich im Bereich der Formenlehre – d.h. da, wo der Mensch dies nicht durch eine kreative Gegentendenz aufzuhalten vermag – eine Entwicklung des Zerfalls, der Reduktion und der Simplifizierung feststellen. Die nachfolgenden Beispiele mögen dabei in ihrer monotonen Aussage stereotyp wirken, denn sie alle künden dasselbe: Die Sprachgeschichte ist im Bereich der Formenlehre durch Devolution, Abwärtsentwicklung förmlich charakterisiert.

Die Ursachen für Devolution im Bereich der Sprachen hängen vor allem eng zusammen mit einer nicht zu leugnenden *Trägheit der Sprechenden.* Der Mensch hat eine Tendenz, den mentalen und physischen Aufwand an Bemühungen im Umgang mit der Sprache auf ein Minimum zu reduzieren. Diese starke Tendenz lässt sich weltweit und zu allen Zeiten der erforschbaren Sprachgeschichte feststellen. Diese Trägheit führte zum *Abschleifen phonologischer Elemente* und weiter bis hin zur *Eliminierung morphologischer Strukturen*. Diese Vorgänge verlaufen nach ganz bestimmten Gesetzmäßigkeiten und Mechanismen. Dies erkannt zu haben, ist in besonderer Weise das große Verdienst der Junggrammatiker des 19. Jahrhunderts, zu nennen wären in diesem Zusammenhang speziell Hermann Paul (1846-1921) und der Strukturalist Leonard Bloomfield (1887-1949).

8.1.2 Reparatur-, Ausgleichs- und Entwicklungsmechanismen

Glücklicherweise sind aber auch – bedingt durch die sprachkulturelle Fähigkeit des Menschen – im Bereich der Lexik, Semantik und der

[411] Vgl. z.B. Wilder Smith: Herkunft und Zukunft des Menschen, S. 61-82.

Syntax – *Reparatur-*, *Ausgleichs-* und *Entwicklungsmechanismen* feststellbar. Sie hängen mit dem als notwendig empfundenen Bedürfnis nach gut verständlicher, klarer Kommunikation zusammen. Morphologischer Verlust hat oft direkte Auswirkungen auf die Ebene der Syntax. Verloren gegangene morphologische Strukturen der Formenlehre mussten, zumindest teilweise, durch syntaktische Umschreibungen oder durch bestimmte Wortstellungen im Satz wieder ausgeglichen werden. Die Syntax eignet sich, wie bereits ausgeführt, dafür sehr gut, weil mit Hilfe dieser Ebene durch Umschreibungen im Prinzip jeder beliebige Gedanke ausgedrückt werden kann, allerdings gewöhnlich nicht so ökonomisch wie mittels der älteren morphologischen Strukturen. Hinzu kommt, unabhängig vom Verlust an Wortformen, dass durch kreativen Umgang mit den in der Langue vorgegebenen Möglichkeiten immer wieder neue syntaktische Wendungen aufkamen, welche die jeweilige Sprache wiederum bereicherten und dazu führten, dass Sprachen durch die Jahrtausende hindurch immer vollwertige Kommunikationsmittel blieben. Wir können also in Verbindung mit der Sprachgeschichte von zwei verschiedenen Kraftrichtungen sprechen: Auf der einen Seite von einem *Reduktions-* und auf der anderen Seite von einem *Restrukturierungs- und Ausbauprozess.* Den letzteren könnte man im Rahmen eines *Kommunikations-Erhaltungs-Gesetzes* formulieren.

8.1.3 Auf und Ab: Prozesse auf verschiedenen Ebenen

Es ist aber ganz entscheidend, klar zu sehen, dass diese beiden Prozesse auf *verschiedenen* Ebenen verlaufen. Der erstere Prozess ist verzahnt mit der Tatsache, dass der Mensch im Bereich der Formenlehre wesentlich *unkreativ* ist, während der andere mit dem Faktum verknüpft ist, dass er im Bereich der Syntax, Lexik und Semantik wunderbar *begabt* ist.

Dieser Aspekt ist bisher in der Linguistik weitgehend übersehen worden! Hier liegt wohl die Hauptursache dafür, dass viele Sprachwissenschaftler denken, dass man mit empirischer Linguistik nichts zur Klärung der Frage nach dem Ursprung der Sprachen beitragen könne, schließlich verlaufe die Sprachgeschichte ja in etwa in einem ausgeglichenen Auf und Ab. Wenn man jedoch realisiert, dass das Auf in Verbindung mit den *der Kreativität* offenen Bereichen steht, während das Ab die Sphären betrifft, wo der Mensch *keinen kreativen* Zugriff hat, so wird klar, dass die Linguistik dennoch Bedeutendes zur Klärung des Sprachursprungs beizutragen vermag, und wäre es nur zunächst einmal, durch die Einbringung der aufrüttelnden Fragestellung: Woher kommen morphologisch komplexe Strukturen der Formenlehre, wenn der Mensch sie ja gar nicht in dieser Weise selber produzieren kann?

8.1.4 Von synthetischen zu analytischen Formen

Neben den genannten Prozessen lässt sich weltweit noch folgender wichtiger Mechanismus in der Sprachgeschichte feststellen, der auch mit dem Bedürfnis nach gut verständlicher, klarer Kommunikation zusammenhängt: *Die Sprachentwicklungen neigen stark dazu, synthetische (zusammengesetzte) Formen durch analytische (umschreibende) Formen zu ersetzen.* Es ist ziemlich selten, dass analytische Formen durch Grammatikalisierungsprozesse zu synthetischen Formen erstarren. Es kann vorkommen, aber der gegenteilige Vorgang ist das Normale und in der Sprachgeschichte das übermächtig Dominierende.

8.2 Beispiele aus der hamito-semitischen Sprachgeschichte

8.2.1 Akkadisch

Ein erstes Beispiel mag einiges von dem eben Ausgeführten verdeutlichen: Im Altakkadischen lautete das Wort für ‚Hund' *kalbum.* Im Verlauf der Sprachgeschichte wurde das Phonem */m/* am Schluss des Wortes abgeworfen. Der Hund hieß dann nur noch *kalbu.* Diese Reduktion betraf zunächst lediglich den Bereich der Phonologie. Auf die nächst höhere Ebene der Morphologie hatte diese Veränderung noch keinen großen Einfluss. *kalbu* war im Mittelbabylonischen immer noch klar als Nominativ Singular erkennbar, wiewohl der Unterschied zum Nominativ Plural nunmehr sehr geringfügig war: Im Plural wurde das *u* im Gegensatz zum Singular, lang ausgesprochen.

Während in den überlieferten Keilschrifttexten im Mittelbabylonischen und im Mittelassyrischen die Kasusformen meistens noch sauber auseinander gehalten werden, finden sich im jüngeren Mittelbabylonisch zuweilen falsche Kasusvokale. Im Jungbabylonischen und im Neuassyrischen ging zuerst der Akkusativ auf *-a* weithin verloren und wurde durch den Nominativ auf *-u* ersetzt.

Im Neubabylonischen ab ca. 750 v. Chr. und im Spät-Neuassyrischen kam es zu einer völligen Regellosigkeit in der Verwendung von Kasusvokalen. Immer häufiger wurden auch gar keine Kasusvokale mehr geschrieben. So brach das akkadische Fallsystem in einem sehr langen Prozess immer mehr zusammen.[412]

Dieselben reduzierenden Prozesse, die beim Nomen wirksam waren, finden sich auch beim Verbalsystem. Durch den fortschreitenden Vokalabfall führte dies beim Tätigkeitswort dazu, dass viele ursprünglich verschiedene Formen in der Spätzeit gleich lautend, also homophon, wurden.[413]

Die ungefähr während 2.600 Jahren schriftlich dokumentierte akkadische Sprachgeschichte redet deutlich gegen die Auffassung, dass sich Sprachen in der Formenlehre von unten nach oben entwickeln.[414]

8.2.2 Ägyptisch

Die Sprache, deren Geschichte über den größten Zeitraum hinweg untersucht werden kann, ist eindeutig das Ägyptische: Ab ca. 2900 v. Chr. bis ins 20. Jahrhundert n. Chr.

Die Geschichte des Ägyptischen legt kein Zeugnis für Evolution im Bereich der Formenlehre ab, sondern vielmehr für Devolution in dieser Sphäre. Bereits im Mittelägyptischen zeichneten sich gegenüber der älteren Sprachstufe wichtige Veränderungen ab. Trotz der Existenz eines ausreichenden synthetischen Verbalformeninventars begannen immer mehr analytische Formen (Umschreibungen durch Hilfswörter) aufzutauchen. Die analytischen Formen führten lange Zeit ein Eigenleben neben den synthetischen. Doch im Koptischen kam es zu einer massiven Verdrängung der zusammengesetzten Flexionen, und damit zu einer gewaltigen Einbuße an morphologischen Strukturen.[415]

412 Lipinski: Semitic Languages, Outline of a Comparative Grammar, S. 262-263; Riemschneider: Lehrbuch des Akkadischen, S. 148; von Soden: Grundriss der akkadischen Grammatik, S. 80-81.

413 von Soden: Grundriss der akkadischen Grammatik, S. 15.

414 Vgl. nebst von Sodens Grammatik (von Soden: Grundriss der akkadischen Grammatik) diejenige von Riemschneider, die ebenso alle Perioden des Akkadischen behandelt (Riemschneider: Lehrbuch des Akkadischen).

415 Vgl. Gardiner: Egyptian Grammar, S. 3.

Abb. 14 Die Sprache der alten Ägypter lässt sich über einen Zeitraum von ungefähr 5.000 Jahren erforschen. Im Bild: Der Autor bei der Chephren-Pyramide in Gizeh.

Wir haben gesehen, dass das Ägyptische in seinen ältesten Sprachstufen, trotz der weit über 200 synthetischen Verbalformen, verglichen mit dem Sumerischen und dem Akkadischen einen bedeutend geringeren in der Konsonantenschrift nachweisbaren Formenreichtum aufwies, dies gilt entsprechend auch für das Nominalsystem. Dabei muss aber festgehalten werden, dass der Formenbestand im Verlauf der ägyptischen Sprachgeschichte *stetig abnahm und nie größer wurde!* Dieses Beispiel hat besonders viel Gewicht, weil das Ägyptische die einzige Sprache der Welt ist, die wir über einen derart langen Zeitraum hinweg in seiner Entwicklung so genau verfolgen können.

In diesem Zusammenhang mag es für den Leser auch noch von Interesse sein, zu wissen, dass sprachgeschichtliche Veränderungen im Ägyptischen prinzipiell schneller vor sich gegangen sind als im Sumerischen und im Akkadischen. Dieses größere Tempo könnte eine hypothetische Erklärung dafür liefern, weshalb in den ältesten ägyptischen Sprachstufen der Formenbestand (bereits?) bedeutend geringer war als im Sumerischen und im Akkadischen. Das Sumerische erwies sich übrigens im Gegensatz zum Ägyptischen als eine extrem konservative Sprache. Man beachte aber: Extrem konservativ heißt aber nicht evolvierend! Das starke konservative Element im Sumerischen kann z.T. damit erklärt werden, dass diese Sprache während etwa 2/3 seiner Geschichte eine tote Sprache war. Das ist allerdings nicht der einzige Faktor, denn das Hebräische z.B. war ja auch lange Zeit eine tote Sprache und hat in dieser Periode dennoch beachtliche Veränderungen erfahren. Während vieler Jahrhunderte, möglicherweise etwa 1.700 Jahre lang, war Hebräisch keine gesprochene Umgangssprache mehr, sondern lediglich noch Ausdrucksmittel der Synagoge, des privaten Gebets und der Gelehrten. Doch, selbst durch diesen Umstand wurden stete Sprachveränderungen nicht blockiert. Dies führt uns gerade zum nächsten Illustrationsbeispiel.

8.2.3 Hebräisch

Hebräisch ist wie Phönizisch-Punisch, Moabitisch, Ammonitisch, Edomitisch und Philistäisch, ein kanaanäischer Dialekt.[416] Wie bereits erwähnt, kann das Kanaanäische bzw. Hebräische über einen Zeitraum von ca. 3.500 Jahren hinweg untersucht werden.[417]

8.2.3.1 Perioden der hebräischen Sprachgeschichte

Man kann im Blick auf die hebräische Sprachgeschichte folgende vier Perioden unterscheiden:

a) *Althebräisch:* ca. 1500 - ca. 400 v. Chr.[418]

b) *Mittelhebräisch:* ca. 400 v. Chr. - ca. 500 n. Chr.

c) *Mittelalterliches Hebräisch:* ab ca. 500 n. Chr.

d) *Modernes Hebräisch (Ivrith):* ab 1922 offizielle Sprache im britischen Mandat „Palästina“ und ab 1948 im modernen Staat Israel[419]

416 In Jes 19,18 wird Hebräisch „die Sprache Kanaans“ genannt.

417 Allgemein zur Sprachgeschichte des Hebräischen vgl.: Hetzron: Hebrew, S. 686-704; Bergsträsser: Einführung in die semitischen Sprachen, S. 36-59.

418 Dies entspricht der Abfassungszeit der Schriften des Alten Testaments.

419 Durch die Pionierarbeit von Elieser Ben-Jehuda wurde Hebräisch, das eine tote Sprache war, wieder zum Leben erweckt. Diese Wiederbelebung einer toten Nationalsprache ist ohne Parallele in der gesamten Weltgeschichte (vgl. St. John: Die Sprache der Propheten). Gemäß dem Propheten Jesaja sollte Hebräisch, „die Sprache Kanaans“, in der „Endzeit“, d.h. in der Zeit der Rückkehr des jüdischen Volkes aus dem weltweiten Exil ins Land der Väter (vgl. Hes 38,8) eine lebendige, gesprochene Sprache sein (Jes 19,18).

8.2.3.2 Zerfall der Kasusformen

In der ältesten Sprachstufe wies das Hebräische noch ein Kasussystem auf, in dem Endungen des Nominativs, Genitivs und Akkusativs unterschieden wurden. Aus der Konsonantenschrift des Alten Testaments ist diese Tatsache nicht deutlich erkennbar, da die kurzvokaligen Kasusformen in der Konsonantenschrift nicht geschrieben werden mussten, nichtsdestotrotz wurden sie aber vom Leser ursprünglich ausgesprochen. Diese Tatsache geht z.B. deutlich aus den Keilschrifttexten von Tell-el-Amarna hervor.[420] Diese Dokumente mit kanaanäischen Glossen, werden in die zweite Hälfte des 2. Jahrtausends v. Chr. datiert. In diesen Texten sind Kasusendungen erkennbar, dank der syllabischen Keilschrift, in der sie ausgeschrieben wurden. In der darauf folgenden Zeit gingen sie jedoch verloren.

8.2.3.3 Zerfall im Bereich der Verbalformen

Die Reduktionen im Bereich des Verbalsystems sind noch bedeutender: Der im Althebräischen in Erzähltexten übliche Narrativ[421] ist im Laufe der Sprachgeschichte verloren gegangen.[422] Das gilt auch für die we-qatal-Formen.[423] Hinzu kommt der Verlust einer ganzen Reihe von seltenen Verbalstämmen[424] bzw. der krasse Rückgang im

420 Hetzron: Hebrew, S. 691.

421 Damit meine ich die so genannten wajiqtol-Formen.

422 Zur Morphologie des althebräischen Verbums vgl. z.B.: Meyer: Hebräische Grammatik, Band 2. Zur Syntax des Verbums im Althebräischen: Niccacci: The Syntax of the Verb in Classical Hebrew Prose. Zu den Veränderungen im Bereich der Phonologie: Peters: Zum Vokalismus des Hebräischen in vorexilischer Zeit. Zum Rückgang des Narrativs in nachbiblischer Zeit: Archer: Das Hebräische im Buch Daniel verglichen mit den Schriften der Sekte von Qumran. Zum Neuhebräischen: Berman: Modern Hebrew Structure.

423 Zum Begriff der Veqatal-Formen vgl.: Niccacci: The Syntax of the Verb in Classical Hebrew Prose.

424 Zu den seltenen Stammformen vgl. Joüon/Muraoka: A Grammer of Biblical Hebrew, § 59; Gesenius/Kautzsch/Bergsträsser: Hebräische Grammatik, § 55; Meyer: Hebräische Grammatik, Bd. 2, § 72.
In Verbindung mit dem im Mittelhebräischen sehr verbreiteten Nitpa'el könnte man argumentieren, dass die Formen dieses Verbalstammes, der eine Art Niph'al zum Hitpa'el darstellt, ein plötzlich durch Rekombination evolutiv neu auftauchender Verbalstamm gewesen sei. Diese Behauptung wäre aber falsch. Der Nitpa'el existiert offensichtlich auch schon im AT, allerdings als sehr seltene Form (vgl. Gesenius/Kautzsch/Bergsträsser: Hebräische Grammatik, §55, *i*). Daraus erkennen wir etwas grundsätzlich zu Beachtendes: Es ist möglich, dass eine seltene Stammform in einer späteren Zeit zu

1 בְּרֵאשִׁית בָּרָא אֱלֹהִים אֵת הַשָּׁמַיִם וְאֵת הָאָרֶץ׃
2 וְהָאָרֶץ הָיְתָה תֹהוּ וָבֹהוּ וְחֹשֶׁךְ עַל־פְּנֵי תְהוֹם וְרוּחַ אֱלֹהִים מְרַחֶפֶת עַל־פְּנֵי הַמָּיִם׃
3 וַיֹּאמֶר אֱלֹהִים יְהִי אוֹר וַיְהִי־אוֹר׃
4 וַיַּרְא אֱלֹהִים אֶת־הָאוֹר כִּי־טוֹב וַיַּבְדֵּל אֱלֹהִים בֵּין הָאוֹר וּבֵין הַחֹשֶׁךְ׃
5 וַיִּקְרָא אֱלֹהִים לָאוֹר יוֹם וְלַחֹשֶׁךְ קָרָא לָיְלָה וַיְהִי־עֶרֶב וַיְהִי־בֹקֶר יוֹם אֶחָד׃ פ

Abb. 15 Hebräische Schrift (Inhalt: Genesis 1,1-5; Biblia Hebraica).

Gebrauch der Formen des Pu'al- und des Hoph'al-Stammes. Schließlich sollte auch noch der Untergang des Infinitivus absolutus, des Kohortativs und die weitgehende Aufgabe der Pronominalsuffixe beim Verb Erwähnung finden. In Israel sind heute auch die Formen der 3./2. Person, Plural, femininum vom Untergang bedroht.[425] Prinzipiell kann gesagt werden, dass das Verbalsystem des modernen, heute in Israel gesprochenen Hebräisch (Ivrith), gegenüber dem im Althebräischen des zweiten Jahrtausends v. Chr. eine Vereinfachung und Reduktion darstellt.

Nebenbei sei noch erwähnt, dass durch Vergleich verschiedener semitischer Sprachen und durch gewisse Rückschlüsse noch viele weitere Formen erwähnt werden könnten, die in der früheren Sprachgeschichte des Hebräischen wohl existiert haben müssen, aber mit der Zeit ausgestorben sind.[426] Ich erwähne dies aber nur beiläufig, weil dies der Methodologie, die ich in der vorliegenden Arbeit verwende, widersprechen würde. Wir wollen uns hier auf Tatsachen beziehen, die real durch Dokumente zu belegen sind, und nicht einfach das Produkt von hypothetischen Rückschlüssen darstellen.

Wir könnten nun in der gleichen Weise wie bisher mit den anderen semitischen Sprachen, die über Jahrtausende hinweg dokumentiert sind, weiterfahren, so z.B. mit Aramäisch, Phönizisch-Punisch, Arabisch, Ethiopisch etc. Überall ist dasselbe festzustellen:

einer verbreiteten Form wird. In solchen Fällen könnte man leicht zu einem Fehlschluss gelangen und eine solche Form als morphologische Neuerung ansehen, obwohl sie, selten oder gar nicht dokumentiert, schon früher existiert hatte. Das Beispiel des Nitpa'el sollte warnend wirken im Blick auf ähnliche Verhältnisse in anderen Sprachen.

425 Tirkel: Hebräisch leicht gemacht, S. 154.

426 Damit spiele ich z.B. an auf die Energeticum-, die Finalis- und die auch beim starken Verb sich vom Indikativ unterscheidenden Jussiv-Formen, vgl. Meyer: Hebräische Grammatik, Bd. 1, §3 und Bd. 2, §62.

Im Laufe der Zeit streben Sprachen im Bereich der Formenlehre von hoher Komplexität zu immer stärkerer Vereinfachung hin. Evolution lässt sich hier nicht feststellen.

8.3 Beispiele aus den indogermanischen Sprachen

Wenden wir uns nun den indogermanischen Sprachen zu. Wie bereits gesagt, gibt es in diesem Stamm auch diverse Sprachen, die z.T. über Jahrtausende hinweg schriftlich dokumentiert worden sind. Auch hier lässt sich dasselbe sagen: Die ältesten Sprachstufen sind gegenüber den jüngeren in der Formenlehre bedeutend komplexer.

8.3.1 Indo-arische Sprachen

Die älteste indo-arische Sprache ist das vedische Sanskrit,[427] das, wie es scheint, bis in die Mitte des 2. Jahrtausends v. Chr. zurückverfolgt werden kann. Die Schreibkunst kam in Indien etwa um 1000 v. Chr. auf. Zuvor aber wurden die Texte der später schriftlich fixierten Veda-Bücher mündlich auf peinlich genaue Weise von Generation zu Generation weitergegeben. Diese Texte gehen möglicherweise auf die Zeit um 1500 v. Chr. zurück. Bei dieser Sprache handelt es sich schlechthin um die komplexeste indogermanische Sprache! Das Nominalsystem umfasst acht Fälle und unterscheidet Singular, Plural und Dual. Das Verbalsystem ist atemberaubend aufgebaut und umfasst eine Größenordnung von etwa 600 verschiedenen Flexionsformen. Das spätere Sanskrit, das zwar immer noch alle anderen indogermanischen Sprachen an Formenreichtum übertrifft, erlitt bereits eine morphologische Reduktion gegenüber der früheren Sprachstufe. Alle späteren indo-arischen Sprachen weisen im Vergleich zum Sanskrit einen massiven Formenmangel auf. Das heutige Hindi z.B. stellt im Vergleich zum ältesten Vertreter der indo-arischen Familie ein simples Formeninventar auf. Einen vergleichbar krassen Formenverlust unter den indoiranischen Sprachen erlitt auch das Neu-Persische, sowie die damit eng verbundenen Dialekte Dari (in Afghanistan) und Tadschikisch.

427 Zum Sanskrit vgl.: Cardona: Sanskrit, S. 448-469; Whitney: A Sanskrit Grammar, Including both the Classical Language, and the Older Dialects, Of Veda and Brahmana.

তদ্বদহং যুষ্মান্ ব্যাহরামি, একেন পাপিনা মনসি পরিব-
র্ত্তিতে, ঈশ্বরস্য দূতানাং মধ্যেহ প্যানন্দো জায়তে।

Abb. 16 Sanskrit in bengalischer Schrift (Inhalt: Lukasevangelium 15,10) (The British and Foreign Bible Society, S. 139).

8.3.2 Griechisch

Konzentrieren wir uns nun auf Europa, und besehen wir einmal kurz die älteste überlieferte Sprache in diesem Raum:
Das Griechische ist über einen Zeitraum von ca. 3.400 Jahren überliefert.[428] Es handelt sich, im Gegensatz zu vielen anderen Sprachen, um eine sehr konservative Sprache. Aber auch sie blieb von dem Zerfallsgesetz nicht verschont.

1 Πολυμερῶς καὶ πολυτρόπως πάλαι ὁ θεὸς λαλήσας τοῖς πατράσιν ἐν τοῖς προφήταις ἐπ' ἐσχάτου τῶν ἡμερῶν τούτων ἐλάλησεν ἡμῖν ἐν υἱῷ
2 ὃν ἔθηκεν κληρονόμον πάντων δι οὗ καὶ τοὺς αἰῶνας ἐποίησεν

Abb. 17 Griechische Schrift (Inhalt: Hebräer 1,1-2; Robinson / Pierpont / Bibleworks)

8.3.2.1 Perioden der griechischen Sprachgeschichte

Man kann folgende Abschnitte in der Entwicklung des Griechischen unterscheiden:

a) *Mykenisches Griechisch:* ca. 1400-1200 v. Chr. (Tontäfelchen in Silbenschrift)

b) *Altgriechisch:* ca. 800 v. Chr.-550 n. Chr.

Auf dieser Sprachstufe unterscheidet man verschiedene Dialekte. Die wichtigsten sind Dorisch, Ionisch, Äolisch und Attisch.

Das Altgriechische wird ferner in folgende drei Zeitabschnitte eingeteilt:

[428] Zur Sprachgeschichte des Griechischen vgl.: Joseph: Greek, S. 410-439; Hoffmann/von Siebenthal: Griechische Grammatik des Neuen Testamentes, S. 1-3.

- *das vorklassische Griechisch:* ca. 800-450 v. Chr.
- *das klassische Griechisch:* ca. 450-300 v. Chr.
- *die „Koine“:* (*hê koinê dialektos* = die griechische Gemeinsprache) ca. 300 v. Chr. (nach der Eroberung Alexanders des Großen) -565 n. Chr. (Tod Justinians)

c) *Mittelgriechisch:* ca. 565 n. Chr.-1453 n. Chr. (= Eroberung Konstantinopels)

d) *Neugriechisch:* ca. 1453-heute

8.3.2.2 Zum griechischen Verbalsystem

Das griechische Flexionssystem[429] in seiner ältesten (!) Form, stellt das komplexeste Gebilde unter den europäischen Sprachen dar.

Einige Bemerkungen zum Verbalsystem mit seinen etwa 450 bzw. 500 synthetischen Flexionsformen[430] sollen dies anschaulich dokumentieren:

Das griechische Verb besitzt drei Personen (wie im Deutschen), drei Numeri (Singular, Plural und Dual), vier Modi (Indikativ, Konjunktiv, Optativ und Imperativ), sieben Tempora (Imperfekt, Plusquamperfekt, Perfekt, Aorist, Präsens, Futur I und Futur II), drei Diathesen (aktiv, passiv, medium) und vier Infinitive (Aorist, Perfekt, Präsens, Futur). Hinzu kommen noch vier Partizipien (Aorist, Perfekt, Präsens und Futur, mit je drei Diathesen), die alle wiederum dekliniert werden können.

Im Verlauf der Sprachgeschichte ging immer mehr von diesem einstigen Reichtum verloren, und dies, wie gesagt, trotz der Tatsache, dass das Griechische im Vergleich mit den meisten indogermanischen Sprachen sich als erstaunlich beständig und konservativ erwiesen hat.[431]

8.3.2.3 Altgriechisch im Vergleich mit der modernen Sprachstufe

Vergleicht man das Altgriechische mit dem modernen, im heutigen Griechenland gesprochenen Griechisch, so stellt man u.a. Folgendes fest:[432] Der Reichtum an Partizipien wurde reduziert und der Optativ

429 Vgl. z.B.: Bornemann/Risch: Griechische Grammatik.

430 Beim Zählen kommt es darauf an, ob man die gleichlautenden Passiv- und Mediumformen im Präsens zusammenfasst oder nicht.

431 Als sehr konservativ sind z.B. ebenso die baltischen (Litauisch, Lettisch) und die slawischen Sprachen zu bezeichnen. Aber auch sie blieben von dem Zerfallsgesetz nicht verschont.

432 Vgl. Risch: Griechisch, passim.

vollständig aufgegeben. Die Formen des alten Perfekts und des alten Futurums gingen verloren. Um diesen Verlust teilweise wieder etwas wettzumachen, entstanden Neubildungen durch Umschreibungen, also analytische Formen (beim Futur: *tha* + Konjunktiv, beim Perfekt: *echô* („haben") mit Partizip (z.B. *echô demeneo* = „ich habe gebunden") oder mit Infinitiv (*echô desei*). Auffällig ist die Beseitigung des Infinitivs in seiner Funktion als Infinitiv. Das gleiche Phänomen findet sich auch in andern Balkansprachen, nämlich im Bulgarischen, Rumänischen und Albanischen, wovon an früherer Stelle schon einmal die Rede war.

Auch im Bereich des Nomens gab es keine Evolution. Es entstanden z.B. keine neuen Fälle. Bemerkenswert ist aber das völlige Verschwinden des Dativs.

8.3.3 Latein und die romanischen Sprachen

Bekanntlich sind aus dem Latein zahlreiche moderne Sprachen entstanden. Die wichtigsten sind folgende: Italienisch, Französisch, Spanisch, Portugiesisch und Rumänisch.

Das Latein besaß einen umfassenden Formenreichtum.[433] Die weitere Sprachgeschichte ließ diesen Reichtum auf drastische Weise zusammenbrechen.[434] Auch hier bewahrheitete sich, was z.B. Frederick BODMER, der Autor des Buches „Die Sprachen der Welt" allgemein im Zusammenhang mit den indogermanischen Sprachen zum Ausdruck gebracht hat:

> „Während der letzten 2.000 Jahre haben sich alle indogermanischen Sprachen auf Vereinfachung und Vereinheitlichung des Flexionssystems zubewegt. Diese Tendenz auf Sparsamkeit hin ist bei den östlichen Sprachen so augenscheinlich wie bei den westlichen und zeichnet sich in keiner Sprache schärfer ab als im Neupersischen und Hindustani."[435]

8.3.3.1 Zum lateinischen Nominalsystem

Das Lateinische kannte im Singular und im Plural je sechs Kasusformen. Das Wort *amicus* („Freund") diene uns als Illustrationsbeispiel:

433 Zum Lateinischen vgl.: LINNENKUGEL: Lateinische Grammatik; COLEMAN: Latin and the Italic Languages.

434 Vgl. als Überblick: GREEN: Romance Languages; HARRIS: French; GREEN: Spanish; PARKINSON: Portuguese; VINCENT: Italian; MALLINSON: Rumanian.

435 BODMER: Die Sprachen der Welt, S. 213.

Kasus	Singular	Plural
Nominativ	amicus	amici
Genitiv	amici	amicorum
Dativ	amico	amicis
Akkusativ	amicum	amicos
Vokativ	amice	amici
Ablativ	amico	amicis

Einige erklärende Bemerkungen dazu: Der Vokativ ist die Anredeform (*amice* = „o Freund“). Der Ablativ hat diverse Funktionen, u.a. die eines Instrumentals. In diesem Sinne könnte man *amico* mit „durch den Freund“ übersetzen.

8.3.3.2 Der Zusammenbruch des Kasussystems in den romanischen Sprachen

Das lateinische Nominalsystem hat in den Nachfolge-Sprachen einen drastischen Schwund erlitten. Was ist z.B. im Französischen davon übrig geblieben? Es gibt nur noch die Singularform *ami* und den gleich lautenden, nur noch in der Schrift zu unterscheidenden Plural *amis.* Im Übrigen ist sonst alles verloren gegangen. Auch im Italienischen, Spanischen und Portugiesischen, um die Beispiele zu mehren, konnten nicht mehr Kasusformen überleben. Im Italienischen z.B. lautet der Singular *amico* und der Plural *amici* und damit bewendet sich die Morphologie des Nomens.

Im Rumänischen ging der Zerfall langsamer vor sich. Hier konnten sich noch drei Fälle halten.

8.3.3.3 Der Zusammenbruch im Bereich der Verbalformen

Wenn es um das Verbalsystem geht, so sieht man auch hier, wie das Zerfallgesetz gewütet hat. Von den so zahlreichen synthetischen Formen im Latein (über 170) ist in den romanischen Sprachen vieles von dem einstigen sprachlichen Flexionsreichtum der alten Römer verlustig gegangen. Überall lässt sich die sehr ausgeprägte Entwicklung feststellen, dass synthetische Formen durch analytische ersetzt werden, d.h. durch syntaktische Umschreibungen mit Hilfsverben wie „sein“ und „haben“ etc.

Nehmen wir das moderne Französisch, um anhand eines Beispiels den Formenzerfall quantitativ zu beschreiben: Man verwendet heute im Französischen noch ca. 40 synthetische Verbalformen. Im Latein kannte man aber, wie gesagt, über 170. So sind u.a. sämtliche Passivformen verloren gegangen, aber auch die Formen des Plusquamperfekts, des Futur II etc. Sind diese Einbußen an Flexionen nicht äußerst eindrucksvoll?

8.3.4 Deutsch

Kommen wir nun auf einige Beispiele zu sprechen, die zur Familie der germanischen Sprachen gehören, und daher den meisten Lesern wohl am nächsten stehen.

Zunächst einige Bemerkungen zum Deutschen. Wir haben bereits festgestellt, dass das Deutsche des 21. Jahrhunderts, verglichen mit formenreichen alten Sprachen, kein besonders großes Formeninventar besitzt. Früher sah die Situation aber noch etwas anders aus. Das Althochdeutsche besaß einen größeren morphologischen Reichtum in der Formenlehre als die heutige Sprachstufe.[436] Vergleicht man das Kasussystem des Althochdeutschen mit dem modernen Hochdeutsch, so ist dies augenfällig. Als Beispiel verwenden wir das Wort *Tag.* Während heute morphologisch nur noch vier verschiedene Formen unterschieden werden können, was im Vergleich mit manchen anderen modernen Sprachen eigentlich noch relativ viele sind, konnten im Althochdeutschen noch deren sieben dieserart differenziert werden.[437] Der im Althochdeutschen noch verwendete Instrumental ist für die moderne Sprache völlig verloren gegangen.

Singular	mod. Hochdeutsch	Althochdeutsch
Nominativ	Tag	tag
Genitiv	Tag-es	tag-es
Dativ	Tag	tag-e
Akkusativ	Tag	tag
Instrumental (!)		tag-u

Plural	mod. Hochdeutsch	Althochdeutsch
Nominativ	Tag-e	tag-a
Genitiv	Tag-e	tag-o
Dativ	Tag-en	tag-um
Akkusativ	Tag-en	tag-a
Instrumental		

436 HAWKINS: Germanic Languages.
437 HAWKINS: Germanic Languages, S. 73.

Auch im Verbalsystem ist manches verloren gegangen. Als Beispiel diene das Präsens des Wortes *geben.*[438] Man beachte, dass das Althochdeutsche in der Konjugation keine selbstständigen Pronomen brauchte, weil die Verbformen für sich schon genügend klar waren.

Mod. Hochdeutsch	Althochdeutsch
ich gebe	gibu
du gibst	gibis
er gibt	gibit
wir geben	gebames
ihr gebt	gebet
sie geben	gebant

8.3.5 Alemannische Schweizer-Dialekte

Schweizerdeutsche Dialekte wie Züritüütsch, Baseltüütsch, Berntüütsch etc. zählt man zu den so genannten alemannischen Dialekten. Ich habe schon früher darauf hingewiesen, dass man in diesen Dialekten kein Präteritum kennt. Es gibt hier somit einzig im Präsens synthetische Verbformen. Als Entsprechung zum Hochdeutschen „Ich ging" verwendet man die analytische Perfekt-Umschreibung *i bi gange.* Das war aber nicht immer so. In der ersten Hälfte des 19. Jahrhunderts verwendete man z.B. im Berner Oberland, im so genannten Bödelidüütsch noch ein synthetisches Präteritum,[439] z.B. *i was* („ich war"), *är gieng furt* („er ging fort").

8.3.6 Englisch

Der Zerfall der Flexionsmorphologie schritt nicht in allen Sprachen gleich rasch voran, wie wir bereits festgestellt haben. Es gab z.T. riesige Unterschiede. Im Englischen ging der Zerfall im Vergleich zum Deutschen ziemlich rasant vor sich. Das Altenglische zur Zeit der ältesten erhaltenen schriftlichen Quellen (7./8. Jh. n. Chr.) war eine Sprache, die noch einiges an Flexionen besaß.[440] Im modernen Englisch ist davon jedoch das meiste weggefallen. Der Zerfall verlief

438 BODMER: Die Sprachen der Welt, S. 88.

439 RITSCHARD: Bödellitüütsch, S. 14.

440 PINSKER: Altenglisches Studienbuch; MITCHELL: A Guide to Old English; FINEGAN: English.

in verschiedenen anderen germanischen Sprachen während der gleichen Zeit merklich langsamer.

Betrachten wir z.B. den Verlust der Kasusendungen im Englischen anhand des Wortes „Stein":

Singular	mod. Englisch	Altenglisch
Nom.	stone	stan
Gen.	stone	stanes
Dat.	stone	stane
Akk.	stone	stan

Plural	Mod. Englisch	Altenglisch
Nom.	stones	stanas
Gen.	stones	stana
Dat.	stones	stanum
Akk.	stones	stanas

Im Bereich des Verbalsystems ist z.B. der Verlust praktisch aller Personalendungen sehr auffällig. Das Verbum besitzt im modernenglischen Präsens nur zwei verschiedene Formen. So lautet z.B. das Verb *to help* („helfen") für alle Personen, mit Ausnahme der 3. Person, Singular, genau gleich:

Mod. Englisch

Singular	Plural
I help	we help
you help	you help
he helps	they help

Im Altenglischen wurde das Verb reichhaltiger flektiert:

Altenglisch

Singular	Plural
ic helpe	we helpath
thu hilpst	ge helpath
he hilpth	hie helpath

Im Präteritum lauten im modernen Englisch alle Verbformen exakt gleich, während das Altenglische wiederum mehrere verschiedene Formen kannte.

Erwähnenswert ist des Weiteren, dass das Altenglische noch weitere synthetische Formen besaß, die aber im modernen Englisch völlig ausgestorben sind.

Während das Altenglische noch deutlich eine flektierende Sprache war, hat sich das moderne Englisch immer mehr durch Flexionszerfall dem Typus der isolierenden Sprachen angenähert. Hierin liegt auch der Grund für den überaus hohen Prozentsatz an einsilbigen Wörtern im heutigen Englischen.

Im englischen Bibeltext von Joh 1,1-10 sind ca. 90% der Wörter einsilbig. Damit man eine Vergleichsgrundlage hat, sei nachfolgend der prozentuale Anteil an einsilbigen Wörtern in derselben Textstelle für einige andere Sprachen angegeben:[441]

Englisch	90%
Isländisch	73%
Deutsch	74%
Französisch	64,5%
Latein	28%

8.4 Weitere Sprachstämme

Wir haben uns in diesem Kapitel bislang ausschließlich mit indogermanischen und hamito-semitischen Sprachen beschäftigt, dies nicht ohne Grund, denn in diesen Stämmen finden sich die meisten Sprachen, die über lange Zeiträume hinweg auf der Grundlage von schriftlichen Dokumenten erforscht werden können. Glücklicherweise gibt es aber auch einige Sprachen aus anderen Sprachstämmen, die uns für unsere zweite Untersuchung etwas Aufschluss geben können, so z.B. das Chinesische.[442]

8.4.1 Chinesisch

Der Ausdruck „Chinesisch" ist eigentlich ein Sammelbegriff für zahlreiche verschiedene Dialekte, oder vielleicht besser gesagt, verschiedene Sprachen. Sie gehören typologisch zu den isolierenden

441 Bodmer: Die Sprachen der Welt, S. 110-114.

442 Zum Chinesischen vgl. z.B.: DeLancey: Sino-Tibetan Languages; Li/Thompson: Chinese.

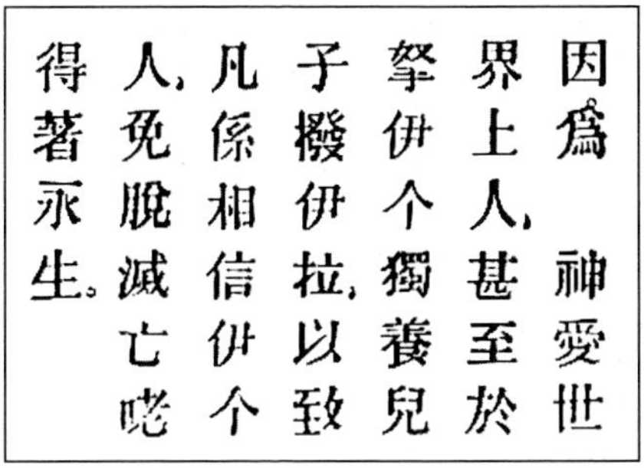

Abb. 18 Chinesischer Text, Umgangssprache von Schanghai (Inhalt: Johannesevangelium 3,16; The British and Foreign Bible Society, S. 139).

Sprachen. Die chinesischen Wörter können nämlich ihre Form nicht verändern und sind wie starre Blöcke. Es gibt keine Flexionen, um Geschlecht, Zahl, Person, Zeitform, Modus etc. auszudrücken. Die Struktur der Wörter ist auffällig einfach. Die meisten von ihnen sind ein- oder zweisilbig.

8.4.1.1 Chinesisch – eine primitive Sprache?

In Kapitel 3, unter 2.1 haben wir gesehen, dass Leute wie z.B. Herder, Humboldt, die Gebrüder Schlegel oder Adelung davon ausgingen, dass am Anfang der Sprachentwicklung ein primitiver Typus bestanden hat, der angeblich durch Einsilbigkeit und Formlosigkeit gekennzeichnet war. Diese Auffassung führte in der Folge viele europäische Gelehrte dahin, zu glauben, dass sich im Chinesischen eine besonders primitive Stufe der menschlichen Sprache erhalten habe.

8.4.1.2 Zum evolutionistischen Sprachstufenplan von Schlegel

Unter dem Einfluss der in evolutionistischen Sichtweisen befangenen Aufklärung stellte W. v. Schlegel einen entwicklungsgeschichtlichen „Sprachstufenplan“ auf. In diesem Konzept aus dem frühen 19. Jahrhundert zog er als Erster in Erwägung, dass die Entwicklung der Sprachen im Lauf der Zeit verschiedene sprachtypologische Stadien in folgender Reihenfolge durchlaufen haben soll:[443]

1. Periode der isolierenden Sprachen
2. Periode der agglutinierenden Sprachen
3. Periode der flektierenden Sprachen

[443] Jungraithmayr: Was ist „primitiv“? Zum Stand der Sprachgeschichtsforschung in Afrika, S. 189-191.

8.5.1.3 HUMBOLDTS *Umkehrung der Verhältnisse*

SCHLEGEL war sich damals aber noch nicht der Tatsache bewusst, dass alle flektierenden Sprachen, und darin sind ja gerade auch die indogermanischen Sprachen Europas mit eingeschlossen, allgemein von Flexionszerfall gekennzeichnet sind und dadurch letztlich dem Typus entgegenstreben, der nach seiner Meinung gerade sehr primitiv sein soll.

HUMBOLDT realisierte das Problem und versuchte die Verhältnisse zu drehen, nachdem er sich intensiv mit Chinesisch auseinandergesetzt hatte. Das, was eigentlich primitiv sein sollte, wurde bei ihm plötzlich als späte, den menschlichen Geist von der Last der Formenfülle befreiende Einfachheit. Im Blick auf die hohe chinesische Kultur wurde der „Erstling" in einen „Spätling" uminterpretiert.[444] Hier wird offenbar, wie in diesem Denken mit gravierenden Vorurteilen operiert wird. Trifft man ein Volk mit isolierender Sprache an, das in einer Steinzeitkultur lebt, so betrachtet man deren Sprache als primitiv und barbarisch. Handelt es sich aber um ein Volk auf hochentwickeltem Kulturniveau, so bezeichnet man ihre Sprache, falls es sich um eine isolierende handelt, als späte differenzierte Entwicklung auf hoher Rangstufe.

8.4.1.4 SCHLEICHERS *mogelnde Dialektik*

SCHLEICHER, der es ja in einem bedeutenden Maße zu verantworten hat, dass die Linguistik in den Sechzigerjahren des 19. Jahrhunderts von der Evolutionslehre erobert worden ist, stellte in frühdialektischer Weise ein Konzept mit zwei entgegengesetzten Entwicklungsrichtungen auf:

1. eine *Aufwärtsentwicklung* in der *vorhistorischen Periode* nach dem Konzept: isolierende – agglutinierende – flektierende Sprachen.
2. *Zerfall* der Sprachen in Laut und Form während der *historischen Periode.*

Hier wird deutlich, wie in diesem Denkkonzept gemogelt wird: Das, was real nirgends beobachtet werden kann, nämlich eine allmähliche Aufwärtsentwicklung in der Morphologie von isolierenden Sprachen über die agglutinierenden hin zu den flektierenden, wird in eine *vorhistorische* Periode versetzt, die sich quasi per

444 JUNGRAITHMAYR: Was ist „primitiv"? Zum Stand der Sprachgeschichtsforschung in Afrika, S. 189.

definitionem dem wissenschaftlichen Zugriff der Forschung entzieht.

Das, was wirklich beobachtet werden kann, und eigentlich der Entwicklungslehre widerspricht, der Formenzerfall in der Sprachgeschichte, wird in dialektischer Weise gedreht, sodass das, was eigentlich Devolution ist, schließlich als Evolution hingestellt wird.

In diesem Zusammenhang muss zudem noch darauf hingewiesen werden, dass man in der Archäologie der Sprachen seit SCHLEICHER bedeutend weiter in die Vergangenheit vordringen konnte, nämlich durch die Entdeckung der ältesten sumerischen, akkadischen und ägyptischen Texte. Somit können wir heute sehr weit in die Zeit zurückkehren, die für SCHLEICHER noch zur vorhistorischen Periode der Aufwärtsentwicklung gehörte. Doch von dieser Aufwärtsentwicklung im Bereich der Formenlehre konnte auch dort nichts entdeckt werden. Diese dialektische Entwicklung existierte nur als Idee in SCHLEICHERS Gehirn, aber in der Sprachgeschichte fand sie nie statt. Auch in der zu SCHLEICHERS vorhistorischer Periode gehörenden Zeit, können wir heute den kontinuierlichen Formenzerfall nachweisen.

Die SCHLEICHERsche Dialektik stellt keine logisch zwingende Deduktion aus dem Evolutionskonzept dar. Deshalb bin ich in Kapitel 4 auch gar noch nicht darauf zu sprechen gekommen. SCHLEICHERS Schema ist keine logische Deduktion, sondern vielmehr der gescheiterte Versuch, die Evolutionslehre entgegen den real beobachtbaren Fakten der Sprachgeschichte zu retten.

8.4.1.5 Chinesisch – kein sprachlicher „Erstling“

Neuere sprachwissenschaftliche Entdeckungen haben dazu geführt, dass man die unter 4.1.1 aufgeführte Meinung, Chinesisch stelle eine konservierte Ursprache dar, allgemein aufgeben musste. Mitunter hat die inzwischen weit fortgeschrittene Erforschung des Chinesischen hierzu einen Beitrag geliefert.[445]

Obwohl die in logographischer Schrift abgefasste chinesische Literatur Jahrtausende alt ist, kann ihr leider nur schwerlich Aufschlüsse über den Lautstand des Chinesischen in früheren Zeiten entnommen werden. Nichtsdestotrotz gibt es diverse Hinweise, dass das Chinesische früher eine gewisse Formenbildung gekannt hat![446]

[445] NIDA: Coutumes et Cultures, S. 260-261.

[446] DELANCEY: Sino-Tibetan Languages; BODMER: Die Sprachen der Welt, S. 253-255; NIDA: Coutumes et Cultures, S. 260-261.

Zu diesem Schluss führte u.a. die Erforschung diverser moderner chinesischer Dialekte. Hinweise ergaben sich auch aus Reimen der alten chinesischen Poesie. Ferner lieferten die verwandten tibetoburmanischen Sprachen nützliche Aufschlüsse.[447] Obwohl nämlich diese Sprachen, wie das Chinesische, zu dem großen Sprachstamm der sino-tibetanischen Sprachen gehören, sind sie nicht etwa isolierende, sondern agglutinierende Sprachen. Hinzu kommt der glückliche Umstand, dass das Tibetanische, dank der Überlieferung in einer indischen Alphabet-Schrift, über Jahrhunderte hinweg (bis ins 7. Jh. n. Chr. zurück) auch bezüglich der Aussprache erforscht werden konnte.

8.4.2 Bantu-Sprachen Afrikas

Schließlich seien nun noch einige schwarz-afrikanische Sprachen aus der Familie der Bantu-Sprachen, die ja zum Sprachstamm der Niger-Kordofan-Sprachen gehören, zur Illustration herangezogen.

Die Sprachen Schwarzafrikas können, mit Ausnahme des Äthiopischen, leider nicht über große Zeiträume hinweg verfolgt werden, weil man erst in der jüngeren Geschichte begonnen hat, solche Sprachen zu alphabetisieren (die ältesten Dokumente stammen aus dem 17. Jh.).[448]

Doch auch schon kürzere Zeiträume vermögen auf überzeugende Weise klar zu machen, dass das Gesetz der Abbau- und Reduktionsprozesse weltweit gültig ist. So kann man feststellen, wie z.B. zahlreiche West-Bantu-Sprachen in ihrem morphologischen Reichtum Einbußen erfahren haben und im Interesse der Kommunikationserhaltung nach syntaktischen Umschreibungen ausgewichen sind.[449]

447 Diese Art von Aufschlüssen liegen allerdings nicht in der Linie der in dieser Arbeit verfolgten Methodologie. Ich erwähne sie daher auch nur beiläufig, aber interessant sind sie ohnehin.

448 Nebenbei sei hier allerdings noch vermerkt, dass ein Vergleich der schwarzafrikanischen Tschad-Sprachen mit dem Altägyptischen Hinweise für die überall wirksamen Abbauprozesse liefert. Alle diese Sprachen gehören ja zum Hamito-Semitischen. Ein Vergleich zeigt, wie es aus einer Vollform im Ägyptischen zu einer Kurzform in den Tschad-Sprachen kommt (vgl. JUNGRAITHMAYR: Was ist „primitiv"? Zum Stand der Sprachgeschichtsforschung in Afrika, S. 193-194).

449 WALD: Swahili and the Bantu Languages, S. 991.

8.5 Fazit: Sprachgeschichte contra Evolution

Wir haben festgestellt, dass die Sprachen weltweit die Tendenz aufweisen, in ihrer morphologischen Struktur im Bereich der Formenlehre zu zerfallen, z.T. sogar überaus drastisch. Dies stimmt auffallend mit der biblischen Feststellung überein, dass die ganze Schöpfung der Vergänglichkeit unterworfen worden sei (Röm 8,20; Heb 1,10-12).

Die Tatsache des weltweit feststellbaren Abbaus der in der Formenlehre umschriebenen Morphologie passt gar nicht ins Konzept der Evolutionslehre, wo man davon ausgeht, dass die Sprachen sich aus primitiven Urlauten auf allen Ebenen immer höher entwickelt hätten, bis äußerst komplexe morphologische Strukturen entstanden seien. Wäre diese Sicht richtig, so müsste man in der erforschbaren Geschichte der Sprachen eine solche Entwicklung feststellen. Nicht einmal die Tendenz zu einer solchen Evolution ist nachvollziehbar. Es fehlt auch offensichtlich an einem Mechanismus, der eine solche Entwicklung hätte verursachen können. Wenn man sich mit Sprachgeschichte beschäftigt, so zeigt sich hier gerade das Gegenteil dessen, was vom Standpunkt des Darwinismus zu erwarten wäre: Komplexe morphologische Strukturen in den Bereichen, wo der Mensch sich nicht sprachkreativ entfalten kann, zerfallen. Überall sieht man eine Entwicklung vom Komplizierten hin zum Einfacheren. Das Beobachtbare widerspricht dem Postulat der Evolution, es deckt sich jedoch genau mit den biblischen Aussagen.

9. Diskussion

Nachfolgend sollen einige denkbare Einwände sowohl gegen die biblischen Aussagen bezüglich des Ursprungs der Sprachen, als auch gegen diverse bisher gemachte Überlegungen zusammen mit einer jeweils angebrachten Entgegnung zur Sprache kommen. Danach bringe ich noch diverse, bisher noch nicht ausgeführte, schwerwiegende Anfragen gegen die evolutionistischen Sprachentstehungs-Ideen vor.

9.1 Große Zeiträume in der Sprachgeschichte

9.1.1 Einwand

Die vorangegangenen Untersuchungen beziehen sich lediglich auf die Sprachgeschichte der letzten 5.000 Jahre. Dieser Zeitraum ist allerdings nur ein Bruchteil der im Rahmen des Evolutionskonzeptes angesetzten Dauer der Sprachgeschichte in prähistorischer Zeit von 35.000 bis 250.000 Jahren.[450] Unter Berücksichtigung dieser Zeitspanne würde das Evolutionsmodell im Zusammenhang mit der Frage nach der Entstehung der Sprachen in einem ganz anderen Licht erscheinen.

9.1.2 Entgegnung

9.1.2.1 Vermeidung von Spekulation

Im Rahmen dieser Arbeit bin ich bewusst nur auf den Bereich der Sprachgeschichte eingegangen, der *durch Dokumente belegt ist und daher, ohne auf Mutmaßungen zu basieren, real erforschbar ist.* Alles, was den Zeitraum von ca. 5.000 Jahren sprengt, ist rein spekulativ.

9.1.2.2 Rezente Entstehung der Proto-Sprachen

Aus evolutionistischer Sicht, soll die erste menschliche Lautsprache zwar irgendwann zu einem Zeitpunkt, der sehr vage zwischen 35.000 und 250.000 Jahren vor unserer Zeit angesetzt wird, entstan-

[450] Zur veranschlagten Zeitdauer der Sprachgeschichte im Evolutionskonzept vgl.: ZIMMER: So kommt der Mensch zur Sprache, S. 167 u. 174.

den sein. Doch wird im Evolutionskonzept die Entstehung von Sprache im Vollsinn des Wortes im Allgemeinen sehr spät angesetzt. Die Entstehung der Ursprachen der großen Sprachstämme wird erst in die Zeit zwischen 4.000 und 23.000 v. Chr. angesiedelt.[451] Der Ursprung des indogermanischen Sprachstammes z.B. wird auf etwa 7.000-8.000 Jahre v. Chr. geschätzt.[452] Unter Berücksichtigung all dieser Zahlen sind 5.000 Jahre schriftlich dokumentierte Sprachgeschichte gar nicht mehr eine so kurze Periode. Diese Zeit müsste ausreichen, um klar und deutlich *Mechanismen und Tendenzen* der Entwicklung zu entdecken, die Aufschlüsse über die Entstehung der Sprachen liefern könnten.

9.1.2.3 Hohe Geschwindigkeit der Sprachveränderungen

Wenn man bedenkt, dass real beobachtbare sprachgeschichtliche Veränderungen z.T. mit einer überaus großen Geschwindigkeit stattfanden, sind die vergangenen ca. 5.000 Jahre in Wirklichkeit eine Zeitspanne, in der enorm viel abgelaufen ist. Dieser Zeitraum vermag nämlich in weit ausgedehntem Maße Sprachentwicklungen aller Art vor Augen zu führen. Wir haben uns deutlich Mechanismen, Tendenzen sowie Grenzen und Möglichkeiten der Sprachveränderungen vergegenwärtigen können. Diese Entwicklungen stehen aber, wie wir gesehen haben, in jeder Hinsicht deutlich im Widerspruch zur Evolutionslehre und den in ihr verwurzelten Erwartungen.

9.1.2.4 Prähistorische Evolution – historischer Zerfall?

Folgendes sollte man sich in diesem Zusammenhang nochmals vor Augen führen: Die vergangenen 5.000 Jahre Sprachgeschichte sind von ständigem morphologischem Zerfall im Bereich der Formenlehre gekennzeichnet. Vom evolutionistischen Standpunkt aus müsste daher das Unglaubliche postuliert werden, nämlich, dass die komplexen morphologischen Strukturen der Formenlehre in „prähistorischer" Zeit entwickelt worden seien, also zu einer Zeit, wo die Menschen nach evolutionistischer Lehre noch durch und durch „primitiv" gewesen sein sollen. Während der gesamten auf eine Länge von 2 ½ Millionen Jahre angesetzten Steinzeit soll die menschliche Kultur ja völlig flach verlaufen sein, dauernd auf geringster Sparflamme, indem die Hominiden die Perioden des Paläolithikum, Mesolithikum und Neolithikum hindurch fortdau-

451 CAVALLI-SFORZA: Gene, Völker und Sprachen, S. 162.
452 CAVALLI-SFORZA: Gene, Völker und Sprachen, S. 162.

ernd nur Faustbeile, Speerspitzen u.ä. produziert haben sollen – bis vor ca. 5.000 Jahren plötzlich und unvorhersehbar eine Kulturexplosion stattfand und damit die „Geschichte“ ihren Anfang nahm.

Gemäß dem amerikanischen Anthropologen Jared DIAMOND soll die Entwicklung im Einzelnen, wie bereits an früherer Stelle ausgeführt, ja so verlaufen sein: Australopithecinen hätten vor 4 Millionen Jahren nur gutturale Laute ausgestoßen, so wie wir dies von den Schimpansen gewohnt sind. Vor ungefähr $1^{1}/_{2}$ Millionen Jahren habe der *Homo erectus* einzelne Wörter gebraucht. Eine Million Jahre später sei er in der Lage gewesen, Zwei-Wort-Sätze hervorzubringen. Der prähistorische *Homo sapiens* habe es schließlich geschafft, längere Wortketten ohne viel Grammatik zu bilden. Die komplexe Sprache sei aber erst seit dem in Europa vor 40.000 Jahren angesetzten allgemeinen kulturellen Aufschwung entstanden, und zwar im Rahmen einer „kreativen Explosion“.[453]

Im Rahmen des Evolutionskonzepts müsste man also davon ausgehen, dass die allerletzten Jahrtausende der Sprachgeschichte die Periode gewesen wäre, in der die rasantesten und bedeutendsten Entwicklungen stattgefunden haben. Aus dieser Sicht bekommen die vergangenen dokumentierten 5.000 Jahre ein ungeheures Gewicht im Zusammenhang mit einer Argumentation rund um Schöpfung und Evolution.

Nun zwingen die Fakten der dokumentierten Sprachgeschichte den Evolutionisten aber zur Annahme, dass einerseits die Schaffung und Aufwärtsentwicklung aller Sprachebenen, inklusive der Bereiche, die sich auch heute der Kreativität des Menschen entziehen, in der Zeit der Primitivität des Menschen, nämlich in der Steinzeitkultur stattgefunden haben muss, während andererseits die Zeit ab den ältesten Kulturen der Frühgeschichte von Abbau-, Reduktions- und Zerfallsprozessen im Bereich der Formenlehre durch und durch gekennzeichnet ist. *Hier stimmt doch etwas grundsätzlich nicht!* Der Gedanke, dass die Bildung einer komplexen Morphologie Hand in Hand mit kulturellen Entwicklungen vor sich gegangen wäre, käme einer vernünftigen Erwartung entgegen. Aber dies war gerade eindeutig nicht der Fall! Übrigens haben wir auch im Zusammenhang mit den Eingeborenen-Sprachen eindeutig festgestellt, dass zwischen dem Kulturniveau einer Gemeinschaft und der Struktur ihrer Sprache gerade kein Zusammenhang besteht.

453 MECHSNER: Sprachevolution, Wer sprach das erste Wort? S. 77.

9.2 Zyklische oder spiralische Entwicklung

9.2.1 Einwand

Der Linguist Georg VON DER GABELENTZ legte in seinem Buch „Sprachwissenschaft“ (1891) die Annahme dar, dass die Entwicklungen der Sprachen spiralisch oder zyklisch verlaufen seien. Damit führte er die oben besprochenen Ansätze von SCHLEGEL und SCHLEICHER etwas weiter. GABELENTZ meinte, dass sich möglicherweise Stadien der Isolierung, Agglutination und Flexion immer wieder abgelöst hätten. Man sollte Sprachgeschichte daher nicht prinzipiell als einen linearen Prozess, der von Komplexität zu Einfachheit hin verläuft, betrachten.[454]

9.2.2 Entgegnung

9.2.2.1 Lineare contra zyklische Bewegung

Die Schwäche dieses Einwandes besteht schon darin, dass er sich lediglich auf eine *Annahme* abstützt. Durch die *real erforschbare* Sprachgeschichte kann die Behauptung einer zyklischen Entwicklung nicht bestätigt werden! Letztlich muss man zur Aufrechterhaltung dieser Ansicht wieder in den großen Zeiträumen der Evolutionslehre, von denen oben die Rede war, Zuflucht suchen. Dabei bleibt man aber stets im Bereich der Spekulation.

Die Sprachgeschichte der vergangenen 5.000 Jahre verlief *linear* von morphologischer Komplexität im Bereich der Formenlehre als Folge von weltweit wirksamen und beobachtbaren Abbau- und Reduktionsprozessen hin zu immer stärkerer Vereinfachung.

9.2.2.2 Synthetische Formen entstanden aus analytischen

Dies schließt aber nicht aus, dass in gewissen Fällen durch Zusammenzug analytischer Formen tatsächlich synthetische entstanden sind. Ein wirklich gutes Beispiel dafür ist das französische Futur, das nicht einfach eine theoretische Rekonstruktion darstellt, sondern durch Dokumente real belegt werden kann: Im Latein gingen einst die synthetischen Futurformen durch Reduktionsprozesse verloren. Sie wurden durch eine Umschreibung, Infinitiv plus Hilfsverb *habere* („haben“), ersetzt. Das heutige Futur im Französischen stellt ein

454 Vgl. BODMER: Die Sprachen der Welt, S. 194.

unzertrennlicher grammatikalisierter Zusammenzug dieses ursprünglich einmal rein syntaktischen Gefüges aus dem späten Latein dar. So ist z.B. der Ausdruck *je chanter-ai* („ich werde singen") nichts anderes als eine Zusammensetzung aus dem Infinitiv *chanter* und der 1. Person, Singular von *avoir* („haben").

Parallele Fälle könnten auch in anderen Sprachen aufgezeigt werden. So lassen sich z.B. – allerdings lediglich durch Rekonstruktion, was ja den methodischen Grundsätzen in der vorliegenden Arbeit widerspricht, aber in Anbetracht des Mangels an guten Beispielen, die real beobachtbar sind, dennoch von Interesse ist –, auch die Passivformen in den skandinavischen Sprachen (Schwedisch, Norwegisch und Dänisch) erklären.[455] Die Passivflexion in diesen Sprachen kann als Verschmelzung der aktiven Form mit dem Reflexivpronomen *sik* („sich") bzw. *sig* gedeutet werden. Es wird angenommen, dass dieser Prozess zur Zeit der Wikinger oder noch früher stattgefunden hat. Hier ein Beispiel aus dem Dänischen:

Präsens:

vi kaller	wir rufen
vi kalles	wir werden gerufen

Präteritum:

vi kallede	wir riefen
vi kalledes	wir wurden gerufen

Das aktive Verb kann durch Anhängen eines *–s* zu einem Passiv umgewandelt werden. Formen, die auf *–r* auslauten, werfen dieses Phonem ab.

Selbst wenn das skandinavische Passiv wirklich eine spätere Entwicklung, und damit einerseits eine spätere Bereicherung des Flexionssystems darstellen sollte, so muss man in diesem Zusammenhang andererseits gut beachten, dass das Verb sonst gar keine Personalendungen (mehr) besitzt.

Trotz solcher Beispiele, wo analytische Formen später zu synthetischen geworden sind, bleibt daher die Tatsache unantastbar bestehen, dass sich dadurch niemals der morphologische *Zusammenbruch* im Bereich der Flexionen wettmachen ließe. Die Bildung von synthetischen Formen, die nachweislich, also real beobachtbar, auf analytische zurückgehen, ist sehr selten. Das umgekehrte stellt auf der

455 BODMER: Die Sprachen der Welt, S. 110, 272-274.

anderen Seite das Übliche dar. Es ist nicht möglich, die reiche Flexionsmorphologie der alten Sprachen durch sekundären Zusammenzug analytischer Vorstufen zu erklären. Nebenbei gesagt, würden bei einem solchen Erklärungsversuch in besonderer Weise die Erscheinungen des Ablauts[456] und der diskontinuierlichen Morpheme[457] besondere Schwierigkeiten bereiten.

Das bemerkenswerte Beispiel von nachträglicher Bildung synthetischer Formen aus analytischen im Französischen muss übrigens in einem Gesamtzusammenhang gesehen werden: Trotz diesem Phänomen ändert sich nichts daran, dass sich das Französische durch den fortwährenden Verlust an synthetischen Formen von einer flektierenden Sprache zum isolierenden Typus hinbewegt. Wir haben ja auch schon gesehen, dass den über 170 Verbformen im Lateinischen, im Französischen nur noch ca. 40 synthetische Flexionen gegenüberstehen. Dem Französischen widerfuhr somit das gleiche Schicksal wie unzähligen anderen Sprachen. Dabei ist aber Folgendes beachtlich: Das umgekehrte, die Entwicklung von einer isolierenden hin zu einer flektierenden Sprache konnte man nirgends durch reale Beobachtung nachweisen! Aber genau dies sollte nachweisbar sein, falls die evolutionistische Sicht der Sprachentstehung realistisch sein sollte.

Dies veranlasst uns zu folgendem zwingenden Fazit: *Eine zyklische bzw. spiralische Bewegung ist nirgends beobachtbar. Die Theorie von* GABELENTZ *ist fiktiv und unhaltbar.*

9.3 Einfachheit und Intelligenz

9.3.1 Einwände

a) Die allgemeine Entwicklung weg von komplexen morphologischen Strukturen der Formenlehre hin zum Einfacheren durch syntaktische Umschreibungen sollte als Aufwärtsentwicklung betrachet werden. Es ist doch intelligenter, wenn man sich mit einfacheren Mitteln gut auszudrücken vermag.

b) Morphologisch simple Sprachen sind zudem für Fremdsprachige leichter zu erlernen, was ein großer Vorteil im Zusammenhang mit der Überwindung von Sprachbarrieren darstellt.

456 Vgl. Kapitel 1, 2.2.4.
457 Vgl. Kapitel 1, 2.2.7.

9.3.2 Entgegnung zu a)

Hier muss zunächst nochmals, und diesmal etwas ausführlicher, auf Vorteile hingewiesen werden, die sich aus dem Formenreichtum einer Sprache ergeben:

9.3.2.1 Ökonomie (Sparsamkeit)

Dank morphologischem Reichtum kann man sich in manchen Fällen kompakter und kürzer ausdrücken. Einige Beispiele sollen dies illustrieren:

Das eine akkadische Wort *atrudakuššu* muss im Deutschen durch 5 Wörter ausgedrückt werden: „Ich sandte ihn zu dir".

Um den genauen Sinn des altgriechischen Wortes *episteuon* im Deutschen genau wiederzugeben, braucht man je nachdem eine Umschreibung von 3 bzw. 4 Wörtern: „Er glaubte fortwährend" oder „Er glaubte immer wieder".

Vergleicht man z.B. Latein mit Französisch und Altgriechisch mit Neugriechisch, so kann man eindrücklich sehen, dass die ältere Sprache statistisch gesehen vielfach mit einer geringeren Wort- bzw. Buchstabenzahl den gleichen Informationsgehalt auszudrücken vermag,[458] und dies obwohl ältere Sprachstufen tendenziell längere, noch unreduzierte Vollformen aufweisen.[459] Informationstheoretisch ausgedrückt, könnte man die folgende Regel aufstellen: Je mehr eine Sprache ihre morphologischen Elemente abwirft und durch Umschreibungen ersetzt, desto mehr kann sich die Bitezahl, um einen bestimmten Informationsgehalt weiterzugeben, erhöhen. Damit kann aber eine Sprache in gewissen Hinsichten unökonomischer werden. Hier gilt aber: *Komplex-strukturelle Ökonomie ist an sich ein Ausdruck von Intelligenz.*

458 Dies lässt sich einfach nachvollziehen, indem man z.B. ein und denselben Bibeltext in diesen Sprachen miteinander vergleicht. Die Graphik auf S. 62 in: GITT: Energie – optimal durch Information zeigt dies beispielsweise sehr schön auf. Anschaulich lässt sich hieraus auch entnehmen, wie Latein nicht nur Französisch, sondern z.B. auch die Nachfahren Rumänisch, Portugiesisch, Spanisch, Romanisch und Katalanisch durch größere Ökonomie übertrifft. Allerdings muss dabei noch bedacht werden, dass bei einem solchen Vergleich, um zu ganz korrekten Ergebnissen zu kommen, von einer phonetischen Schrift ausgegangen werden müsste, da die mit der Aussprache übereinstimmende Schrift bei den modernen Sprachen mit einer kleineren Zeichenzahl pro Texteinheit auskommt.

459 Ein wichtiger Vorteil der längeren Vollformen besteht darin, dass dadurch das Problem der Homophonie auf ein Minimum reduziert wird.

Wie bereits angesprochen, muss in diesem Zusammenhang festgehalten werden, dass Sprachen, die einen morphologischen Reduktionsprozess hinter sich haben, die Tendenz haben, kürzere Wörter als früher zu besitzen. Der Abschleifprozess führt nämlich im Allgemeinen dazu, dass aus Vollformen Kurzformen entstehen.

Hierzu einige Beispiele aus dem Lateinischen und dem Französischen (in phonetischer Schrift):

Lateinisch	Französisch	Bedeutung
amicus	ami	Freund
bonus	bõ	gut
augustus	ut	August
legere	li:r	lesen
aqua	o	Wasser

Die Entwicklung hin zu Kurzformen kann sich allerdings sehr negativ auswirken, indem nämlich verschiedene Wörter unversehens durch die Kürzung die gleiche Lautgestalt annehmen. Mit anderen Worten gesagt: Die Entwicklung zu Kurzformen führt zur Gefahr der Homophonie. Dies ist bekanntlich ein sehr großes Problem im Chinesischen. Auch im Englischen ist dies ein weit verbreitetes Phänomen. Wenn man morphologisch reiche mit in diesem Bereich verarmten Sprachen bezüglich Ökonomie vergleicht, so muss man sich dessen bewusst sein, dass flexionsverarmte Sprachen zwar tendenziell für die gleiche Informationsvermittlung mehr Wörter brauchen als die flexionsreichen, dafür sind sie jedoch ökonomischer was die Wortlänge anbetrifft.[460] Doch selbst angesichts dieser Tatsache verblüffen formenreiche Sprachen immer noch durch ihre Möglichkeiten, als kompakte und ökonomisch informationsgeladene Kommunikationsmittel zu dienen.

Es geht hier allerdings nicht darum, flexionsarme Sprachen schlecht zu machen. Die eben vorangegangene Argumentation sollte nur deutlich machen, dass Formenreichtum einer Sprache nicht

460 Hierin liegt eine Ursache dafür, dass englische Übersetzungen einer deutschen, und damit flexionsreicheren Vorlage, oft mit einer kleineren Seitenzahl auskommen als das Original. Nur ist natürlich bei diesem Beispiel anzumerken, dass der Unterschied im Flexionsreichtum zwischen Deutsch und Englisch natürlich sehr weit entfernt ist von dem diesbezüglichen Gefälle zwischen z.B. Latein und Deutsch.

der Ausdruck mangelnder Intelligenz ist, sondern ganz im Gegenteil eine sehr sinnvolle strukturelle Eigenheit darstellt.

Abschließend ist auch noch beiläufig zu erwähnen, dass Sparsamkeit selbstverständlich in der Sprachbenutzung nicht immer das Ideal ist. In Situationen z.B., wo man sich besonders höflich ausdrücken möchte, sucht man förmlich nach möglichst redundanten Wendungen. Entsprechendes ließe sich, um noch auf ein weiteres Beispiel hinzuweisen, auch für die abendländische Poesie sagen.[461]

9.3.2.2 *Zwang zu Präzision*

Flexions- und Agglutinationsformen in den Sprachen zwingen ihre Benützer zu Präzision im Ausdruck.

Im Altgriechischen z.B. musste sich der Sprechende stets entscheiden, ob er eine Handlung als ein punktuelles, duratives oder als ein resultatives Ereignis beschreiben wollte.

Ein Wintu-Indianer muss, wie wir gesehen haben, sich stets Rechenschaft ablegen, ob das, was er erzählt, eine eigene Beobachtung, eine eigene Schlussfolgerung oder nur eine Weitergabe von Information aus zweiter Hand ist. Im Falle einer Schlussfolgerung muss er sich zusätzlich noch fragen, welchem der drei unterschiedenen Grade von Glaubwürdigkeit sie zugewiesen werden sollte.

Natürlich könnte man sich im Deutschen auch so genau ausdrükken, mit Hilfe der Syntax, aber wir tun es gewöhnlich nicht, weil uns die Sprachstruktur nicht dazu zwingt. Es wäre zudem auch fürchterlich umständlich. Die Wintu-Formenlehre jedoch zwingt den Sprachbenützer zu klarer und genauer Darlegung beim Berichten.

9.3.2.3 *Flexibilität in der Wortstellung*

Folgende linguistische Faustregel ist von großer Bedeutung: *Je ärmer eine Sprache an Wortformen ist, desto weniger gibt es Freiheit und Flexibilität bezüglich der Wortstellung im Satz.*

So bestehen z.B. im Altgriechischen mit seinem äußerst großen Formenreichtum unwahrscheinlich viele Möglichkeiten für die Wortstellung. Durch diese Flexibilität können subtile Nuancierungen zum Ausdruck gebracht werden, ohne zusätzliche Umschreibungen zu benötigen. Daher bringt das Beachten dieser Tatsache

461 Ich sage bewusst „abendländische" Poesie. In der hebräischen Poesie der Bibel ist nämlich gerade das Gegenteil, Sparsamkeit der Worte ein ganz augenscheinliches Merkmal. Gemäß der Heiligen Schrift macht der Weise nicht viele Worte (Pred 5,2; Spr 10,19; Mat 6,7; Jak 3,2).

z.B. für die Auslegung und das Verständnis des griechischen Neuen Testaments enorm viele wertvolle Einsichten.[462]

Im Zusammenhang mit der Frage nach Sinn und Bedeutung der Flexionen und Agglutinationen bzw. deren Verlust, sollte unbedingt noch Folgendes beachtet werden: Die Entwicklung in der Morphologie vom Komplexen zum Einfacheren hin, *ist nicht das Ergebnis eines durch Intelligenz konzipierten Planes,* vielmehr handelt es sich um ein Resultat, das durch Mechanismen wie Trägheit und Bequemlichkeit etc. verursacht worden ist. Daher wäre es gar nicht vernünftig, wenn man ein Produkt dieser zwar durch und durch menschlichen Eigenschaften als Ausdruck hoher Intelligenz und idealer Geistigkeit taxieren würde. Während der Formenabbau die natürliche konzeptionslose Folge des Sprachgebrauchs und des damit unumgänglich verbundenen Abschliffs ist, so stellt der Formenreichtum eine intelligente Struktur dar, die jedenfalls nicht durch die Kreativität des Menschen entstanden ist. Wenn aber nicht durch den Menschen, durch wen dann?

9.3.3 Entgegnung zu b)

Was die Erlernbarkeit der Sprachen anbetrifft, so ist hier festzuhalten, dass komplexe morphologische Strukturen für Kinder, die ihre Muttersprache lernen, kein wirkliches Problem darstellen. Kinder sind in der Lage, mit Hilfe ihres „Sprachcomputers" jede beliebige Muttersprache mühelos aufzuschlüsseln. Allerdings erstarrt später mit der Pubertät dieser „Dietrich" im Gehirn.[463]

Das Lernen einer Fremdsprache wird von diesem Zeitpunkt an für die meisten ein zuweilen recht mühsames Unterfangen bis man sich fließend mündlich ausdrücken kann (von dem Aspekt des Lernens der jeweiligen Schrift wollen wir an dieser Stelle bewusst absehen, denn das ist wieder ein ganz anderer Fall). Sprachen mit einer armen Morphologie sind von dieser Seite her gesehen selbstverständlich effektiv viel leichter erlernbar.[464] Dennoch kann das

462 Vgl.: Hill/Archer: The Discovery Bible, besonders die S. 549-554.

463 Vgl. dazu: Wilder Smith: Der Mensch – ein sprechender Computer?

464 Ein gutes Beispiel ist Persisch. Das heutige Persisch lässt sich dank des erlittenen enormen Formenverlustes vergleichsweise sehr schnell erlernen. Es gibt aber auch andere Sprachen, die z.B. trotz sogar völlig fehlender Formenlehre schwierig zu erlernen sind, so beispielsweise chinesische Dialekte, und zwar wegen der sehr vielen verschiedenen Toneme.

Kriterium, ob eine bestimmte Sprache von Fremden relativ mühelos erlernt werden kann, nicht als Gradmesser für Intelligenz hinter der Sprach-Code-Konzeption aufgefasst werden, denn 1. waren die Simplifizierungen der Morphologie einer bestimmten Sprache im Verlauf ihrer Geschichte, wie bereits gesagt, nicht das Ergebnis eines Planes, sondern vielmehr schicksalhafte Folge einer Naturgesetzlichkeit. Niemand schleift seine Sprache nach und nach ab, um Fremdsprachigen den Zugang zur eigenen Sprache zu erleichtern. 2. ist es relativ, was nun wirklich gut bzw. besser ist. Gemäß Gen 11 sollten nämlich die verschiedenen Sprachen, die in Babel ausgeteilt worden sind, *nicht* möglichst einfach von Fremdsprachigen erlernbar sein. Ihre Aufgabe bestand vielmehr darin, schwer überwindbare Barrieren zu bilden, um die nachsintflutliche Gesellschaft zu zwingen, sich in verschiedene Stämme und Völker aufzuspalten und sich über den Globus hinweg zu verteilen. Morphologisch reiche Sprachen waren dazu das höchst ideale Mittel.

9.4 Morphologie woher?

Für den Evolutionismus bleibt u.a die unangenehme Frage bestehen, *woher* denn die komplexen morphologischen Strukturen mit all ihren logischen Kategorien stammen. Wie kamen die ältesten Sprachen und unzähligen Eingeborenensprachen zu ihrem morphologischen Reichtum?

Die erforschbare Sprachgeschichte kann uns viel Aufschluss darüber geben, wie solche Strukturen abgeschliffen wurden, zerfielen und verschwanden. – Aber woher kommt die ursprüngliche Komplexität?

Dabei muss noch Folgendes beachtet werden: Eingeborene z.B. sind sich, ohne linguistische Bildung, der komplizierten grammatischen Strukturen ihrer Sprache normalerweise gar *nicht bewusst!* Sie benutzen sie zwar mit aller Selbstverständlichkeit, sind aber höchst erstaunt und überrascht, wenn ihnen ein Linguist eröffnet, wie wunderbar und intelligent ihre Sprache konzipiert ist. Dies macht deutlich, dass sie unmöglich ihre Sprache selber immer höher entwickeln konnten. Die Eingeborenen wissen Dinge, von denen sie gar nicht wissen, dass sie sie wissen. Wenn man dies bedenkt, wie kann man dann noch glauben, dass „prähistorische Menschen" dennoch in der Lage gewesen seien, in ihrer Sprache eine komplexe von logischen Denkkategorien nur so strotzende Formenlehre zu schaffen. Moderne Eingeborene bringen dies nicht zu Wege, und selbst nicht einmal gebildete Abendländer![465] Dies aus dem einfachen Grund, weil dieser Bereich sich im Normalfall dem kreativen Zugriff des Sprachbenutzers deutlich entzieht. Es geht überhaupt nicht darum, Sprachen mit reichen Flexionsmöglichkeiten über andere zu stellen. Das sollte klar geworden sein. Doch wir haben dem Bereich der Morphologie in den vorliegenden Ausführungen so viel Gewicht beigemessen, weil damit handgreiflich gezeigt werden kann, dass Sprache unmöglich das Produkt einer Evolution sein kann.

9.5 Sprachentwicklung im Bereich der Syntax und der Semantik

In vielen Sprachen kann man nebst Abwärtsentwicklungen sehr markante Aufwärtsentwicklungen im Bereich der Semantik und der Syntax feststellen. Dies ist keine Überraschung, weder für die Evolutionslehre noch für die biblisch begründete Schöpfungsforschung. Diese Tatsache findet in der Sichtweise beider Standpunkte ihren Platz. Dennoch liegen hierin für die Evolutionslehre weitere große Probleme verborgen.

9.5.1 Zur Vokabularentwicklung: Keine Neubildungen aus dem Nichts

Betrachten wir zunächst das Thema der Vokabularentwicklung. Dazu ein Beispiel: In den vergangenen Jahrzehnten wurden im Deutschen unzählige neue Wörter gebildet. Das Vokabular wächst auch weiterhin beständig an, wiewohl auch manche Wörter wieder außer Gebrauch kommen. Doch die Zunahme ist beeindruckend groß. Dabei denke ich eben nicht allein an die Umgangssprache,

465 Ich spreche hiermit nicht das Phänomen der unzähligen künstlichen Sprachen (wie z.B. Esperanto etc.) an. Es geht hier um die Entwicklung gesprochener Muttersprachen. Die Bildung von künstlichen Sprachen wäre ohne linguistische Kenntnisse und ohne Graphemik nicht möglich gewesen. Nebenbei sei allerdings noch vermerkt, dass es beachtlich ist, dass bisher mit keiner künstlichen Sprache das eigentlich angestrebte Ziel einer internationalen Kommunikation erreicht worden ist (vgl. zur Geschichte und Entwicklung der künstlichen Sprachen: BODMER: Die Sprachen der Welt, S. 464-509).

sondern auch an die Fachsprachen, in denen man dauernd enorm viele neue Ausdrücke benötigt. In diesem Zusammenhang muss man aber bedenken, dass diese neuen Wörter normalerweise *keine Neubildungen aus dem Nichts sind.* Man geht doch mit aller Selbstverständlichkeit ständig von dem aus, was bereits existiert. So übernimmt man z.B. sehr oft Wörter oder Wortwurzeln aus anderen Sprachen (z.B. Griechisch, Lateinisch oder Englisch) und bildet daraus nach bereits in der Langue des Deutschen bestehenden Bilde-Regeln neue Wörter, die der Struktur dieser Sprache angepasst sind. Manchmal geht man auch von deutschen Wörtern aus und bildet nach bestimmten im Sprachcode-System vorgegeben Regeln der deutschen Morphologie bisher noch nie verwendete Wörter (vgl. z.B. die Wörter *Flugzeug, Fahrrad* und *Fernseher).*[466] *Normalerweise geht es um eine Rekombination von bereits Existierendem.*

Man kann sich die Frage stellen, warum eigentlich im Regelfall nicht völlig neue Vokabeln geschaffen werden. Weshalb hat man anstatt Wörter wie *Auto, Motor, Maschine, Computer* etc. nicht ganz neue Phantasiewörter oder lautmalerische Ausdrücke gebildet? Offensichtlich wäre dies mit ganz gewaltigen Problemen verbunden gewesen, u.a. im Zusammenhang mit der unmittelbaren Verständigung und der allgemeinen Akzeptanz. Dennoch glaubt man im Evolutionsmodell, dass „Urmenschen" in der Lage gewesen seien, ein Vokabular gleichsam aus dem Nichts zu schaffen, das zudem eine verständliche Kommunikation ermöglicht habe.

Im biblischen Rahmen sieht es ganz anders aus: Adam konnte gemäß Gen 2,19-20 bei seinen Wortschöpfungen bereits von einem bestehenden Sprachcode-System ausgehen, also genau so wie wir heute.

9.5.2 Zur Entwicklung in der Syntax

Auch im Bereich der Syntax kann man in diversen Sprachen neben Abwärtsentwicklungen auch großartige Höherentwicklungen feststellen. Ein m.E. höchst eindrückliches Beispiel ist das analytische Verbalsystem im modernen Englisch, das sich durch einen großen

466 Ein Beispiel aus einer ganz anderen Kultur: Die Chipibo-Indianer bezeichneten „Autos" als *Feuer-Kanus*. Als sie mit Flugzeugen konfrontiert wurden, schufen sie den Begriff *fliegende Feuer-Kanus* (Nida: Coutume et Culture, S. 252).

Nuancenreichtum auszeichnet. Man denke dabei z.B. nur schon an die Aspekte des Durativs und des Punktuals. Nachfolgend ein Beispiel: *I was singing when the telephone rang.* Der erste Satzteil drückt hier eine fortgesetzte Handlung aus, während der Zweite eine momentan eintretende Aktion beschreibt. Im Altenglischen kannte man diese Ausdrucksweisen noch nicht als grammatikalische Kategorie. *Aber auch bei Bereicherungen dieser Art muss man sagen, dass es sich einfach um Rekombinationen handelt, die im Rahmen der Möglichkeiten liegen, die bereits durch das Sprachsystem latent vorgegeben waren.*

Auch dies stellt eine große Schwierigkeit für die Evolutionslehre dar. Hier geht man ja normalerweise davon aus, dass sowohl die Syntax als auch die Semantik sich entwickelt hätten, ohne dass bereits ein Code-System existierte. Eine solche Art der Sprachentwicklung unterscheidet sich aber prinzipiell von den beobachtbaren Entwicklungen während der erforschbaren Periode der Sprachgeschichte. Wie hätten „Urmenschen" das schaffen sollen, wozu der „moderne Mensch" nicht in der Lage ist, wenn es sich um die Weiterentwicklung seiner Sprachen handelt?

Geht man von den biblischen Berichten aus, so hat man auch hier keine Probleme: Für semantische und syntaktische Entwicklungen – man denke wieder an die Bildung von Neologismen und die Schaffung von Poesie in Gen 2,19.20.23 – konnte Adam ja auf eine schon bestehende Langue zurückgreifen. Diese Art von Sprachentwicklung entspricht genau dem, was in der Linguistik beobachtet werden kann.

10. Zum Phänomen des Sprachenredens im NT

10.1 Übersicht über die Thematik

Ich hoffe, dass nach den vorangegangenen Untersuchungen deutlich geworden ist, dass die menschlichen Sprachen vernünftigerweise als Schöpfergabe Gottes anzusehen sind. Der Mensch wäre ja nie in der Lage gewesen, sich selber dieses wunderbare Kommunikationsmittel zu verschaffen.

In Gen 2 wurde der Mensch mit vollausgestatteter Sprachfähigkeit erschaffen. Adam war, ohne vorangegangenes Lernen, sofort in der Lage, zu sprechen und zu verstehen, ja, er war sogar unmittelbar fähig, sein Lexikon zu erweitern und kreativ mit der Syntax umzugehen.

Der Sprachschöpfungsakt zu Babel (Gen 11) hatte sich so ausgewirkt, dass Menschen, die früher eine andere Sprache gesprochen hatten, plötzlich in der Lage waren, neue Sprachen perfekt zu sprechen. Ihnen wurde die Fähigkeit gegeben, ohne Lernprozess über eine bislang unbekannte Langue zu verfügen, wobei allerdings die Kenntnis des früheren Sprachsystems zum selben Zeitpunkt gelöscht worden war. Man könnte dieses Geschehen mit Schlüsselbegriffen aus der generativen Transformations-Grammatik so umschreiben: Trotz der Sprachenverwirrung blieb die „Tiefenstruktur“ bei allen Menschen erhalten, aber die alte „Oberflächenstruktur“ wurde für die Angehörigen der verschiedenen neuen Sprachgruppen jeweils durch eine andere ersetzt.

Im NT wird an verschiedenen Stellen über das Phänomen des Sprachenredens gesprochen. Hierbei handelt es sich offensichtlich um eine Erscheinung, die in ihrem Wesen deutlich mit dem nachsintflutlichen Ereignis der Sprachenverwirrung vergleichbar ist. In gewissem Sinn könnte man das Pfingstereignis als Umkehrung der Turmbaugeschichte aus der Genesis bezeichnen. *Apg 2 bildet den neutestamentlichen Kontrapunkt zu Gen 11.*

Im Folgenden wollen wir dem Sprachenreden des NT näher auf die Spur kommen, weil die Geschichtlichkeit dieser Erscheinung aus der Antike indirekt eine Bestätigung der in die Frühzeit der Menschheit zu datierenden biblischen Ursprungsgeschichte der Sprachen darstellt. Wenn wir nämlich historisch glaubwürdig zeigen können, dass es prinzipiell möglich ist, dass Menschen plötzlich und ohne vorheriges Lernen ein gesamtes Sprachsystem beherrschen können, so erhält die biblische Geschichte der Sprachenverwirrung zu Babel dadurch ein zusätzliches, indirekt untermauerndes Argument, dessen Bedeutung nicht unterschätzt werden sollte.

10.2 Zur Glaubwürdigkeit der Schriften des Lukas

In der Apostelgeschichte, dem Fortsetzungswerk des Lukas-Evangeliums, wird über drei historische Ereignisse des Sprachenredens gesprochen (Apg 2; 10 und 19). In diesem Zusammenhang ist es wichtig, darauf hinzuweisen, dass die Archäologie den Schreiber Lukas als überaus genauen, präzisen und glaubwürdigen Historiker erweisen konnte. Sir William RAMSAY, der als Archäologe insbesondere die Welt der paulinischen Missionsreisen erforschte, kam nach jahrelangen Arbeiten zum reifen Urteil, dass die Geschichtsdarstellung des Lukas, was ihre Vertrauenswürdigkeit angeht, unübertroffen ist, dies obwohl er anfänglich durch die liberaltheologische Tübinger Schule geprägt, von der Ungeschichtlichkeit der Apostelgeschichte ausgegangen war.[467]

Andere Forscher haben die Untersuchungen RAMSAYS weitergeführt. Ihre Ergebnisse zeigen deutlich: Die Geschichtsschreibung des Arztes Lukas ist bis in kleinste Details hinein zuverlässig.[468]

Dieser Punkt ist in unserem Zusammenhang sehr entscheidend. Von der Apostelgeschichte ausgehend, haben wir also allen Grund, die Echtheit des Phänomens der Sprachenrede, wie sie dort geschildert wird, anzuerkennen. Wenn es aber als historisch gesichert gelten darf, dass Menschen in der Vergangenheit in der Lage waren, plötzlich und ohne vorangegangenes Lernen, neue Sprachsysteme zu beherrschen, so fällt es dem Skeptiker wohl etwas einfacher, gedanklich nachzuvollziehen, wie die menschlichen Sprachen ursprünglich entstanden sind.

[467] BRUCE: Die Glaubwürdigkeit der Schriften des Neuen Testaments, S. 98.

[468] Vgl. BRUCE: Die Glaubwürdigkeit der Schriften des Neuen Testaments, S. 87-106. HEMER: The Book of Acts in the Setting of Hellenistic History.

10.3 Das Phänomen des Sprachenredens am Pfingsttag 32 n. Chr.

Der Arzt Lukas[469] beschrieb das Wunder des Sprachenredens in Verbindung mit dem Pfingstereignis im zweiten Teil seines biblischen Doppelwerkes[470] (Apg 2,1-21):

> „[1] Und als der Tag der Pfingsten erfüllt wurde, waren sie alle einmütig an einem Ort beisammen. [2] Und plötzlich geschah aus dem Himmel ein Brausen, wie von einem daherfahrenden, gewaltigen Wind, und erfüllte das ganze Haus, wo sie saßen. [3] Und es erschienen ihnen zerteilte Zungen wie von Feuer, und sie setzten sich auf jeden Einzelnen von ihnen. [4] Und sie wurden alle mit Heiligem Geiste erfüllt und fingen an, in anderen Sprachen zu reden, wie der Geist ihnen gab auszusprechen. [5] Es wohnten aber in Jerusalem Juden, gottesfürchtige Männer, von jeder Nation derer, die unter dem Himmel sind. [6] Als sich aber das Gerücht hiervon verbreitete, kam die Menge zusammen und wurde bestürzt, weil jeder Einzelne in seiner eigenen Mundart sie reden hörte. [7] Sie entsetzten sich aber alle und verwunderten sich und sagten zueinander: Siehe, sind nicht alle diese, die da reden, Galiläer? [8] Und wie hören wir sie, ein jeder in unserer eigenen Mundart, in der wir geboren sind: [9] Parther und Meder und Elamiter, und die Bewohner von Mesopotamien und von Judäa und Kappadocien, Pontus und Asien, [10] und Phrygien und Pamphylien, Ägypten und den Gegenden von Libyen gegen Kyrene hin, und die hier weilenden Römer, sowohl Juden als Proselyten, [11] Kreter und Araber – wie hören wir sie die großen Taten Gottes in unseren Sprachen reden? [12] Sie entsetzten sich aber alle und waren in Verlegenheit und sagten einer zum anderen: Was mag dies wohl sein? [13] Andere aber sagten spottend: Sie sind voll süßen Weines. [14] Petrus aber stand auf mit den Elfen, erhob seine Stimme und redete zu ihnen: Männer von Judäa, und ihr alle, die ihr zu Jerusalem wohnt, dies sei euch kund,

[469] Kol 4,14.
[470] Lukas-Evangelium und Apostelgeschichte (vgl. Luk 1,1-4; Apg 1,1).

Abb. 19 Der Tempelplatz von Jerusalem. Das Phänomen des Sprachenredens am Pfingsttag ereignete sich, als die Volksmassen kurz vor 9 Uhr morgens zum Tempel strömten (ASEBA, Bollodingen).

und nehmt zu Ohren meine Worte! [15] Denn diese sind nicht trunken, wie ihr meint, denn es ist die dritte Stunde des Tages; [16] sondern dies ist es, was durch den Propheten Joel gesagt ist: [17] Und es wird geschehen in den letzten Tagen, spricht Gott, dass ich von meinem Geiste ausgießen werde auf alles Fleisch, und eure Söhne und eure Töchter werden weissagen, und eure Jünglinge werden Gesichte sehen, und eure Ältesten werden Träume haben; [18] und sogar auf meine Knechte und auf meine Mägde werde ich in jenen Tagen von meinem Geiste ausgießen, und sie werden weissagen. [19] Und ich werde Wunder geben in dem Himmel oben und Zeichen auf der Erde unten: Blut und Feuer und Rauchdampf; [20] die Sonne wird verwandelt werden in Finsternis und der Mond in Blut, ehe der große und herrliche Tag des Herrn kommt. [21] Und es wird geschehen, ein jeder, der irgend den Namen des Herrn anrufen wird, wird errettet werden."

10.4 Vierzehn Thesen zum Thema „Sprachenreden in der Bibel"

Über das Wesen des biblischen Sprachenredens bestehen kontroverse Meinungen. Nachfolgend stelle ich 14 Thesen zu dieser Thematik auf. Anschließend sollen sie näher erläutert und am Bibeltext festgemacht werden:

1. Bei der Gabe der Sprachenrede in der Bibel handelte es sich um eine übernatürliche Gabe von Gott.
2. Der Heilige Geist vermittelte die Fähigkeit zur Beherrschung von Fremdsprachen.
3. Die Beherrschung schloß selbst die korrekte Aussprache mit ein.
4. Beim Sprachenreden in der Bibel handelte es sich nicht um ein Gestammel, um unartikulierte Laute oder um einen Schwall von Lauten mit fehlender Prosodie,[471] sondern um wirkliche Sprachen.
5. Bei der vielfach verwendeten Bezeichnung „Zungenreden" handelt es sich um eine falsche Wiedergabe der griechischen Wendung *en glossais lalein*. Korrekt muss man diese verbale Wortkette im Deutschen mit „Sprachenreden" bzw. „Fremdsprachenreden" übersetzen.
6. Die biblischen Sprachenredner beherrschten die jeweilige Fremdsprache aktiv, ohne sie jemals zuvor gelernt zu haben.
7. Die biblischen Sprachenredner beherrschten nicht nur bestimmte Hauptsprachen, sondern sogar verschiedene Dialekte.
8. Die biblischen Sprachenredner wirkten nicht als Medien. Ihr Bewusstsein war nicht eingeschränkt und ihr Verstand nicht ausgeschaltet.
9. Die biblischen Sprachenredner waren sich daher auch immer dessen, was sie sagten, voll bewusst. Sie waren ja die Redenden, mit Hilfe des Heiligen Geistes.

471 Die Prosodie beinhaltet den rhythmischen und metrischen Aspekt der Sprache im Zusammenhang mit Ton, Intonation, Akzent und Länge. In der Prosodik, einem Teilgebiet der Phonologie, beschäftigt man sich mit diesem Gebiet.

10. Die biblischen Sprachenredner waren beim Sprechen in einem nüchternen Zustand der völligen Selbstkontrolle.
11. Diese übernatürliche Sprachengabe sollte insbesondere dem Volk Israel bezeugen, dass mit Pfingsten (Apg 2) ein neues Zeitalter, das Zeitalter der Weltmission, begonnen hat: Gott spricht nun nicht mehr lediglich in *einer* Sprache (Hebräisch) zu *einem* Volk (Israel), sondern in vielen Sprachen zu allen Völkern.
12. Die Sprachenrede hatte nur einen Sinn, wenn die anwesenden Zuhörer den Inhalt verstehen konnten. Falls die Anwesenden die jeweilige Fremdsprache nicht verstanden, musste für Übersetzung gesorgt werden.
13. Nicht alle Christen der Anfangszeit konnten in Sprachen reden, sondern nur gewisse, die in Gottes souveräner Auswahl diese Gabe bekommen hatten.
14. Es gab nur einen Typ von Sprachenrede im NT. Bei der Sprachenrede von Apg 2 handelte es sich um dasselbe Phänomen wie in 1Kor 12-14.

10.5 Alle Stellen der Bibel zum Thema

In der Bibel wird, abgesehen von Gen 11, in sechs Passagen das Sprachenreden behandelt.[472] Eine Stelle davon findet sich im AT, alle anderen dagegen stehen im NT. Es ist wichtig, alle Stellen genau zu untersuchen, um den biblischen Befund vollständig überblicken zu können.

Nachfolgend seien sie zunächst im Sinn einer kurzen Bestandsaufnahme zusammengestellt, verbunden mit einer Charakterisierung und Umschreibung ihres jeweiligen Kontextes:

472 In gewissem Sinn gehören die Heilungen von Tauben und Stummen durch den Messias Jesus (Jes 35,4-6) auch in die Nähe dieser Thematik. Die Evangelien bezeugen eine Reihe von solchen Fällen, in denen Menschen nach der Heilung ohne Lernprozess plötzlich sprechen konnten: vgl. Mat 9,32-33 (Stummer); 11,5 (Tauber); 12,22 (Stummer); 15,30-31 (Stumme); Mark 7,32-37 (Tauber, der schwer redete); 9,17.25 (Taubstummer); Luk 7,22 (Taube); 11,14 (Stummer). Diese Stellen unterscheiden sich graduell abgestuft von der vorliegenden Thematik. Deshalb habe ich sie nicht unter die sieben klassischen Passagen über das Sprachenreden aufgenommen.

10.5.1 Genesis 11,1-9

Nach der Sintflut hatte die Urgesellschaft in Babel eine einzige gemeinsame Sprache. *Infolge ihres Hochmuts und ihrer Rebellion gegen Gott, verwirrte der HERR ihre Sprache, indem er verschiedenen Sippen neue Sprachen eingab.* Alle Sippen, die eine neue Sprache bekamen, verloren ihre ursprüngliche. Dafür beherrschten sie die jeweils neue Sprache ohne vorangegangenen Lernprozess. *Dadurch sollte die Menschheit in verschiedene Nationen aufgeteilt und über das ganze Erdenrund hinweg zerstreut werden.*

10.5.2 Jesaja 28,11-12

Jesaja kündigte um 700 v. Chr. an, dass der Ewige dereinst durch fremde Sprachen zu dem Volk Israel reden würde. Obwohl dies ihre besondere Aufmerksamkeit erwecken sollte, würde Israel als Nation leider auch dennoch keineswegs bereit sein, auf diese Botschaft zu hören.[473]

In 1Kor 14,21 zitierte der Apostel Paulus diese Jesaja-Verse und bezog sie ausdrücklich auf das neutestamentliche Sprachenreden. Er folgerte aus dieser Stelle, dass dieses Zeichen insbesondere für Ungläubige bestimmt sei (1Kor 14,22), allerdings nur, wenn die Angesprochenen diese Fremdsprachen selber auch verstehen, sonst würden sie ja fast gezwungenermaßen denken, dass die Sprachenredner verrückt seien (1Kor 14,23).

10.5.3 Markus 16,15-18

Nach seiner siegreichen Auferstehung gab der Herr Jesus Christus seinen 11 Aposteln den Auftrag zur Weltmission. *Diese neuartige Botschaft sollte durch verschiedene Zeichen bestätigt werden. Eines dieser Zeichen würde das Phänomen des Sprachenredens sein.*

473 Der Begriff „stammelnde Lippen" ist ein typisch hebräischer Ausdruck für „barbarische Sprache" (Lange: Theologisch-homiletisches Bibelwerk, Vierzehnter Theil: Der Prophet Jesaja, S. 303).

10.5.4 Apostelgeschichte 2,1-21

Am Pfingsttag wurde der Heilige Geist über die messianisch-gläubigen Juden in Jerusalem ausgegossen. Dieses Ereignis markierte einen tiefen Einschnitt bzw. einen Neuanfang in der Heilsgeschichte: Durch die Taufe mit dem Heiligen Geist wurde die Kirche, die Gemeinschaft der Christen, gegründet (1Kor 12,13). An diesem Tag erfüllte sich die Verheißung aus Jes 28 und Mark 16 zum ersten Mal. Die Jünger Jesu begannen, in allen möglichen Fremdsprachen und Dialekten, die sie zuvor noch nie gelernt hatten, die großen Taten Gottes zu verkündigen (Apg 2,4-11). *Dieses Zeichen symbolisierte gegenüber Israel, dass Gott sich nun nicht mehr nur einem einzigen Volk in besonderer Weise mitteilen würde. Die Botschaft von dem Erlöser Jesus Christus sollte allen Völkern in ihrer jeweiligen Sprache übermittelt werden,* ganz gemäß dem Vier-Punkte-Programm des Weltmissions-Mandates aus Apg 1,8:

1. Jerusalem
2. Judäa
3. Samaria
4. bis ans Ende der Erde

Da dieses Geschehen mit dem jüdischen Tempelfest „Schavuoth" (= Pfingsten) zusammenfiel, waren, nebst den Besuchern aus Städten und Dörfern des Landes Israel, Abertausende von Juden aus dem ganzen Römischen Weltreich, und selbst aus Ländern darüber hinaus, in Jerusalem zu Besuch.[474] Diese Juden konnten die vielen Fremdsprachen, welche die für ihre fehlende Formalbildung bekannten Galiläer sprachen, verstehen. Dadurch kamen sie in Verlegenheit. Die Einheimischen konnten damit allerdings gar nichts anfangen. Sie taten das Phänomen mit dem Verweis auf Trunkenheit spottend ab.

Pfingsten war die Umkehrung der babylonischen Sprachenverwirrung. Babel bedeutete Trennung und sich nicht verstehen können. In Jerusalem kam es an Pfingsten zu einer Zusammenführung und Vereinigung in Christus. Durch das Evangelium sollten

474 Da die frühsommerliche Zeit um Pfingsten in der Alten Welt die ideale Reisezeit war, kann man davon ausgehen, dass insbesondere an diesem Jahres-Fest jeweils die höchste Anzahl von Ausland-Juden in Jerusalem anwesend war (EDERSHEIM: Der Tempel, S. 172).

Kultur-, Rassen- und Sprachbarrieren abgebrochen werden. An Pfingsten 32 wurde dies zeichenhaft demonstriert.

10.5.5 Apostelgeschichte 10,44-48

Bis zu diesem Zeitpunkt herrschte unter den messianisch-gläubigen Juden die Meinung vor, dass Nicht-Juden, die zum Glauben an den Erlöser Jesus Christus gekommen waren, durch eine Proselyten-Taufe ins Judentum übertreten sollten. Nur dieserart sollte es möglich sein, dass sie den Heiligen Geist empfangen würden, wie dies mit jüdischen Christen am Pfingsttag geschehen war. Als der Apostel Petrus jedoch das Evangelium nach langem Zögern dem römischen Hauptmann Kornelius und denen, die ihm nahe standen, verkündigte, bekamen diese den Heiligen Geist, sobald sie die Frohe Botschaft im Glauben aufgenommen hatten. Beweis dafür war die Tatsache, dass diese Römer begannen, in für sie vordem fremden Sprachen Gott zu loben, und dies ohne dass sie getauft worden waren. Die jüdischen Begleiter des Apostels hörten und verstanden diese Gebete.[475] Sie kamen außer sich, da sie so etwas als unmöglich angesehen hatten. Da diese Juden die Fremdsprachen[476] der Römer im Haus des Kornelius verstanden hatten, liegt es auf der Hand, dass es sich wohl um Hebräisch und Aramäisch gehandelt hat, was im Munde dieser Heiden damals wirklich etwas Besonderes gewesen sein muss. *Dieses Ereignis sollte demonstrieren, dass Gott bekehrte Heiden in die Kirche aufnimmt, und zwar ohne dass sie zuvor durch eine Proselyten-Taufe Juden werden mussten.*

10.5.6 Apostelgeschichte 19,1-7

Als Paulus um 54 n. Chr. nach Ephesus gekommen war, begegnete er etwa zwölf Jüngern von Johannes dem Täufer. Diese Gläubigen hatten den Heiligen Geist nie empfangen. Das Pfingstereignis (Apg 2) war ihnen fremd und wohl noch vieles andere, was zentral in

[475] Das griechische Verb *akouô* (Apg 10,46) hat einen Doppelsinn. Es kann sowohl „hören" als auch „verstehen" bedeuten (BAUER: Griechisch-deutsches Wörterbuch zu den Schriften des Neuen Testament und der frühchristlichen Literatur, S. 62-63; vgl. ferner in diesem Zusammenhang 1Kor 14,2).

[476] Man beachte den Plural „Sprach*en*" in Apg 10,46!

Verbindung mit der Lehre des Christentums steht. Paulus führte sie weiter. Als sie den Heiligen Geist empfingen, begannen sie in anderen Sprachen zu sprechen. *Hier steht das Sprachenreden in Verbindung mit diesem dramatischen Schritt, wo Gläubige im Sinne des AT Gläubige im Sinne des NT wurden.*

10.5.7.1 Korinther 12-14

Paulus belehrte die Christen in Korinth allgemein über das Thema der geistlichen Gaben. Neben vielen anderen Manifestationen des Heiligen Geistes wird hier in allen drei Kapiteln über die Gabe des Sprachenredens gesprochen. In Korinth gab es diversen Missbrauch der Gaben und ebenso unordentliche Anwendungen derselben. *Daher sind diese Kapitel charakterisiert durch allgemeine Belehrung einerseits und spezifische Korrektur andererseits. Über das innere Wesen des Sprachenredens erfahren wir allerdings nirgends im NT so viel Detailliertes wie hier, insbesondere in Kapitel 14.*

10.6 Sprachliche und exegetische Hinweise

Nachfolgend stelle ich einige Bemerkungen philologischer und exegetischer Natur zu den neutestamentlichen Stellen über das Sprachenreden zusammen. Durch das Herausarbeiten einiger Feinheiten kann das Wesen des biblischen Sprachenredens besser erfasst und gesamt-biblisch eingeordnet werden.

10.6.1 „Sprachenreden“ contra „Zungenreden“

Der Begriff „Sprache“ im NT ist die Übersetzung des griechischen Wortes *glossa*. Das Wortfeld *glossa* umfasst u.a. folgende Bedeutungen: „Zunge (als Organ)“, „Sprache“, „Fremdsprache“.

Im Zusammenhang mit dem Sprachenreden finden sich im griechischen Grundtext folgende Wendungen: *glossē lalein,*[477] *lalein en glossē ,*[478] *lalein glossē ,*[479] bzw. *lalein glossais*[480] und *glossais lalein.*[481] Im

477 1Kor 14,27.
478 1Kor 14,19.
479 1Kor 14,2.4.5.13.
480 Apg 2,4.11; 10,46; 19,6; 1Kor 14,23.39.
481 Mark 16,17; 1Kor 12,30; 13,1; 14,6.18.

Deutschen können wir diese Ausdrücke wiedergeben mit: „eine (Fremd)-Sprache sprechen" bzw. „(Fremd)-Sprachen sprechen".

Die Übersetzung mit „in Zungen reden" ist sachlich falsch und weckt irrige Assoziationen mit Zungenakrobatik oder ekstatischem Lallen. Derartige Gedankenverbindungen waren den ursprünglichen Griechisch sprechenden Lesern der neutestamentlichen Schriften mit Sicherheit fremd.

Helmut GLÜCK umschreibt den Begriff „Glossolalie" („Zungenreden") in dem linguistischen Metzler Lexikon der Sprache wie folgt:

> „In (religiöser) Ekstase hervorgebrachte unartikulierte Lautproduktionen, hinter denen göttl. Botschaften vermutet und gesucht werden (z.B. 1. Kor. 14,2: ‚Denn wer in Zungen redet, der redet nicht für Menschen, sondern für Gott; denn niemand versteht ihn, vielmehr redet er im Geist Geheimnisse')."[482]

Man fragt sich, mit welchem Recht er zu solchen Schlussfolgerungen gekommen ist. Der biblische Text spricht in Verbindung mit Sprachenreden nie von „Lallen", Stammeln" oder „Ekstase". Es würde nicht überraschen, wenn der falsche Begriff „Zungenreden" bei diesem Missverständnis einen teilweisen Beitrag dazu geleistet hat. Aufschlussreich ist, was HÖRSTER dazu schreibt:

> „Während in den älteren Übersetzungen und Kommentaren der Begriff Zungenrede vorherrscht, hat sich inzwischen bei den Exegeten die Überzeugung durchgesetzt, dass dieser Begriff unangemessen und irreführend ist... Sie erweckt den Eindruck, als würde bei diesem Charisma die Zunge als Organ, von einer anderen Macht beherrscht, unartikulierte Laute bilden."[483]

10.6.2 „Neue Sprachen"

In Mark 16,17 kündigte der auferstandene Christus seinen elf Jüngern und denen, die durch sie zum Glauben kommen würden, verschiedene Zeichen und Wunder an, u.a. auch das Phänomen der Sprachenrede. Er sprach in diesem Zusammenhang von „neuen

482 GLÜCK: Metzler Lexikon Sprache, S. 226.
483 HÖRSTER: Zungenrede, S. 1732.

Sprachen". Man könnte leicht auf die Idee kommen, dass dies besage, Sprachenredner würden in neuartigen Sprachen reden, die es zuvor noch nie gegeben habe. In diesem Fall müsste man im griechischen Text jedoch viel eher das Adjektiv *neos* erwarten. Dieses Wort bedeutet insbesondere „neu" im Sinn von „jung", „frisch" oder „neuartig". Es weist auf Dinge hin, die erst vor kurzem ins Dasein gekommen sind. Markus verwendet dort allerdings das Wort *kainos*, das insbesondere „neuartig", „ungewohnt", „fremd" bedeutet und oftmals Dinge bezeichnen kann, die schon längst bestanden haben, aber erst vor kurzem bekannt geworden sind. So bringt *kainos* hier in unserem Kontext zum Ausdruck, dass diese Sprachen, obwohl schon früher existent, neu für die Sprechenden sein würden.[484] Mark 16 kündigte an, dass gewisse Menschen plötzlich Sprachen beherrschen würden, die sie früher nicht sprechen konnten und die zum Zeitpunkt ihrer ersten Anwendung für die Sprechenden daher neu sein würden.

10.6.3 Menschliche Sprachen und Dialekte

10.6.3.1 Klanglich korrekte Aussprache

Aus den detaillierten geographischen Angaben in Apg 2,8-11 geht hervor, dass die Redner am Pfingsttag Sprachen aus dem ganzen Mittelmeerraum des Römischen Reiches sowie aus dem weit darüber hinausgehenden Bereich des Mittleren Ostens anwandten. Nicht nur Sprachen an sich, sondern sogar verschiedene Dialekte konnten die Jünger sprechen.[485] Dies ist sehr beachtlich. Somit beherrschten sie nicht allein auf verständliche Weise verschiedene Sprachsysteme an sich, sondern jeweils auch die genaue Aussprache mitsamt lokal ausgeprägtem Akzent, was exakte Klangfarbe und richtige Betonung miteinschloss. Beim Sprachenwunder des NT handelte es sich also ganz eindeutig um menschliche Sprachen und Dialekte.[486]

Der eben hervorgehobene Punkt erfährt durch Apg 2,4 eine weitere Bestätigung. Dort verwendete Lukas das Verb *apophthengomai*,

[484] Eine gründliche Studie zur Abgrenzung zwischen *kainos* und *neos* findet sich in: TRENCH: Synonyms of the New Testament, S. 233-137.

[485] Vgl. Apg 2,8.11: „in unserer eigenen *Mundart*" (griech. *dialektos*), „in unseren Sprachen" (griech. *glossa*).

[486] Dies geht, wie wir oben bereits sahen (10.5.4 und 10.5.5), nicht allein aus Apg 2, sondern z.B. auch aus Apg 10 hervor.

was „aussprechen“ bedeutet, aber mit Bezug auf den lautlichen, klanglichen Aspekt der Sprache.[487] Der Heilige Geist bewirkte somit auch die korrekte Aussprache.

10.6.3.2 Zwei verschiedene Gruppen von Zuhörern

Das Publikum am Pfingsttag war zweigeteilt: Es gab einerseits die fremdsprachigen Ausland-Juden und andererseits die Einheimischen. Die Ausland-Juden konnten mit dem Sprachenreden der Jünger problemlos etwas anfangen. Sie wurden dadurch betroffen, indem sie sich entsetzten und in Verlegenheit gerieten (Apg 2,12). Sie hörten klipp und klar, wie durch das Sprachenreden „die großen Taten Gottes“ verkündigt wurden (Apg 2,11). Die Einheimischen dagegen verstanden die für sie fremden Sprachen nicht. So bezichtigten wohl insbesondere viele von ihnen zynisch spottend die Sprachenredner der Trunkenheit (Apg 2,13). Für diese Gruppe war der Inhalt der Sprachenreden gewissermaßen ein „Geheimnis“, mit Ausnahme von denen, die über Sprachkenntnisse verfügt haben, die über das Normale hinausgingen.

Die Situation der Einheimischen entsprach exakt der später in Korinth allgemein üblichen. Paulus schreibt daher in 1Kor 14,2:

> „Denn wer in einer Sprache redet, redet nicht Menschen, sondern Gott; denn niemand versteht es, im Geist aber redet er Geheimnisse.“

Der Heidenapostel musste sich alle Mühe geben, um der Gemeinde in Korinth klar zu machen, dass die Sprachenrede nur dann einen Sinn hat, wenn Fremdsprachige anwesend waren, oder wenn zumindest die fremdsprachige Botschaft für alle verständlich übersetzt wurde. Hierin liegt der Grund, weshalb in 1Kor 14 aus der in Kapitel 12 aufgeführten Fülle von Gaben speziell zwei ausgewählt wurden, Sprachenrede und Weissagung, um anhand dieser beiden Musterbeispiele klar zu machen, dass Verständlichkeit des Gesprochenen zu den obersten Prioritäten gehört.

10.6.3.3 Nur ein Typ von Sprachenreden im NT

Es ist nicht gerechtfertigt, zwei verschiedene Arten von Sprachenreden im NT zu unterscheiden, die der Apostelgeschichte und die

[487] Vgl. LOUW/NIDA: Greek-English Lexicon of the New Testament Based on Semantic Domains, Bd. I, 33.76, *apophthengomai.*

des 1. Korintherbriefes. 1Kor 14,21-22 macht ja klar, dass die Sprachenrede in erster Linie ein Zeichen für das ungläubige Volk Israel sein sollte. Dies nun entspricht exakt dem, was wir in Apg 2 in Verbindung mit dem Pfingsttag vorfinden.

10.6.4 Engelsprachen

10.6.4.1 Zur Bedeutung von 1Kor 13,1

In 1Kor 13,1 wird von „Sprachen der Menschen und der Engel" gesprochen. Dies ist die einzige Stelle in der Bibel, wo der Begriff „Engelsprachen" vorkommt. Da die Heilige Schrift sich nur so spärlich zu diesem Thema äußert, ist es schwierig, Genaueres zur Natur der Engel-Kommunikation zu sagen.

Es gibt manche Stellen, in denen Engel mit Menschen sprechen, und da sprechen diese Boten natürlich immer menschliche Sprachen.[488] Selbst in Fällen, wo Engel zueinander[489] oder gar direkt zu Gott sprachen, konnten Menschen ihr Reden verstehen.[490]

Es gibt keine Stelle in der Bibel, aus denen eindeutig hervorgehen würde, dass Engel andere Sprachen reden als Menschen. Rein sprachlich gesehen, ist es durchaus denkbar, dass der Ausdruck „Sprachen der Menschen und der Engel" in 1Kor 13,1 den Sinn hat: „die Sprachen, welche sowohl die Menschen als auch die Engel sprechen."

10.6.4.2 Ein Wenn-dann-Satz

Ferner ist darauf zu achten, dass 1Kor 13,1 nicht eindeutig aussagt, Paulus habe in Engelsprachen geredet. In den Versen 1-3 haben wir eine Reihe von Wenn-dann-Sätzen, die z.T. offensichtlich irreale Bedeutung haben.[491] Ein Beispiel mag dies verdeutlichen: Paulus hatte nur stückweise Erkenntnis (1Kor 13,9.12), und dennoch heißt es in 1Kor 13,2:

488 Vgl. z.B. Dan 10,12-15; 10,20-12,4. In diesen Stellen wurde sehr wahrscheinlich Hebräisch gesprochen. In Apg 10,3ff. sprach der Engel wohl Latein oder Griechisch.

489 Vgl. z.B. Jes 6,4.

490 Vgl. z.B. Off 5,11-14.

491 Es handelt sich im griechischen Text um Konditionalsätze vom Typ „Prospektiver Fall" (Protasis mit *ean* + Konjunktiv). Im nachklassischen Griechisch, wo die Bedingung *ean* die Partikel *ei* stark zurückgedrängt hat, findet man den prospektiven Fall auch in Kontexten, in denen man vom Klassischen Griechisch her den irrealen Fall erwarten könnte (vgl. HOFFMANN / VON SIEBENTHAL: Griechische Grammatik zum Neuen Testament, S. 555.)

„Und wenn ich... alle Erkenntnis weiss..."

10.6.4.3 Lallen – keine höhere Kommunikation

Ich komme hiermit zu folgendem Schluss: Aufgrund dieser Stelle ist es nicht zulässig, zu *behaupten,* dass es sich bei dem in der Bibel erwähnten Sprachenreden um nicht-menschliche, überirdische Sprachen gehandelt habe.

Der Hintergrund einer derartigen Behauptung besteht in Folgendem: Es gibt Unzählige, die heutzutage Zungenreden in Form von *unverständlichem Lallen mit fehlender Prosodie*[492] praktizieren. Da es sich in diesen Fällen offensichtlich nicht um bestehende Fremdsprachen handelt, möchte man diese Praktik mit dem Hinweis auf Engelsprachen als ein biblisches Phänomen hinstellen. Doch: Soll man wirklich glauben, dass Engel, die in der Bibel verschiedenste Fremdsprachen beherrschen, unter sich keine höhere Kommunikation besitzen als ein Lallen?

Ganz abgesehen davon, widerspricht es dem gesunden Denken, Lallen, unartikulierte Laute, unstrukturierte Äußerungen als den menschlichen Kommunikationsmitteln überlegene übernatürliche Sprachen zu bezeichnen.

10.6.4.4 Zur Bedeutung von Röm 8,26

Manchmal werden die in Röm 8,26 erwähnten „unaussprechlichen Seufzer" des Heiligen Geistes mit dem Lallen des Zungenredens in Verbindung gebracht. Das geht aber nicht, weil das Adjektiv „unaussprechlich"[493] ja gerade zum Ausdruck bringt, dass es sich hier um eine wortlose, stumme Kommunikation handelt.

10.6.5 Keine Bewusstseins-Einschränkung

Beim biblischen Sprachenreden handelte es sich niemals um ekstatische Zustände. Niemals gab es dabei ein eingeschränktes Bewusstsein.

[492] Die Prosodie beinhaltet den rhythmischen und metrischen Aspekt der Sprache im Zusammenhang mit Ton, Intonation, Akzent und Länge. In der Prosodik, einem Teilgebiet der Phonologie, beschäftigt man sich mit diesem Gebiet. Die gesprochene Sprache zeichnet sich klanglich u.a. durch Rhythmus, Betonung, sowie durch Heben und Senken der Stimme aus. Dadurch werden u.a. sinngebende Einheiten strukturiert. In der Schrift wird solches z.T. durch Satzzeichen (Kommas, Punkte, Ausrufe- und Fragezeichen, sowie durch Absätze etc.) verdeutlicht. Bei dem heutzutage von Tausenden praktizierten Zungenreden fällt das Fehlen prosodischer Elemente auf.

[493] Griech. *alalêtos* = „wortlos", „stumm".

Dies wäre grundsätzlich im Widerspruch zur Lehre der Heiligen Schrift. In 2Tim 4,5 befahl Paulus:

> „Du aber sei nüchtern in allem..."

Das mit „nüchtern sein" übersetzte Verb *nêphô* bedeutet gemäß dem neutestamentlichen Standardwörterbuch von Walter BAUER:

> „...frei sein von jeder geistigen und seelischen Trunkenheit, von Überschwang, Leidenschaft, Überstürzung, Verwirrung, Exaltiertheit".[494]

Allerdings: Große Freude ist selbstverständlich biblisch (vgl. z.B. Ps 100,1; Phil 4,4), aber niemals in solchen Fällen, wo die Selbstkontrolle irgendwie eingeschränkt oder gar aufgehoben wird. Das NT ruft 11x zur Nüchternheit auf.[495] Ferner findet sich dort 14x der Befehl „wachet".[496] Das NT lehnt jegliche Passivität des Geistes ab und ruft die Gläubigen zu Wachheit und Aktivität auf, so z.B. durch die Befehle „Widerstehet!"[497], „Kämpfe!"[498] oder eben „Wachet!" etc.

Dies steht krass im Gegensatz zur Mystik in allen möglichen mit der Bibel unkompatiblen religiösen Praktiken wie transzendentale Meditation, Traumreisen, Yoga, Autogenes Training, Rockmusik, Drogen etc., wo Einschränkungen des Bewusstseins in allen möglichen Abstufungen eine wesentliche Rolle spielen.[499]

Der Heilige Geist ist nach dem Zeugnis der Heiligen Schrift ein „Geist der Besonnenheit", der Kraft gibt zur Selbstbeherrschung, Mäßigung und zum gesunden Verstandes-Urteil (vgl. 2Tim 1,7).[500]Er führt den Menschen niemals in die Trance. Wenn Paulus in 1Kor 12 über die geistlichen Gaben zu sprechen beginnt, macht er gerade in dieser Hinsicht einen auffälligen Unterschied zum Heidentum deutlich (1Kor 12,2):

494 BAUER: Wörterbuch zum Neuen Testament, S. 1090.

495 1Kor 15,34; 1Thes 5,6.8; 1Tim 3,2.11; 2Tim 2,26; 4,5; Tit 2,2; 1Pet 1,13; 4,5; 5,8.

496 Mat 24,42; 25,13; 26,38.41; Mark 13,33.35.37; 14,34.38; Luk 21,36; Apg 20,31; 1Kor 16,13; Kol 4,2; 1Pet 5,8.

497 Jak 4,7; 1Pet 5,9.

498 1Tim 6,12.

499 Vgl. zu dieser Thematik: LIEBI: New Age! Daten, Fakten, Hintergründe, Hat die große Wende begonnen? Kritische Analysen zum gegenwärtigen Esoterik-Boom.

500 Der Ausdruck „Besonnenheit" in 2Tim 1,7 ist die Übersetzung von *sôphronimos.* Weitere Bedeutungen sind: Selbstbeherrschung, gesunde Urteilsfähigkeit, Enthaltsamkeit.

„Ihr wisst, dass ihr einst Heiden wart und *euch fortreißen ließt* zu den stummen Götzen, so *wie ihr geführt wurdet*."[501]

10.6.6 Erbauung durch Sprachenreden

10.6.6.1 Spezialfall Korinth

Beim Pfingstereignis in Apg 2 waren viele Fremdsprachige zugegen. Für sie erwies sich das Sprachenreden als perfektes Kommunikationsmittel. In Korinth gab es indessen oft Verständnisprobleme. Was nützte schon das Sprachenreden in den Fällen, wo keine Fremdsprachigen da waren? Wenn die Korinther, von denen ja viele aus der Unterschicht kamen,[502] die Fremdsprachen nicht verstanden, so gab es keine Erbauung. Daher war in diesen Fällen „Auslegung" bzw. „Übersetzung" notwendig.[503] Allein durch die Übersetzung bekam die Gemeinde „Erbauung" im Glauben (1Kor 14,5). Daraus erkennen wir: Nicht das Sprachphänomen an sich, sondern allein die dadurch übertragene Botschaft war erbauend.

10.6.6.2 Keine Erbauung durch den Sprachklang

Man kann das eben Gesagte an einem Beispiel verdeutlichen: Die Psalmen sind ursprünglich auf Hebräisch verfasst worden. Nach dem Selbstzeugnis der Heiligen Schrift sind sie vom Geist Gottes inspiriert (2Tim 3,16). Das Hebräische der Psalmen ist daher gewissermaßen Sprache des Heiligen Geistes. Man könnte die Psalmen im Gottesdienst auf Hebräisch rezitieren. Obwohl die warm-kehlige Sprache der Propheten zweifellos wunderschön und feierlich klingt, wird keiner der des Hebräischen nicht mächtigen Gottesdienstbesucher davon irgendeinen geistlichen Nutzen haben. Die Sprachlaute sind Träger von Information. Wer die Laute jedoch nicht aufschlüsseln kann, vermag nichts von der Information aufzunehmen. Die Laute an sich sind keine Kommunikation. Nur wenn der Inhalt einer Botschaft übermittelt wird, hat der Empfänger einen Gewinn davon.

501 Zitat nach der revidierten Schlachter-Bibel, Das Neue Testament und die Psalmen.

502 Vgl. 1Kor 1,26-28.

503 *diermêneuô* (= „auslegen", „übersetzen"): 1Kor 12,30; 14,5.13.27; *hêrmeneia* (= „Auslegung", „Übersetzung"): 1Kor 12,10; 14,26; *diermêneutês* (= „Ausleger", „Übersetzer"): 1Kor 14,28.

10.6.6.3 Was ist Kommunikation?

Gesprochener Dialog unter Menschen geschieht beim Reden so: Der Sender besitzt oder bildet in seinem Inneren Information. Er verschlüsselt sie in Code-Zeichen, und zwar in Form von Schallwellen, die er an einen Empfänger übermittelt. Der Empfänger entschlüsselt die Code-Zeichen und nimmt die Information in sich auf. Nun kann er darauf reagieren und so wird er in der eben beschriebenen Form selber zum Sender, während der vorherige Sender die Möglichkeit hat, auf Empfang umzuschalten.

10.6.6.4 Verfehlte Kommunikation

Wenn beim Zungenreden der Sprechende gar nicht wirklich versteht, was er sagt, so passt dies nicht zum Wesen der Sprache als Kommunikationsmittel.

Der sich meines Erachtens fälschlicherweise auf 1Kor 14,2 berufende Zungenredner steht ja beim Beten nicht in einer Kommunikation mit Gott. Was er tut, verfehlt die von dem Schöpfer gewollte und von ihm so hoch eingeschätzte Sprache als Verständigungsmittel zwischen Gott und Mensch. Gott spricht doch zu uns durch sein geschriebenes Wort. Wir dürfen ihm durchs Gebet antworten, und zwar indem wir bei vollem Bewusstsein von Herzen auf das reagieren, was er uns sagt. Dies ist Kommunikation. Alles andere liegt unter der Würde des Menschen. Bileams Eselin beherrschte die Sprache, die sie redete, nicht (4Mo 22,28-30). Doch vergessen wir nicht, sie war ein Tier und kein im Bild Gottes geschaffenes Wesen!

10.6.7 Sprachverständnis und Sprachbeherrschung

10.6.7.1 Der menschliche Geist = Aktivist der Sprachenrede

Wer in einer Sprache betete, wusste genau, was er sagte. Für ihn war die Sprache nicht unverständlich: Er erbaute sich selbst (1Kor 14,4). Eben haben wir gesehen, dass nicht das übernatürliche Phänomen erbaute, sondern der Inhalt, das Kommunizierte, sonst wäre ja auch die Gemeinde jeweils erbaut worden, wenn keine Auslegung da war (1Kor 14,17), nämlich einfach durch das übernatürliche Geschehen.

Beim Sprachenreden betete nach 1Kor 14,14 *der menschliche Geist*.[504] Der Geist des Menschen hat die Fähigkeit, zu „erkennen", zu „for-

504 1Kor 14,14: „Denn wenn ich in einer Sprache bete, so betet *mein Geist*..." Der Ausdruck „mein Geist" (griech. *pneuma mou*) meint den Geist von Paulus. Es

schen“ und zu „verstehen“.[505] Beim Sprachenreden war das Organ des Denkens und des Verstehens nicht passiv, sondern im Gegenteil voll aktiv, ja sogar Quelle der Kommunikation. Gemäß Apg 2,4 befähigte der Heilige Geist zur richtigen Aussprache. Doch aus 1Kor 14,14 geht hervor, dass der Geist des Menschen jeweils der Sprecher war. Sprachenreden hat nichts mit spiritistischer Medialität gemein, wo der Geist des Menschen passiv ist und ein anderer Geist aktiv durch ihn spricht.

10.6.7.2 Nur der andere ein Barbar

In 1Kor 14 heißt es übrigens nicht vom Sprechenden, sondern vom Zuhörer: Er ist ein *Barbar*, der *nichts versteht* (1Kor 14,11), er *kann nicht „Amen“ sagen* zur Bestätigung (1Kor 14,16), er nimmt die Stellung des *Unkundigen* ein (1Kor 14,16). Der Sprecher wusste selbst genau, was er sagte. Er war der Aktive. Aber der nicht-fremdsprachige Zuhörer konnte mit der Mitteilung des Sprachenredners jeweils gar nichts anfangen.

10.6.7.3 Beten um die Gabe der Auslegung?

Auf Grund von 1Kor 14,13 könnte man auf den Gedanken kommen, dass der Sprachenredner zwar nicht wusste, was er sagte, dass ihm jedoch die Möglichkeit offen stand, um den Empfang der Gabe der Auslegung zu bitten. Es heißt dort:

> „Darum, wer in einer Sprache redet, bete, auf dass er es auslege.“

Beim Studium dieses Satzes im griechischen Original wird aber deutlich, dass dem nicht so ist. Die von Paulus benutzten Zeitformen weisen nicht auf ein einmaliges Ereignis hin. Der Apostel benutzt Durativformen,[506] die ein wiederholtes Handeln ausdrücken. Unter Berücksichtigung der griechischen Aspekte übersetze ich daher wie folgt:

gibt keine einzige Stelle in der Bibel, an der dieser Ausdruck im Mund eines Menschen den Heiligen Geist bezeichnen könnte. Die Wiedergabe dieses Satzes in Übersetzungen wie „Hoffnung für alle“, „Die gute Nachricht“ etc., wo dieser Begriff auf den Geist Gottes bezogen wird, ist sachlich falsch und daher unakzeptabel.

505 Vgl. Hi 20,3; 32,8; Ps 77,7; Spr. 20,27.

506 Die Formen des so genannten „Präsensstammes“ schildern in der Sprache des NT den Verbinhalt als nichtabgeschlossene, sich entwickelnde, fortdauernde oder sich wiederholende Handlung (vgl. HOFFMANN/VON SIEBENTHAL: Griechische Grammatik zum Neuen Testament, S. 304ff.

„Darum, wer [immer wieder] in einer Sprache redet, bete [immer wieder], auf dass er es [immer wieder] auslege."

Es geht nicht darum, eine bestimmte Gabe zu erbitten. Der in Sprachen Redende weiß ja genau, was er sagt. Doch soll er Gott immer wieder um Hilfe bitten, um anderen das Gesagte verständlich zu machen.

10.6.8 Eine Gabe für alle Christen?

Die Fragen „Reden alle in Sprachen?" und „Legen alle aus?" (1Kor 12,30) fordern eine verneinende Antwort. Fragen, die mit der griechischen Partikel *mê* gestellt werden, was in dieser Stelle der Fall ist, sind rhetorische Fragen, die ein „Nein" als Antwort verlangen.[507] Daraus folgern wir: Nicht alle Christen hatten die Gabe der Sprachenrede.[508]

10.6.9 Verantwortlichkeit beim Sprachenreden

Der Herr Jesus Christus lehrte, dass wir für all unsere Worte, die wir reden, verantwortlich sind (Mat 12,36.37). Der Verstand darf daher nicht ausgelöscht oder eingeschränkt werden. Die Gläubigen sollen vielmehr *„Erwachsene/Vollkommene am Verstand"* sein (1Kor 14,20).[509] Der Mensch ist eine von Gott geschaffene Einheit von Geist, Seele und Leib (1Thess 5,23). Kein Aspekt des Menschen darf verachtet und vernachlässigt werden.

Unter Berücksichtigung des bisher Ausgeführten ist m.E. biblisch nicht überzeugend begründbar, die Zungenredner von heute, die sich selbst nicht verstehen und somit auch nicht wissen, was sie

507 Hoffmann/von Siebenthal: Griechische Grammatik zum Neuen Testament, S. 425.

508 Diese Feststellung ist wichtig im Blick auf extreme Behauptungen, die besagen, jeder Christ sollte als Erweis der Echtheit seines Glaubens in Zungen reden.

509 Das griechische Wort *teleios* bedeutet sowohl „Erwachsener" als auch „Vollkommener". Im Kontext von 1Kor 14,20 steht die Bedeutung „Erwachsener" im Vordergrund. Man beachte die Opposition zwischen „Unmündige"/ „Kinder" und „Erwachsene".

sagen, mit dem Sprachenreden der Heiligen Schrift in Verbindung zu bringen. Nicht minder problematisch sind die heutigen Zungen-Ausleger, welche die Zungenredner auch *gar nicht verstehen (!)*, sondern aus einer, wie auch immer gearteten Eingebung heraus – z.B. indem sie ohne zu denken einfach ihrem Redefluss freien Lauf lassen und dabei auf „Inspiration" zählen – eine Deutung geben wollen.

10.6.10 „Geist" contra „Verstand"?

1Kor 14,14.15:

> „[14] Denn wenn ich in einer Sprache bete, so betet *mein Geist*, aber *mein Verstand* ist fruchtleer. [15] Was ist es nun? Ich will beten mit *dem Geist*, aber ich will auch beten mit *dem Verstand;* ich will lobsingen mit *dem Geist*, aber ich will auch lobsingen mit *dem Verstand.*"

10.6.10.1 Zum Bedeutungsfeld von „nous"

In dieser Stelle scheinen die Begriffe „Geist" *(pneuma)* und „Verstand" *(nous)* Gegensätze zu sein. Dies überrascht, denn diese Konzepte können doch eigentlich gar keine Gegensätze sein! „Verstand" ist doch gerade eine Fähigkeit des Geistes (Ps 77,7). Deshalb fragen wir uns: Was kann mit *nous* denn sonst noch alles ausgedrückt werden? Das Wortbedeutungsfeld von *nous* ist sehr groß, folgende Bedeutungen seien daraus herausgegriffen: „Verstand", „Gesinnung", „Gemüt", „Absicht", „Zweck (bei Handlungen)", *„Sinn"*, *„Aussage"*, *„Bedeutung (von Wörtern"* etc.).[510]

10.6.10.2 Was bedeutet „fruchtleer"?

Nun stellt sich die Frage: Was bedeutet „fruchtleer" in 1Kor 14,14? Die Antwort ergibt sich aus dem Kontext und dem gesamten Gedankenverlauf des Kapitels: „Keine Frucht bringen für andere." Man beachte, wie oft in diesem ganzen Abschnitt über den *anderen* bzw. die *anderen* gesprochen wird. Die Zielrichtung in 1Kor 14 ist im gesamten Textverlauf diese: Wer eine geistliche Gabe besitzt, soll sie zur Auferbauung anderer einsetzen. Es ist darauf zu achten, dass das Kommunizierte, das Mitgeteilte, zum Nutzen anderer dient

[510] Vgl. z.B. GEMOLL: Griechisch-deutsches Schul- und Handwörterbuch, S. 524.

(vgl. 1Kor 14,12). Es reicht nicht, dass man sich selbst weiterbringt und nur selber versteht, was man ausspricht (1Kor 14,4).

10.6.10.3 Übersetzung von 1Kor 14,14-15

Des Paulus' Aussage in 1Kor 14,14-15 ist somit dieserart zu umschreiben: Ich will mich zwar in Fremdsprachen ausdrücken, jedoch möchte ich auch, dass andere mich dabei verstehen. Das Wort *nous* bedeutet daher in unserem Kontext: „Bedeutung", „Sinn" oder „Aussagekraft des durch Fremdsprachen Ausgesagten."

Ich übersetze daher 1Kor 14,14-15.19 wie folgt:

> „[14] Denn wenn ich in einer Fremdsprache bete, so betet *mein Geist,* aber *meine Aussage*[511] ist [dabei] fruchtleer [für die Zuhörer]. [15] Was ist es nun? Ich will beten mit *dem Geist,* aber ich will auch beten mit *Aussagekraft;* ich will lobsingen mit *dem Geist,* aber ich will auch lobsingen mit *Aussagekraft.* ...[19] Aber in der Gemeindezusammenkunft will ich lieber fünf Worte reden mit *Aussagekraft*, damit ich auch andere unterweise, als zehntausend Worte in einer Fremdsprache."

10.6.10.4 Zur Opposition zwischen „nous" und „phrên"

Wenn es in 1Kor 14 eindeutig um intellektuelle Verstandeskraft geht, benützte Paulus auffälligerweise nicht *nous*, sondern ein anderes, seltenes Wort, das nur hier vorkommt.[512] Durch diese *semantische Opposition,* wie man dies in der Linguistik nennt, entsteht eine deutliche, Missverständnisse verhütende Begriffsunterscheidung im Kontext. Dadurch wird die Verständlichkeit der Aussage erhöht. Diese Opposition kommt beim Übergang von 1Kor 14,19 zu 14,20 wirkungsvoll zum Tragen:

> „[19] Aber in der Gemeindezusammenkunft will ich lieber fünf Worte reden mit *Aussagekraft [= nous],* damit ich auch andere unterweise, als zehntausend Worte in einer Fremdsprache. [20] Brüder, werdet nicht Kinder am *Verstand [=*

511 Griech. *nous mou* = w. „*der Sinn/die Aussage von mir* (d.h. der Gehalt dessen, was ich aussage)".

512 Das in 1Kor 14,20 2x vorkommende Wort *phrên* bedeutet „Verstand" und „Denken".

phrên], sondern an der Bosheit seid Unmündige,[513] am *Verstand [= phrên]* aber werdet Erwachsene."

Die Bedeutung des Verstandes wird hier betont: Christen sollen den Verstand niemals ausschalten. Sie sollen am Verstand „Erwachsene" sein. Wenn man an dieser Stelle bedenkt, dass das mit „Erwachsene" übersetzte griechische Wort *teleioi* die Nebenbedeutung „Vollkommene" besitzt, so wird die Aussage weiter zugespitzt. Christen sollen den Verstand vollausgebildet einsetzen. Gerade dadurch vermögen sie u.a. einzusehen, dass das Reden in Fremdsprachen ohne Übersetzung völlig sinnlos ist, da die rein klangliche Seite der Sprachen den Hörenden nichts bringt und mit Kommunikation, dem Hauptsinn der Sprachen, nichts zu tun hat.

In manchen Religionen hat das Rezitieren von unverständlichen Wörtern, Sätzen und Texten eine ausgesprochen wichtige Bedeutung. Man denke z.B. an die Mantras[514] und die vedischen Opfertexte im Hinduismus sowie an das Koran-Rezitieren in der Grundtextsprache bei Muslimen, die kein Arabisch können.[515] Da wird dem Wort magische Bedeutung zugeschrieben. Das biblische Christentum distanziert sich jedoch völlig von aller Art der Magie, und damit auch von der Wortmagie.[516]

10.6.11 Sprachenrede wozu?

10.6.11.1 Ein Zeichen für Israel

Wie schon weiter oben ausgeführt, bestand der erste Sinn des Sprachenredens in einem zeichenhaften Hinweis für den ungläubigen Teil des Volkes Israel, der Mühe hatte, zu akzeptieren, dass in dem Zeitalter der Weltmission, das gewissermaßen mit Pfingsten 32 n. Chr. begonnen hatte, Nicht-Juden durch reuiges Sündenbekenntnis und Glaube an den Messias Jesus, ohne den Weg über das Judentum zu gehen, direkt mit Gott ins Reine kommen könnten.

513 Wenn es darum geht, Böses zu tun, sollen Christen darin unreif, unfähig und zurückgeblieben sein.

514 Sanskrit für: Meditationsformel.

515 Ein gebildeter Afghane erzählte mir in Tadschikistan, dass er den Koran vier Mal auf Arabisch gelesen habe – jedoch ohne ihn zu verstehen.

516 Vgl. z.B. Deut 18,10-14; Gal 5,20; Off 21,8.

In 1Kor 14,21-22 erklärte Paulus die Zeichenbedeutung des Sprachenredens, indem er auf eine diesbezügliche prophetische Stelle aus dem Buch Jesaja hinwies:

> „[21] Es steht in dem Gesetz[517] geschrieben [Jes 28,11-12]: ‚Ich will in anderen Sprachen und durch andere Lippen zu diesem Volk[518] reden, und auch also werden sie nicht auf mich hören, spricht der Herr.' [22] Daher sind die Sprachen zu einem Zeichen, nicht den Glaubenden, sondern den Ungläubigen; die Weissagung aber nicht den Ungläubigen, sondern den Glaubenden."

10.6.11.2 Gott spricht zu allen Völkern

Das Zeichen der übernatürlichen Sprachenrede symbolisierte die damals für Juden unheimlich schwer fassbare Tatsache, dass Gott sich nun nicht mehr nur einem einzigen Volk in besonderer Weise mitteilen würde. Die Botschaft von dem Erlöser Jesus Christus sollte allen Völkern in ihrer Sprache gebracht werden, ganz gemäß dem göttlichen Auftrag des Messias in Jes 49,6:

> „Es ist zu gering, dass du mein Knecht seist, um die Stämme Jakobs aufzurichten und die Bewahrten von Israel zurückzubringen; ich habe dich auch zum Licht der Nationen gesetzt, um mein Heil zu sein bis an das Ende der Erde."

10.6.11.3 Die Bibel für alle Völker

Durch eine unermüdliche Pionierarbeit konnte die ganze Bibel bzw. einzelne Bibelteile bis heute in über 2.200 Sprachen aus allen fünf Kontinenten übersetzt werden. Damit sind die Sprachgrenzen derart durchbrochen worden, dass heute fast alle Menschen Gottes Wort verständlich hören könnten. *Diese gewaltige Übersetzungsarbeit ist allerdings im Laufe der Kirchengeschichte ohne die Gabe des Sprachenredens vonstatten gegangen.* Es war eine Arbeit von unvorstellbaren Mühen, Gefahren und Hingabe. Es ist keine Frage, Gott hätte dieses Werk durch Sprachenreden zu einem Kinderspiel vereinfachen können. Er hat es aber nicht getan. Warum nicht? Ganz einfach, weil sein souveräner Wille es anders wollte. Das Sprachenreden war nur ein Zeichen, ein Hinweis auf eine wunder-

517 Hier bezeichnet der Begriff „Gesetz" das gesamte AT.
518 Im Kontext von Jes 28 ist damit das Volk Israel gemeint.

bare heilsgeschichtliche Entwicklung: Die ganze Welt soll Gottes Reden in der Heiligen Schrift vernehmen.

10.6.12 Sollte die Sprachenrede einmal abklingen?

10.6.12.1 Zur Opposition zwischen „katargeô" und „pauô"

In 1Kor 13,8.10.13 wird erklärt, dass geistliche Gaben wie Weissagung und Erkenntnis, samt allem, was „stückweise" ist, einmal „hinweggetan" werden soll (1Kor 13,8-13):

> [8] Die Liebe vergeht nimmer; seien es aber Prophezeiungen, sie werden weggetan werden [*katargeô*]; seien es Sprachen, sie werden aufhören [*pauô*]; sei es Erkenntnis, sie wird weggetan werden [*katargeô*]. [9] Denn wir erkennen stückweise, und wir prophezeien stückweise; [10] wenn aber das Vollkommene gekommen sein wird, dann wird das, was stückweise ist, weggetan werden [*katargeô*]. [11] Als ich ein Kind war, redete ich wie ein Kind, dachte wie ein Kind, urteilte wie ein Kind; als ich aber ein Mann wurde, tat ich weg [*katargeô*], was kindisch war. [12] Denn wir sehen jetzt durch einen Spiegel, undeutlich, dann aber von Angesicht zu Angesicht. Jetzt erkenne ich stückweise, dann aber werde ich erkennen, gleichwie auch ich erkannt worden bin. [13] Nun aber bleibt Glaube, Hoffnung, Liebe, diese drei; die größte aber von diesen ist die Liebe.

Der in der Elberfelder-Übersetzung mit „hinwegtun" übersetzte griechische Wort *katargeô* bedeutet u.a. auch „vernichten", „abschaffen", „zunichte machen" (Heb 2,14), „entfernen". Die Grundbedeutung ist „herab machen".[519] Dieser starke Ausdruck deutet ein plötzliches, unmittelbares Beseitigen an, das bei der Wiederkunft Christi stattfinden soll, „wenn... das Vollkommene gekommen sein wird" (1Kor 13,10), dann wenn Gläubige ihren Herrn „von Angesicht zu Angesicht" sehen werden (1Kor 13,12).[520]

519 So gemäß den Wortbestandteilen: *kata* („herab") und *argeô* („machen").

520 Könnte mit dem „Vollkommenen" nicht etwa die Zeit ab der Vollendung des Kanons der biblischen Bücher gemeint sein, d.h. die Zeit ab ca. 98 n. Chr., als der Apostel Johannes sein letztes Bibelbuch verfasste und der Heiligen Schrift abschließend hinzufügte? Nein! Mit dem Abschluss des Kanons kam zwar Gottes schriftliche Offenbarung zu ihrem Ende. Das stellte heilsge-

Während das Wort *katargeô* in 1Kor 13 im Zusammenhang mit „Weissagung" (1Kor 13,8), „Erkenntnis" (1Kor 13,8) sowie mit dem, was „stückweise" (1Kor 13,10) und dem, was „kindlich" (1Kor 13,11) ist, viermal vorkommt, wird indessen in Verbindung mit dem Ende des Sprachenredens ein ganz anderes Tätigkeitswort verwendet, nämlich der Begriff *pauô*, der „aufhören" oder „abklingen" bedeutet. Durch *katargeô* wird eher eine abrupte Handlung ausgedrückt, durch *pauô* hingegen ein Prozess. In Apg 20,1 wird dieses Wort von Lukas bei der Beschreibung eines Volkstumultes, der sich langsam beruhigte, gebraucht. Es leuchtet ein, dass bei der Wiederkunft Christi die Gaben in einem Nu zum ihrem Ende kommen werden. Wenn Paulus in Verbindung mit dem Sprachenreden jedoch im Prinzip von einem allmählichen Abklingen spricht, so kann daraus geschlossen werden, dass diese Gabe irgendwann im Laufe der Kirchengeschichte *vor* der Wiederkunft Christi verstummen würde, und zwar in einem Prozess.

10.6.12.2 Kirchengeschichtliche Zeugnisse zum Aufhören des Sprachenredens / der apostolischen Zeichen

In diesem Zusammenhang sei noch angemerkt, dass es eine Reihe von kirchengeschichtlichen Zeugnissen aus der nachapostolischen Zeit gibt, die verdeutlichen, dass mit dem Sterben der Apostel und derer, die durch sie zum Glauben gekommen waren,[521] die Zeichen und Wunder der Frühzeit tatsächlich verschwanden. Augustinus schrieb um 392 n. Chr.:

> „Warum geschehen heute solche Dinge nicht? Sie würden niemanden bewegen, wenn sie nicht wunderbar wären... Gott ist darum in Weisheit mit uns umgegangen, indem er sie ein für alle Mal gab, um die Welt zu überzeugen, damit sie sich in der Folge auf die Menge verlasse, die auf diese Weise überführt wurde."[522]

schichtlich ein hochbedeutsamer Einschnitt dar. Doch seither ist die Erkenntnis des *einzelnen Gläubigen* immer noch „stückweise" geblieben. Paulus sagt ja gewissermaßen *subjektiv* (1Kor 13,12): „Jetzt erkenne *ich* stückweise..." „Das Vollkommene" wird erst dann gekommen sein, wenn der Einzelne vollkommen erkennen kann (1Kor 13,12): „Denn wir sehen jetzt durch einen Spiegel, undeutlich, dann aber von Angesicht zu Angesicht."

521 Vgl. Mark 16,14-17 („die Elfe", V. 14; und „die da glauben"/„die da zum Glauben kommen" (ingressiver Aorist), V. 17).

522 Zitiert nach: PETERS: Zeichen und Wunder, S. 49.

Augustinus äußerte sich nicht allein zu den apostolischen Zeichen im Allgemeinen, sondern ebenso spezifisch zum Zeichen des Sprachenredens. Dieser bedeutende Kirchenlehrer seiner Zeit erklärte, dass durch die Sprachenrede das Kommen des Heiligen Geistes durch ein sichtbares Zeugnis unter Beweis gestellt wurde. Ferner habe das Sprachenreden Gottes Plan der Weltmission deutlich gemacht, dass nämlich die Frohe Botschaft von Jesus Christus nun allen Menschen in allen Sprachen verkündigt werden sollte. Das Zeichen der Sprachenrede habe sich ereignet, doch danach sei es verschwunden:[523]

> „Denn es war nötig, dass der Heilige Geist so mit allen Sprachen zeichenhaft bezeugt würde, weil Gottes Evangelium mit allen Sprachen dem ganzen Erdkreis zulaufen sollte. Jenes wurde zeichenhaft bezeugt, und (danach) verging es." [524]

Chrysostomos, der große Prediger des 4. Jahrhunderts, äußerte sich im Blick auf die Wunder zur Zeit der ersten Christen wie folgt:

> „Behaupte nicht, Wunder geschahen damals nicht, weil sie heute nicht geschehen... In jenen Tagen waren sie nützlich, heute aber nicht. Von Wunderkräften ist nicht die geringste Spur geblieben."[525]

Isidor v. Pelusium (4. Jh.) spekulierte:

> „Vielleicht würden heute auch Wunder geschehen, wenn das Leben der Lehrer dem der Apostel an Bedeutung entspräche."[526]

Sogar noch im 7. Jahrhundert, als Aberglauben und Jagd nach Übernatürlichem längst einen großen Platz in der römischen Kirche eingenommen hatten, schrieb Isidor von Sevilla:

523 Deutsche Übersetzung: RL.

524 Da dieses Zitat sehr wichtig ist, sei nachfolgend der Text im originalen Wortlaut wiedergegeben (AUGUSTINUS: Epistula Iohannis ad Parthos, VI, 10, Patrologia Latina, Bd. 35, S. 2026/5): „signa erant tempori opportuna. oportebat enim ita significari in omnibus linguis spiritum sanctum, quia euangelium dei per omnes linguas cursurum erat toto orbe terrarum. significatum est illud, et transiit."

525 Zitiert nach: PETERS: Zeichen und Wunder, S. 49.

526 Zitiert nach: PETERS: Zeichen und Wunder, S. 50.

„Der Grund, warum die Kirche heute nicht die Wunder wirkt, wie zur Zeit der Apostel, ist der, dass die Wunder damals notwendig waren, die Welt von der Wahrheit des Christentums zu überzeugen; jetzt steht ihr zu, nachdem sie überzeugt ist, durch gute Werke zu leuchten... Wer heute als Gläubiger nach Wunderkräften strebt, trachtet nach eitler Ehre und menschlichem Beifall."[527]

10.7 Fazit

Das Phänomen des Sprachenredens zur Zeit der Entstehung des Christentums ist durch Lukas und Paulus historisch glaubwürdig bezeugt.

Menschen konnten ohne vorherigen Lernprozess plötzlich ihnen zuvor unbekannte Sprachen beherrschen. Selbst der Akzent war perfekt.

Es handelte sich um ein heilsgeschichtliches Zeichen, insbesondere als Zeugnis für das Volk Israel: Gott will zu allen Menschen in allen Sprachen reden, nicht mehr nur in *einer* Sprache zu *einem* Volk. Das Sprachenreden vermittelte eine missionstheologisch tiefgehende Aussage mit gewaltigen kirchengeschichtlichen Konsequenzen.

Weitgehend geschah in diesen Fällen dasselbe, was die Bibel im Zusammenhang mit der Sprachverwirrung zur Zeit der Urgeschichte berichtet. Auch damals konnten Menschen, ohne es vorher lernen zu müssen, eine neue Sprache sprechen. Während jedoch in Gen 11 bei denen, die neue Sprachen redeten, die alte „Oberflächenstruktur" gelöscht war, blieb sie den Sprachenrednern des NT erhalten. Ein weiterer Unterschied war der: Die Menschen zu Babel konnten jeweils nur *eine* Sprache sprechen, während neutestamentliche Sprachenredner befähigt waren, eine Vielzahl neuer Sprachen zu beherrschen (1Kor 14,18).

Somit ist das neutestamentliche Sprachenreden, das historisch glaubwürdig bezeugt ist, eine indirekte Bestätigung für die Geschichtlichkeit der Sprachenverwirrung, ein Zeugnis dafür, dass ein solches Phänomen nichts Mythisches an sich hat.

[527] Zitiert nach: PETERS: Zeichen und Wunder, S. 50.

Das Sprachenreden, bei dem, wie gesagt, Menschen ohne vorangegangenen Lernprozess eine Sprache beherrschen konnten, ist ebenso eine indirekte Bestätigung für die Glaubwürdigkeit des Berichts in Gen 1 und 2, wo über Adams Befähigung zur Sprache am Tag seiner Erschaffung gesprochen wird.

11. Ergebnisse der vorliegenden Forschungsarbeit

11.1 Konsequenzen für die Evolutions- und für die Schöpfungslehre

Wir haben in den vorangegangen Ausführungen gesehen, dass sich keine der drei Deduktionen aus dem Evolutionsmodell bewahrheitet hat. Alle Voraussagen, die sich aus diesem Standpunkt durch logische Überlegungen ergaben, sind krass fehlgegangen.

11.1.1 Das Evolutionsmodell – unbrauchbar zur Klärung des Sprachursprungs

Auch zahlreiche weitere Forschungsergebnisse haben uns immer wieder gezeigt, dass sie im Rahmen des Evolutionsdogmas nicht befriedigend eingeordnet und erklärt werden können. *Aus all dem wird klar und deutlich, dass das Evolutionsmodell zur Klärung der Frage nach dem Ursprung der Sprachen unbrauchbar ist und deshalb verworfen werden sollte.*

11.1.2 Das Schöpfungsmodell – ideale Ausgangslage für weitere Forschungen

Die Schlussfolgerungen aus den biblischen Zeugnissen bezüglich der Entstehung der Sprachen haben sich jedoch alle auf eindrückliche Art und Weise als korrekt erwiesen. Zahlreiche weitere Fakten aus der Sprachwissenschaft haben immer wieder gezeigt, dass sie im Rahmen der Schöpfungslehre sehr gut eingeordnet und erklärt werden können.

Aus all diesen in der vorliegenden Arbeit zusammengeführten Einsichten sollte unbedingt die Konsequenz gezogen werden, dass die Frage nach dem Ursprung der Sprachen im Rahmen der biblischen Sicht volle Beachtung verdient. Somit sollte das Studium der Sprachgeschichte in Zukunft vermehrt im Rahmen der Bibel und dem in ihr verwurzelten Schöpfungsmodell betrieben werden.

11.2 Zusammenfassung der wichtigsten Argumente gegen eine Sprachevolution bzw. für die Lehre des göttlichen Sprachursprungs

1. Die ältesten bekannten Sprachen der Welt sind extrem komplex und besitzen keinen Hauch von Primitivität.[528]

2. Die ältesten Sprachen der Welt besitzen komplexe morphologische Strukturen, die man in modernen Sprachen der abendländischen Hochkultur vergeblich sucht.[529]

3. Die ältesten bekannten Sprachen der Welt sind von Anfang an voll entwickelt. Man kann im weiteren zeitlichen Verlauf keinen Zusammenhang zwischen der fortschreitenden Kulturentwicklung einerseits und der Sprachentwicklung andererseits feststellen.[530]

4. Es gibt auf der ganzen Welt keine einzige primitive menschliche Sprache, auch nicht unter den Eingeborenen-Stämmen. Sie sind alle wunderbare in sich abgerundete Kommunikations-Mittel mit erstaunlich vielfältigen logischen Denkkategorien.[531]

5. Manche Eingeborenen-Sprachen besitzen hochkomplexe Strukturen, die in den Sprachen der abendländischen Hochkultur ohne Parallelen sind.[532]

6. Zwischen dem kulturellen Niveau einer Sprachgemeinschaft und der Komplexität ihrer Langue besteht kein Zusammenhang.[533]

7. Menschen ohne jegliche linguistische Schulung benützen die komplexen Strukturen ihrer Sprache ohne Mühe. Sie wissen Dinge, von denen sie gar nicht wissen, dass sie sie wissen. Dies illustriert, dass der Mensch zwar in der Lage ist, vorpubertär jedes noch so komplexe vorgegebene Sprachsystem unbewusst zu erfassen und „nachschöpferisch"[534] einzusetzen, ohne jedoch

[528] Vgl. 6.
[529] Vgl. 6.
[530] Vgl. 6.
[531] Vgl. 7.
[532] Vgl. 7.
[533] Vgl. 7.
[534] Dies ist ein Begriff aus der Musik. Die Leistung eines Musikers, der ein vorgegebenes Werk am Instrument interpretiert, bezeichnet man als „nachschöpferische Tätigkeit", im Gegensatz zur Arbeit des Komponisten, der das Stück geschaffen hat.

die Fähigkeit zu haben, eine eigene Sprache quasi „aus dem Nichts" zu erschaffen.[535]

8. Die Sprachgeschichte macht deutlich, dass der Bereich der Formenlehre, der sich der menschlichen Kreativität weitestgehend entzieht, nach und nach in einem drastischen Reduktionsprozess zerfällt. Agglutinierende und flektierende Sprachen bewegen sich mit unterschiedlichem Tempo durch Abbaumechanismen in Richtung auf den isolierenden Typus zu. Vollformen werden zu Kurzformen vermindert.[536]

9. Es gibt keine Beispiele für isolierende Sprachen, die sich später zu agglutinierenden bzw. zu flektierenden Sprachen entwickelt hätten.[537]

10. Die Bereiche der Sprache, die offen sind für kreative Weiterentwicklungen, d.h. insbesondere das Vokabular, die Semantik und die Syntax, setzen stets ein schon bestehendes Sprachsystem voraus. Diese Entwicklungen sind Leistungen durch Rekombination dessen, was bereits in bestehenden Sprachen vorhanden ist. Dies widerspricht aber der evolutionistischen Erwartung, dass diese Bereiche einst durch den Menschen quasi „aus dem Nichts" entwickelt worden seien, denn in dieser Hinsicht hat sich der Mensch als unkreativ erwiesen.[538]

11. Sprachen sind im Wesentlichen arbiträre Systeme. Etymologische Untersuchungen, selbst an den ältesten semitischen Wortwurzeln, stehen im Gegensatz zu evolutionistischen Annahmen, bei denen man davon ausgeht, dass Urwörter aus Lautnachahmungen entstanden seien.[539]

12. Noch nie hat man erlebt, auch nicht im Zusammenhang mit Wolfskindern, dass Menschen ohne vorgegebene Langue selber eine Laut-Sprache schaffen. Offensichtlich ist der Mensch ohne vorgegebene Sprache nicht in der Lage, sich selber eine Sprache zu schaffen. Es ist offenkundig, dass Kinder, die keinen sprachlichen Input von ihrer Umwelt bekommen, nie selber eine Sprache entwickeln.[540]

535 Vgl. 7.
536 Vgl. 8.
537 Vgl. 9.2.
538 Vgl. 9.
539 Vgl. 3.2.1.
540 Vgl. 2.2.3.4.

13. Wir haben den engen Zusammenhang zwischen Denken und Sprache erkannt. Das höhere Denken rankt sich an den in der Langue vorgegebenen Kategorien und Strukturen hinauf. Dies führt uns dazu, dem Prinzip des *„Süssmilch'schen Paradoxon"* zustimmen zu müssen: Der Mensch konnte ohne den Besitz seines höheren Denkvermögens die Sprache gar nicht erfinden. Das höhere Denken seinerseits ist aber von der bestehenden Existenz der Sprache abhängig. Die Evolutionslehre kann diesen Widerspruch, im Gegensatz zur Schöpfungslehre, nicht befriedigend lösen.[541]

14. Es ist nicht möglich, die Tausenden von heute existierenden Sprachen auf eine einzige Ursprache zurückzuführen. Sprachgeschichtliche Rückführungen fordern eine Reihe von selbständigen und voneinander unabhängigen Ursprachen. Konsequentes evolutionistisches Denken verlangt jedoch viel eher eine monophyletische Entstehung der Sprachen, doch die Fakten sprechen für eine polyphyletische Genese, ganz entsprechend dem biblischen Bericht in Gen 11.[542]

15. Die weltweit vorkommenden Sintflut-, Turmbau- und Sprachenverwirrungs-Erzählungen stellen eine Bestätigung der Geschichtlichkeit der biblischen Berichte über die Entstehung der Völker und Sprachen dar.[543]

16. Die Daten und Fakten der Bevölkerungsstatistik fügen sich auf sehr natürliche Weise in den zeitlichen Rahmen des in der Bibel präsentierten Geschichts-Schema von Sintflut, Turmbau und Sprachenverwirrung ein. Für den Zeitrahmen der Evolution ergeben sich hier dagegen gewichtige Probleme.[544]

17. Die Entstehung der Rassen lässt sich aus genetischer Sicht mit Hilfe der durch die Sintflut und durch die Sprachenverwirrung ausgelösten Populations-Engpässe erklären.[545]

18. Die Geschichtlichkeit der Erscheinung des neutestamentlichen Sprachenredens stellt eine indirekte Bestätigung für die Glaubwürdigkeit der biblischen Erzählung von der Entstehung der Sprachen in Eden und in Babel dar. Anhand der Apostelgeschich-

541 Vgl. 2.1.8.2-2.1.8.3.
542 Vgl. 2.3.
543 Vgl. 4.4.
544 Vgl. 4.3.9.
545 Vgl. 4.3.7.

te und des 1. Korintherbriefes kann historisch glaubwürdig die prinzipielle Möglichkeit aufgezeigt werden, dass Menschen plötzlich und ohne vorheriges Lernen, ein gesamtes für sie neues Sprachsystem beherrschen.[546]

19. Aus der Sicht der *mathematischen Wahrscheinlichkeitsrechnung* ist eine zufällige Entwicklung der neurobiologischen Voraussetzungen für die menschliche Sprache (inkl. der „Tiefenstruktur") durch Mutation und Selektion abzulehnen. Dies gilt noch viel mehr für die Annahme eines Mega-Mutationssprunges.[547]

20. Man hat bis heute keine einzige nennenswerte Komplexitätszunahme durch Mikromutation beobachten können. Alle bisher beobachteten Mutationen bewegen sich in ganz engen artspezifischen Grenzen. Somit ist auch aus der Sicht der modernen *Genetik* der Glaube an eine zufällige Entwicklung der neurobiologischen Voraussetzungen für die menschliche Sprache (inkl. der „Tiefenstruktur") abzulehnen.[548]

21. In der Fachliteratur sind bisher keine unumstrittenen Übergangsglieder, die eine graduelle Transformation eines menschenaffenähnlichen Gehirns in ein menschenähnliches Gehirn belegen, beschrieben worden. Damit spricht der Befund der *Paläontologie* gegen die Entstehung der neurobiologischen Voraussetzung für die menschliche Sprache in einem Evolutionsprozess.[549]

22. Menschliche Sprache ist von prinzipiell anderer Art als tierische Kommunikation. Es ist unmöglich, erstere aus letzterer abzuleiten („Chomsky-Argument").[550]

23. Die „Aua-", die „Hauruck-", die „Ding-Dong-", die „Tata-", die „Tarabumm-" und die „Singsang-Theorie" etc. stellen allesamt Ansätze dar, die sich auf keine Fakten abstützen können und spekulativer Natur sind.[551]

24. Die ontogenetische Sprachentstehungstheorie scheitert an den fehlenden Parallelen wesentlicher Faktoren zwischen einer stammesgeschichtlichen Sprachentstehung und dem klein-

546 Vgl. 10.
547 Vgl. 3.1.3.4-3.1.3.5.
548 Vgl. 3.1.3.3.
549 Vgl. 3.1.3.1.
550 Vgl. 2.1.7.2-2.1.7.3.
551 Vgl. 3.2.1-3.2.7.

kindlichen Spracherwerb. Ein Kind lernt eine Sprache anhand einer bereits vorhandenen Langue, während bei einer stammesgeschichtlichen Sprachentstehung ein solcher Input fehlen würde. Ferner verlaufen diachrone Sprachentwicklungen z.T. gerade konträr zur kindlichen Sprachentwicklung.[552]

25. Die in Theorie der Mutter-Kind-Beziehung vermutete Entwicklung des Sprachproduktionszentrums durch höhere Beanspruchung der linken Gehirn-Hemisphäre prähistorischer Mütter ist aus neurobiologischer Sicht absurd. Die Sprachgenese durch die Mütter scheitert an den Tatsachen, dass a) der Mensch keine Sprachkreativität besitzt, um aus dem Nichts eine Langue zu schaffen[553] und b) dass im mütterlichen Alter die vorpubertäre sprachsensible Phase bereits vorüber ist.[554]
26. Die Evolutionslehre stützt sich auf eine naturphilosophische Spekulation ab. Die Schöpfungslehre hingegen steht auf dem Fundament der Bibel. Die Heilige Schrift kann u.a. durch die erfüllte Prophetie als Gottes Wort ausgewiesen werden.[555]

[552] Vgl. 3.2.8
[553] Vgl. 9.5; 2.2.3.2-2.2.3.5
[554] Vgl. 3.2.9
[555] Vgl. 12.1

12. Im Anfang war das Wort

12.1 Zur Grundlage des Schöpfungsmodells

12.1.1 Die Bibel = Gottes Wort

Das Fundament der Schöpfungslehre ist die Bibel. Dieses Buch behauptet von sich selbst, *Gottes Wort* zu sein (vgl. 2Tim 3,16):

> „Alle Schrift ist von Gott eingegeben[556] und nütze zur Belehrung, zur Überführung, zur Zurechtweisung, zur Unterweisung in der Gerechtigkeit..."

Dieser Anspruch steht im krassen Gegensatz zur Basis der Evolutionslehre, die auf der Grundlage *menschlicher Spekulation* naturphilosophischer Art ruht. Im Blick auf diese Art von Denkgrundlage schrieb Paulus (Kol 2,8):

> „Seht zu, dass nicht jemand sei, der euch als Beute wegführe durch die Philosophie und durch leeren Betrug, gemäß der Überlieferung der Menschen, gemäß den Axiomen der Welt, und nicht Christus gemäß."

Wir haben gesehen, dass die linguistischen Tatsachen die Aussagen der Bibel bezüglich des Ursprungs der Sprachen eindrücklich bestätigen und zum Schluss führen, dass *Gott, der Schöpfer, der Urheber der menschlichen Sprachen und all der in ihnen vorhandenen logischen Denkkategorien ist.*

12.1.1.1 Prophetie – Gottes Siegel auf die Bibel

Wenn sich nun belegen ließe, dass die Bibel tatsächlich Gottes Wort ist, so bekämen die eben gemachten Aussagen noch ungemein größeres Gewicht.

Einen besonders überzeugenden Beleg für die göttliche Inspiration der Bibel liefert z.B. die *erfüllte Prophetie.* Sie ist ein göttliches Siegel auf die Bibel.

Zu erwähnen wären in diesem Zusammenhang zunächst die messianischen Prophezeiungen auf Jesus Christus hin:

556 Griech. *theopneustos* = „von Gott inspiriert", von Gott gehaucht".

12.1.1.2 *Messianische Prophetie*

Im Alten Testament wurde das Kommen des leidenden „Messias", des versprochenen Erlösers, durch über 300 äußerst genaue und differenzierte Prophezeiungen angekündigt. Diese prophetischen Verheißungen wurden nachweislich in vorchristlicher Zeit abgefasst. In dem historischen Jesus von Nazareth wurden all diese Weissagungen wörtlich erfüllt. Es handelt sich um Voraussagen mit Bezug auf den genauen Zeitpunkt seines Kommens, seinen Geburtsort, seine Kreuzigung, seine Ablehnung durch die Masse des jüdischen Volkes, die darauf folgende Zerstörung Jerusalems, die weltweite Zerstreuung der Juden usw. In meinem Buch „Der verheißene Erlöser"[557] habe ich dies ausführlich dokumentiert.

12.1.1.3 *Prophetie über Weltgeschichte*

Hinzu kommen noch viel mehr erfüllte Prophezeiungen über Weltgeschichte. Die alten Propheten Israels haben ausführlich über den Aufstieg und Niedergang verschiedener Weltreiche, sowie über das Los zahlreicher Völker und bedeutender Städte gesprochen. Allein im Buch Daniel finden sich schon über 200 in Erfüllung gegangene Weissagungen zu diesem Thema. Unter dem Titel „Weltgeschichte im Visier des Propheten Daniel"[558] habe ich dies im Blick auf das Buch Daniel ausführlich behandelt. Ich habe auch ins Einzelne gehend dargelegt, dass diese Schrift tatsächlich bereits im 6. Jahrhundert v. Chr. verfasst worden ist, d.h. eindeutig *vor* den darin prophezeiten Ereignissen.

Keine Religion oder Weltanschauung, keine esoterische Lehre und keine Ideologie kann sich durch detaillierte Prophetie, die sich über Jahrhunderte und Jahrtausende hinweg erstreckt und sich unfehlbar erfüllt hat, ausweisen. Die Bibel steht hier allein und über jedem Vergleich. Dieser Tatbestand spricht dafür, dass der Gott der Bibel der allein wahre Gott ist (vgl. Joh 17,3 und Jes 41,21-29; 43,9-13; 44,6-8; 46,8-11). Die erfüllte Prophetie ist eine gewaltige Bestätigung dafür, dass die Bibel Gottes Wort ist.[559] Sie vermag tiefes Vertrauen in die Aussagen der Heiligen Schrift zu wecken,

[557] Zürich 1994. (= Neuauflage von: Erfüllte Prophetie, Messianische Prophetie – ihre Erfüllung und historische Echtheit, 6. Aufl., Berneck 1990)

[558] 6. Aufl., Berneck 2002.

[559] Im Buch des Propheten Hesekiel findet sich in Verbindung mit der Erfüllung angekündigter Weissagungen in verschiedenen Variationen 7x die Wendung: „... und ihr werdet erkennen, dass ich der HERR bin" (z.B. Hes 6,7.10.13)

letztlich selbst da, wo wir – bedingt durch unsere menschliche Beschränkung – gar nicht in der Lage sind, ihre Aussagen zu überprüfen.

Es lohnt sich daher, nicht nur auf das zu achten, was die Bibel über die Entstehung der Sprachen sagt, sondern auch auf all ihre Aussagen, die darüber hinausgehen und ganz besonders da, wo sie von entscheidender Bedeutung für das Heil des Menschen sind.

Wenn die Bibel nachweislich unfehlbar die Zukunft über Jahrtausende voraussagen kann, dann sind doch erst recht ihre Informationen über die Vergangenheit, und somit auch über die menschliche Urgeschichte, vernünftigerweise glaubwürdig.

Indem wir ins Auge fassen, auf welch festem Fundament sich die linguistische Schöpfungsforschung abstützen kann, möchte ich im Folgenden noch auf einige biblisch-theologische Punkte hinweisen, die in engem Zusammenhang mit dem Thema „Sprachen" stehen.

12.2 Der Mensch: zur Kommunikation geschaffen

Die Mitteilungen der Bibel, aber auch die Tatsachen der Wissenschaft, stehen der Meinung völlig entgegen, dass der Mensch eine Art „sprechender Affe" sei.

Aus Gen 1 und 2 geht hervor, dass Gott den Menschen als besonderes Wesen in seinem Bild und nach seinem Gleichnis geschaffen hat. Die in der Schöpfung dem Menschen zugedachte Stellung übersteigt daher diejenige der Tiere.

Wir haben bereits gesehen, dass die ersten Kapitel der Heiligen Schrift bezeugen, dass Gott den Menschen von Anfang an zur Kommunikation befähigt hat, sowohl zur Kommunikation mit dem Mitmenschen als auch zur Kommunikation mit Gott. Diese Befähigung unterscheidet den Menschen markant von den Tieren.

12.3 Gott: ein Gott der Kommunikation

Sprache und Kommunikation ist zutiefst mit dem Wesen Gottes verbunden. Schon im Buch Hiob wird davon gesprochen, dass in der Gottheit selbst eine Kommunikation besteht. Eliphas, der Temaniter, fragte Hiob mit ironischem Unterton (Hi 15,8):

„Hast du im geheimen Rat Gottes zugehört, und die Weisheit an dich gerissen?“[560]

Besonders durch das Neue Testament, wo die Lehre der Trinität, der Dreieinheit Gottes (Vater, Sohn und Heiliger Geist) klar entfaltet ist,[561] wird verständlich, was man unter diesem „geheimen Rat Gottes“ zu verstehen hat.

Gemäß Tit 1,1-3 gab es diese Kommunikation in der Gottheit schon vor Erschaffung der Welt:

„[1] Paulus, Knecht Gottes, aber Apostel Jesu Christi, nach dem Glauben der Auserwählten Gottes und nach der Erkenntnis der Wahrheit, die nach der Gottseligkeit ist, [2] in der Hoffnung *des ewigen Lebens, welches Gott, der nicht lügen kann, verheißen hat vor ewigen Zeiten,* [3] zu seiner Zeit aber sein Wort geoffenbart hat durch die Predigt, die mir anvertraut worden ist nach Befehl unseres Heilandgottes...“

Dieser Stelle können wir entnehmen, dass bevor irgendetwas erschaffen war, eben „vor ewigen Zeiten“, Gott seinem Sohn gegenüber eine Verheißung abgegeben hat bezüglich des ewigen Lebens, das glaubende Menschen einst bekommen würden.

Bemerkenswerterweise wird der Sohn Gottes, Jesus Christus, in Joh 1 das „Wort“ genannt (Joh 1,1.3.14):

„[1] Im Anfang war *das Wort,* und *das Wort* war bei Gott, und *das Wort* war Gott. [2] Dieses war im Anfang bei Gott. [3] Alles kam durch dasselbe ins Dasein, und ohne dasselbe kam auch nicht ein Ding ins Dasein, das ins Dasein gekommen ist. ...[14] Und *das Wort* wurde Fleisch[562] und wohnte unter uns (und wir haben seine Herrlichkeit angeschaut, eine Herrlichkeit als Eingeborener des Vaters,) voller Gnade und Wahrheit.“

560 In Verbindung mit Hiob könnte man einwenden, dass es sich hier nicht um einen Dialog in der Gottheit handelt, sondern eher innerhalb von Gottes Engelrat (vgl. Hi 1 und 2; 2Chr 18,18-21). Doch es gibt andere Stellen, wie z.B. Tit 1,2, die ganz eindeutig einen innergöttlichen Dialog bezeugen.

561 Zum Thema der Dreieinheit Gottes und zum Geheimnis der inner-trinitarischen Beziehungen vgl. z.B.: WALLIS: Jesus von Nazareth; SCHROEDER: Le Messie de la Bible; OUWENEEL: Die Sohnschaft Christi; HOCKING: Der Sohn seiner Liebe; BELLET: Der Sohn Gottes.

562 D.h. Mensch.

Im griechischen Grundtext steht für „Wort“ der Ausdruck *logos,* was unter anderem „Rede“, „Darstellung“, „Erzählung“, „Beschreibung“ bedeutet. Mit der Bezeichnung *logos* soll zum Ausdruck gebracht werden, dass Gott sich durch den Sohn Gottes mitteilen bzw. offenbaren will. Deshalb heißt es auch in Joh 1,18:

> „Niemand hat Gott jemals gesehen; der eingeborene Sohn, der im Schoß des Vaters ist, der hat ihn kundgemacht.“

Um den gegen 7.000 x im AT vorkommenden Eigennamen Gottes nicht zum Eitlen auszusprechen (vgl. 2Mo 20,7), hat man im Judentum bereits in vorchristlicher Zeit begonnen, „JAHWE“ durch andere Ausdrücke zu ersetzen. Der bekannteste Ersatz ist die oft im NT vorkommende Benennung „HERR“. In den aramäischen Targumim findet sich oft der Begriff *memra' 'adonai* als Bezeichnung des wahren Gottes, der sich durch die Heilige Schrift geoffenbart hat.[563] Auf dieser Gottes-Benennung baut Joh 1,1-3 auf.

Gott offenbart sich immer *durch den Sohn.* Deshalb kann man Gott nur kennen lernen, indem man den Sohn Gottes kennen lernt. Der Herr Jesus Christus sagte selbst (Joh 14,6):

> „Ich bin der Weg, die Wahrheit und das Leben. Niemand kommt zum Vater als nur durch mich.“

12.4 Gott hat gesprochen

Gott will sich also dem Menschen durch sein Sprechen kundtun. Vom Anfang der Schöpfung an, und durch die ganze Geschichte des Volkes Israels hindurch, bis zum Kommen von Jesus Christus, teilte sich Gott stets durch sein Reden mit. Über 3.800 Mal erwähnt das AT, dass Gott gesprochen hat.[564]

Gott ließ sein Wort an die Menschen schriftlich fixieren. Petrus bezeugte in seinem letzten Brief aus der Todeszelle, dass die biblischen Propheten von Gott inspiriert waren (2Pet 1,20-21):

> „…[20] indem ihr dies zuerst wisst, dass keine Weissagung der Schrift von eigener Auslegung ist. [21] Denn die Weissagung wurde niemals durch den Willen des Menschen hervor-

563 Vgl. die Targumim in folgender Rabbiner-Bibel: Miqra'oth Gedoloth.
564 Pache: Inspiration und Autorität der Bibel, S. 73.

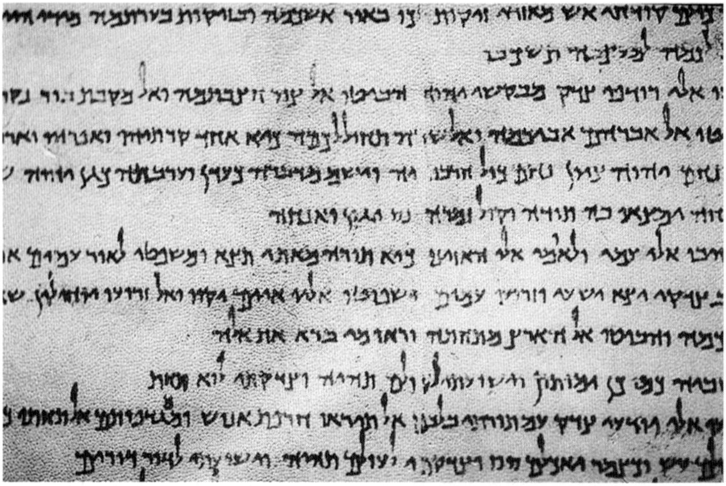

Abb. 20 Die Bibelsprachen sind Gottessprachen (Ausschnitt aus der vollständigen Jesajarolle von Qumran, 2. Jh. v. Chr.; ASEBA, Bollodingen).

> gebracht, sondern heilige Männer Gottes redeten, getrieben vom Heiligen Geist."

Die von Paulus ebenfalls in der Todeszelle geschriebene Aussage in 2Tim 3,16 geht noch weiter als die eben zitierte. Man könnte ja denken: Wenn die Propheten durch Inspiration göttliche Offenbarungen erhalten haben, so konnten sie immer noch beim Vorgang der Abfassung Irrtümer begehen und Eigenes hinein bringen. Doch die klassische Inspirations-Stelle im 2. Timotheusbrief besagt, dass nicht nur die Schreiber der Bibel, sondern auch ihr geschriebenes Endprodukt, die „Schrift", von Gott inspiriert ist:

> „Alle *Schrift* ist von Gott eingegeben[565] und nütze zur Belehrung, zur Überführung, zur Zurechtweisung, zur Unterweisung in der Gerechtigkeit..."

Der Ausdruck „die Schrift" bzw. „die Schriften"[566] ist ein fester Begriff in der Bibel, der sowohl alt- wie neutestamentliche Bücher

565 Griech. *theopneustos* = „von Gott inspiriert", „von Gott gehaucht".

566 Der Singular-Ausdruck (z.B. in Gal 3,8) betont die Einheit der Bibel, während der Plural (z.B. in 1Kor 15,3) den Akzent auf die Vielfalt des Inhalts der gesamten schriftlichen Offenbarung Gottes legt.

bezeichnen kann.[567] Es handelt sich um Bezeichnungen, die in diesem Sinn im Judentum üblich waren.[568]

Der *geschriebene Text* sollte die maßgebliche Offenbarung an alle Völker sein. Unsere Verantwortung als mit der Fähigkeit zu Sprachverständnis ausgerüstete Wesen besteht nun darin, auf Gottes Wort zu achten und zu hören. In Heb 12,25 findet sich die feierliche Warnung:

> „Nehmt euch in Acht, dass ihr den nicht abweist, der da redet."

12.5 Bibelsprachen = Gottessprachen

Immer wieder kann man die Argumentation hören, die Bibel könne unmöglich Gottes unfehlbares Wort sein, da die Bibel in *menschlichen,* d.h. mit angeblich von *Unvollkommenheiten und Unzulänglichkeiten* behafteten Sprachen aufgeschrieben worden sei. Diese Fehlüberlegung spielt in der bibelkritischen, die volle Inspiration und Unfehlbarkeit der Bibel bestreitenden Theologie eine ganz wesentliche Rolle. Doch wir haben nun gesehen, dass unmöglich der Mensch, sondern vielmehr Gott der Urheber der Sprachen ist. Die Bibelsprachen Hebräisch, Griechisch und Aramäisch, so sehr es sich um von Menschen gesprochene und geschriebene Sprachen handelt, sind daher, wie jede andere Sprache, voll und ganz im Grunde genommen *göttliche Sprachen,* samt all ihren inhärenten logischen Denkkategorien. Sie sind daher ideale Gefäße, um Gottes Botschaft an die Menschheit weiterzugeben.[569] Der Schöpfer wusste genau, welche Mittel adäquat sind, um seine Gedanken dem menschlichen Geschöpf zu vermitteln.

Genauso wie die für den inspirierten Urtext verwendeten Sprachen als göttliche Sprachen betrachtet werden können, gilt dies auch für alle anderen menschlichen Sprachen. Aus dieser Feststellung resultiert die Erkenntnis, dass jede Sprache der Welt ein geeignetes Kommunikationsmittel ist, um Gottes Wort in Form einer Übersetzung hinüberzubringen.

567 Vgl. 1Tim 5,18: Hier werden die Zitate aus Deut 25,4 (AT) und Luk 10,7 (NT) als Aussagen der „Schrift" bezeichnet.

568 Jastrow: Dictionary of the Targumim, Talmud Babli, Yerushalmi and Midrashic Literature, S. 680.

569 So argumentiert auch Wells in seiner gründlichen Studie zur Inspiration der Bibel: Wells: Dieu a parlé, S. 17.

12.6 Kommunikationsstörung

Als sprechbefähigte Kreatur ist der Mensch berufen, auf Gottes an ihn gerichtetes Wort Antwort zu geben. Offensichtlich steckt aber die Menschheit, was das anbetrifft, in einer Krise. In Jer 7,13 sagt der Ewige:

> „Ich habe zu euch geredet...
> ihr habt aber nicht gehört.
> Ja ich habe euch gerufen,
> ihr habt aber nicht geantwortet."

Der Leser möge sich selbst die Frage stellen, wie es konkret bei ihm steht in dieser Beziehung.

12.6.1 Ursachen der Kommunikationsstörung

Wo liegt die Ursache für diese Kommunikationsstörung? Jes 59,1-2 gibt folgende tiefsinnige Antwort:

> „[1] Siehe, die Hand des HERRN ist nicht zu kurz,
> um zu retten,
> und sein Ohr nicht zu schwer, um zu hören.
> [2] Aber eure Missetaten haben eine Trennung gemacht zwischen euch und eurem Gott,
> und eure Sünden haben sein Angesicht verhüllt,
> dass er nicht hört."

Aus dieser Stelle können wir entnehmen, dass die Störung der Beziehung des Menschen zu seinem Schöpfer in seiner persönlichen Sündenschuld begründet liegt. Letztendlich liegt auch hier die Ursache für alle zwischenmenschlichen Dialogstörungen.

Was Sünde ist, bezeichnet die Bibel sehr klar, z.B. in Gal 5,19-21:

> „[19] Offenbar aber sind die Werke des Fleisches, welche sind: Ehebruch, Hurerei [*porneia*], Unreinheit, Ausschweifung, [20] Götzendienst, Okkultismus [*pharmakeia*], Feindschaft, Hader, Eifersucht, Zorn, Zank, Zwietracht, Sekten, [21] Neid, Mord, Trunkenheit, Völlerei und dergleichen..."

Insbesondere zwei Begriffe aus dieser Stelle verdienen in unserem kulturellen von Nach-Christlichkeit geprägten Umfeld eine nähere Beleuchtung: Das im griechischen Grundtext von Paulus verwendete

Wort *porneia,* das hier mit „Hurerei" übersetzt worden ist, bezeichnet jeglichen Geschlechtsverkehr *vor* und *neben* der Ehe, auch Homosexualität und Sodomie. Die Bibel zeigt deutlich auf, dass Gott die Sexualität dem Menschen als ein schönes Geschenk gegeben hat, jedoch allein für den geschützten Rahmen der Ehe, wo sie sich in einer Atmosphäre der Liebe, Ruhe und Sicherheit entfalten kann und soll. Jeglichen Missbrauch verurteilt die Schrift jedoch als schwere Sünde.

Das oben mit „Okkultismus" wiedergegebene Wort *pharmakeia* bezeichnet jeglichen Missbrauch von Drogen und jede Form von Aberglaube, Magie, Esoterik und Mystizismus.

Selbstverständlich ist die Liste in Gal 5 mitnichten vollständig, das wird ja in Vers 21 durch die Worte „und dergleichen" auch angedeutet. Weitere ähnliche Listen finden sich z.B. in Mark 7,20-23, Röm 1,26-32 und 1Tim 1,8-11. Wer sein Leben im Licht dieser Sünden-Kataloge betrachtet, muss erkennen, dass es um ihn nicht anders steht, als um alle anderen Menschen. In Röm 3,23 wird dies folgendermaßen eindringlich und ernst bezeugt:

> „Denn es ist kein Unterschied, denn alle haben gesündigt und erreichen nicht die Herrlichkeit Gottes..."

12.6.2 Heilung des Grundübels

Glücklicherweise bleibt die Bibel nicht bei der Diagnose stehen, die ja nicht gerade schmeichelhaft klingt. Wir können uns glücklich schätzen, dass sie als Gottes Botschaft an die Menschheit auch den Ausweg aus dem Dilemma aufzeigt.

Für unsere persönliche Schuld Gott gegenüber – und das schließt auch alles mit ein, wo wir uns unserem Mitmenschen gegenüber ungerecht benommen haben --, muss Gott uns zur Verantwortung ziehen. Nach dem unmissverständlichen Zeugnis der Heiligen Schrift haben wir dieserhalb unweigerlich die ewige Verdammnis verdient. Weil Gott heilig und gerecht ist, müsste er den Menschen richten. Doch sein Wesen ist nicht allein *Licht* (1Joh 1,5), sondern auch *Liebe* (1Joh 4,8). Deshalb hat Gott seinen Sohn Jesus Christus in diese Welt gesandt, damit er als Mensch für Menschen stellvertretend leiden und sterben würde, er, „der Gerechte für die Ungerechten, damit er uns zu Gott führe" (1Pet 3,18).

Jesaja hat dies vorausgesehen (ca. 700 v. Chr.). Treffsicher hat er es in prophetischer Vergangenheitsform auf beredte Art ausgedrückt (Jes 53,5-6):

„[5] Um unserer Übertretungen willen war er verwundet,
um unserer Missetaten willen zerschlagen.
Die Strafe zu unserem Frieden lag auf ihm,
und durch seine Striemen ist uns Heilung geworden.
[6] Wir alle irrten umher wie Schafe,
wir wandten uns ein jeder auf seinen Weg;
und der HERR hat ihn treffen lassen unser aller Ungerechtigkeit."

Gemäß 1Joh 1,9 erfährt aber jeder, der seine persönliche Schuld dem auferstandenen Sohn Gottes, Jesus Christus, im Gebet aufrichtig in Reue bekennt, volle Vergebung von Seiten des Schöpfers:

> „Wenn wir unsere Sünden bekennen, ist er treu und gerecht, dass er uns die Sünden vergibt und uns reinigt von jeder Ungerechtigkeit."

Wer sich auf diese Art durch vertrauenden Glauben dem Herrn Jesus, dem von Gott gesandten Retter, anvertraut hat, darf sich glücklich im Besitz des ewigen Lebens wissen (Joh 3,16):

> „Denn also hat Gott die Welt geliebt, dass er seinen eingeborenen Sohn gab, damit jeder, der an ihn glaubt, nicht verloren gehe, sondern ewiges Leben habe."

Der Inhalt des ewigen Lebens ist innige Gemeinschaft mit Gott, die den Dialog mit ihm, dem Ewigen, als einen wesentlichen Teil mit einschließt. Wer aber an diesem Angebot der Liebe Gottes achtlos vorbei geht, kann nur noch mit dem ewigen Gericht des Allmächtigen rechnen (Joh 3,36):

> „Wer an den Sohn glaubt, hat ewiges Leben; wer aber dem Sohn nicht glaubt, wird das Leben nicht sehen, sondern der Zorn Gottes bleibt auf ihm."

12.6.3 Erneuerte Kommunikation

Wer durch den Herrn Jesus Christus eine neue Beziehung zu Gott bekommen hat, darf nun erfahren, wie konkret Gott durch die Bibel zu ihm persönlich spricht und ihm auch konkrete Leitung für das Alltagsleben gibt. Die Bibel wird für ihn plötzlich ein Buch, das sich

Abb. 21 Der Mensch ist kein „sprechender Affe". Die Dialogfähigkeit mit Gott ist typisch menschlich. Sie findet sich nirgends im Tierreich.

als „lebendig und wirksam" erweist (vgl. Heb 4,12). Der englische Evangelist SPURGEON sagte, dass die Bibel, nachdem er sie zum fünfzigsten Mal gelesen hatte, für ihn noch schöner gewesen sei als das erste Mal.

Auch das Gebet wird von da an ein lebendiges, wirkliches Reden mit Gott, als Ausdruck echter innerer Beziehung. Einige Stellen dazu:

> Ps 50,15: „Und rufe mich an am Tag der Bedrängnis.
> Ich will dich erretten und du sollst mich verherrlichen!"

> Phil 4,6-7: „[6] Seid um nichts besorgt,
> sondern in allem lasst durch Gebet und Flehen
> eure Anliegen vor Gott kundwerden;
> [7] und der Friede Gottes, der allen Verstand übersteigt,
> wird eure Herzen und eure Gedanken bewahren
> in Christus Jesus."

> Ps 66,19-20: „[19] Doch Gott hat gehört,
> er hat gemerkt auf die Stimme meines Gebets.

[20] Gepriesen sei Gott, der nicht abgewiesen hat
mein Gebet,
noch von mir abgewandt hat seine Güte."

Nachdem man erfahren hat, wie Jesus Christus die Kommunikationsstörung mit Gott heilen und einen wahren Dialog herbeiführen kann, darf man auch erleben, wie ebenso zwischenmenschliche Dialogstörungen nach und nach gesunden und behoben werden können.

Indem der Mensch durch den Herrn Jesus Christus zu einem Dialog mit Gott gelangt, findet er zu seinem wahren Menschsein zurück. Weit davon entfernt, so etwas wie ein „sprechender Affe" zu sein, darf man sich seiner wahren, gottgewollten Bestimmung erfreuen.

Aus all diesen Erkenntnissen folgen ganz persönliche Fragen von tiefster existenzieller Bedeutung: Kennen Sie diese lebendige Beziehung mit Gott? Haben Sie schon das Gespräch mit ihrem Schöpfer Jesus Christus aufgenommen? Ist er Ihr Erlöser?

Literatur

ADELUNG, J.Ch.: Mithridates oder allgemeine Sprachenkunde, mit dem Unser Vater als Sprachprobe in bey nahe fünfhundert Sprachen und Mundarten, Erster Theil, Berlin 1806.

AITCHISON, J.: Der Mensch – das sprechende Wesen: Eine Einführung in die Psycholinguistik, Tübingen 1982.

ALAND, K. und B.: Der Text des Neuen Testaments, Stuttgart 1982.

ALBRIGHT, W.F.: Coptic, in: Collier's Encyclopedia, a.a.O., Bd. 7, S. 318.

ALBRIGHT, W.F.: Egyptian, in: Collier's Encyclopedia, a.a.O., Bd. 8, S. 674.

ANDREE, R.: Die Flutsagen ethnographisch betrachtet, o.O., 1891.

ARCHER, G.L.: Das Hebräische im Buch Daniel verglichen mit den Schriften der Sekte von Qumran, Basel 1972.

ARCHER, G.L.: Encyclopedia of Bible Difficulties, Grand Rapids, Michigan 1982.

ARCHER, G.L.: Einleitung in das Alte Testament, Bad Liebenzell, Bd. I, 1987, Bd. II, 1989.

ARIEL, Y./RICHMAN, Ch.: The Odyssey of the Third Temple, Jerusalem 1993.

ATKINSON, D.A.: The Message of Genesis 1-11, The Dawn of Creation, Leicester, England, Downers Grove, Illinois, USA 1990.

Audio Gospel: Echos von Audio Gospel, Winter 1999-2000, 1 Chemin de Joux, CH-2316 Les Ponts-de-Martel.

AUGUSTINUS, A.: Epistula Iohannis ad Parthos, in: Corpus Augustinianum Gissense (CAG),[570] a C. Mayer editum; (= Patrologia Latina Bd. 35).

AVIGAD, N.: Corpus of West Semitic Stamp Seals, revised and completed by Benjamin Sass, The Israel Academy of Sciences and Humanities, The Israel Exploration Society, The Institute of Archaeology, The Hebrew University of Jerusalem, Jerusalem 1997.

BALDI, Ph.: Indo-European Languages, in: COMRIE: The World's Major Languages, a.a.O., S. 31-67.

BAUER, W.: Griechisch-deutsches Wörterbuch zu den Schriften des Neuen Testament und der frühchristlichen Literatur, 6., völlig neu bearbeitete Auflage, im Institut für neutestamentliche Textforschung/Münster unter besonderer Mitwirkung von Viktor REICHMANN, herausgegeben von Kurt und Barbara ALAND, Berlin, New York 1988.

BAUMANN, H.: Schöpfung und Urzeit des Menschen im Mythos der afrikanischen Völker, Berlin 1936.

BECK, H.W.: Genesis, Aktuelles Dokument vom Beginn der Menschheit, Neuhausen-Stuttgart 1983.

BEICHTER, M.: „Und Gott sprach...", Über den Ursprung der Sprachen, in: *factum*, Juli/August 1990, S. 320-324.

BELLET, J.G.: Der Sohn Gottes, Neudruck, Neustadt/Weinstrasse 1967.

BERGSTRÄSSER, G.: Einführung in die semitischen Sprachen, Sprachproben und grammatische Skizzen, im Anhang: Zur Syntax der Sprache von Ugarit, von Carl Brockelmann, München 1963.

BERMAN, R.: Modern Hebrew Structure, Tel Aviv 1978.

Biblia Hebraica Stuttgartensia, 4. korrigierte Aufl., Stuttgart 1990.

570 = elektronische Gesamt-Edition der Werke Augustins.

BICKERTON, D.: Creol Languages, in: *Scientific American*, 249 (I)/July 1983, S. 108-115.
BIMSON, J.J.: Redating the Exodus and Conquest, Journal of the Old Testament, Supplement Series 5, Sheffield 1978.
BLACK, A.B.: Linguistics for Students of New Testament Greek, A Survey of Basic Concepts and Applications, Grand Rapids, Michigan 1988.
BLECHSCHMIDT, E.: Gestaltungsvorgänge in der menschlichen Embryonalentwicklung in: GITT, W. (Hrsg.): Am Anfang war die Information, Forschungsergebnisse aus Naturwissenschaft und Technik, a.a.O.
BLOCK, D.I.: Nations/Nationality, in: VANGEMEREN, W.A.: New International Dictionary of Old Testament Theology & Exegesis, Bd. V, Carlisle, Cumbria 1997, S. 966-972.
BODMER, F.: Die Sprachen der Welt, Geschichte – Grammatik – Wortschatz in vergleichender Darstellung, Köln, Berlin 1955.
BOETTCHER, W./HERRLITZ, W./NÜNDEL, E./BERND, S.: Sprache, Das Buch, das alles über Sprache sagt, Braunschweig 1983.
BORNEMANN, E./RISCH, E.: Griechische Grammatik, Frankfurt am Main, Berlin, München 1978.
BOTTERWECK, G.J./RINGGREN, H.: Theological Dictionary of the Old Testament, Translated by J.T. WILLIS, Bd. I, Revised Edition, Grand Rapids, Michigan 1974.
BOYD, T.R.: Hügel, Gräber, Schätze, Eine illustrierte Einführung in die biblische Archäologie, Lahr-Dinglingen 1980.
BRANDT, M: Gehirn, Sprache, Artefakte, Fossile und archäologische Zeugnisse zum Ursprung des Menschen, Studium Integrale, Holzgerlingen 2000.
Brockhaus, Die Enzyklopädie in vierundzwanzig Bänden, zwanzigste überarbeitete und aktualisierte Auflage, Leipzig und Mannheim 1996.
BRUCE, F.F.: Die Glaubwürdigkeit der Schriften des Neuen Testaments, Liebenzell 1976.
BURKHARDT, H./GRÜNZWEIG, F./LAUBACH F./MAIER, G. (Hrsg.): Das große Bibellexikon, Bd. I, Wuppertal/Giessen 1987, Bd. II Wuppertal/Giessen 1988, Bd. III, Wuppertal/Giessen 1989.
CARDONA, G.: Sanskrit, in: COMRIE: The World's Major Languages, a.a.O., S. 448-469.
CAVALLI-SFORZA, L.L.: Gene, Völker und Sprachen, Die biologischen Grundlagen unserer Zivilisation, München, Wien 1999.
CHOMSKY, N.: Sprache und Geist, mit einem Anhang: Linguistik und Politik, Frankfurt am Main 1970.
CHOMSKY, N.: Language and Mind, Harcourt, Brace, Jovanovich, Inc., New York, 1972.
CLARK, A.: Clarke's Commentary, The Old Testament, Bd. I, Genesis through Deuteronomy, Ages Digital Library, AGES Software, Version 1.0, Albany, OR USA 1997.
COHEN, D.: Dictionnaire des racines sémitiques, fascicules 3-8, o.O., 1994ff.
COLEMAN, R.G.G.: Latin and the Italic Languages, in: COMRIE: The World's Major Languages, a.a.O., S. 180-202.
Collier's Encyclopedia, BAHR, L.S., JOHNSTON, B., 24 Bde., New York, Toronto, Sydney 1994.
COMRIE, B. (Hrsg.): The World's Major Languages, London 1989.
COWAN, G.M.: Warum dieser Aufwand? Wycliff Bibelübersetzer, o.J.

DARBY, J.N.: Betrachtungen über das Wort Gottes, 1. Mose bis Ruth, Neuauflage, Neustadt/Weinstrasse 1981.
DARWIN, Ch.: Die Abstammung des Menschen, übersetzt von SCHMIDT-JENA, H., Stuttgart 1966.
DARWIN, F.: Leben und Briefe von Charles Darwin mit einem seine Autobiographie enthaltenden Capitel, aus dem Englischen übersetzt von J.V. CARUS, 3 Bde., Stuttgart 1887.
DAVIDSON, B.: Analytical Hebrew and Chaldee Lexicon, Every Word and Inflection of the Hebrew Old Testament Arranged Alphabetically and with Grammatical Analyses, also Tables of Paradigms, London 1848.
DELANCEY, S.: Sino-Tibetan Languages, in: COMRIE: The World's Major Languages, a.a.O., S. 797-810.
DELITZSCH, F.: Kleine sumerische Sprachlehre für Nichtassyriologen, Grammatik, Vokabular, Textproben, Leipzig 1914.
Der Brith Chadašah, (Übersetzung von) H. EINSPRUCH, Baltimore, Maryland 1977.
DE SAUSSURE, F.: Cours de lingustique générale, édition critique préparé par Tullio DE MAURO, Paris 1984.
Die gute Nachricht, Die Bibel in heutigem Deutsch, Zweite durchgesehene Auflage, Stuttgart 1982.
Duden, Fremdwörterbuch, 3., völlig neu bearbeitete und erweiterte Auflage, Bd. 5, Mannheim/Wien/Zürich 1974.
EBERTSHÄUSER, R.: Die charismatische Bewegung im Licht der Bibel, Bielefeld 1995.
EDERSHEIM, A.: Der Tempel, Mittelpunkt des geistlichen Lebens zur Zeit Jesu, Einführung von J.J. BIMSON, Wuppertal 1997.
Elberfelder-Bibel, Die Heilige Schrift, Wuppertal-Elberfeld 1905.
ERMAN, A.: Kurzer Abriss der ägyptischen Grammatik, 5. unveränderte Aufl., Darmstadt 1969.
FALKENSTEIN, A.: Das Sumerische, Leiden 1959.
FINEGAN, E.: English, in: COMRIE: The World's Major Languages, a.a.O., S. 77-109.
FINEGAN, J.: Handbook of Biblical Chronology, Revised Edition, Peabody, Massachusetts 1998.
FLAVIUS, Josephus: Jüdische Altertümer, Übersetzt von H. Clementz, 10. Aufl., Wiesbaden 1990.
FRANZKE, R.: Was ist Schamanismus? Wesen, Gefahren und Ausbreitung des Schamanismus in Schule und Gesellschaft, 2. Aufl., Lage 1999.
FULLER, H.W.: Die Enden der Erde, Missions-Bildband, SIM International, o.O., 1985.
GAEBELEIN, A.C.: The Annotated Bible, The Holy Scriptures Analyzed and Annotated, Bd. I, Genesis to Second Chronicles, Third Printing, Neptune, New Jersey 1979.
GARDINER, A.: Egyptian Grammar, Being an introduction to the study of hieroglyphs, third ed., revised, London 1973.
GELB, I.J.: Sumerian Language, in: Encyclopaedia Britannica, 1974.
GEMOLL, W.: Griechisch-deutsches Schul- und Handwörterbuch, Neunte Auflage, Durchgesehen und erweitert von Karl VRETSKA, Mit einer Einführung in die Sprachgeschichte von Heinz KRONASSER, Nachdruck, Müchen 1991.
GESENIUS, W.: Hebräisches und aramäisches Handwörterbuch über das Alte Testament, 17. Aufl., Berlin, Göttingen, Heidelberg 1962.
GESENIUS, W./KAUTZSCH, E./BERGSTRÄSSER, G.: Hebräische Grammatik, Hildesheim, Zürich, New York 1983.

GESENIUS, W./MEYER, R./DONNER, H.: Hebräisches und aramäisches Handwörterbuch über das Alte Testament, bearb. und herausg. von R. MEYER und H. DONNER, 18. Aufl., Berlin, Heidelberg, New York, London, Paris, Tokyo, Bd. I 1987, Bd. II 1995.

GESSINGER, J./VON RAHDEN, W. (Hrsg.): Theorien vom Ursprung der Sprache, 2 Bde., Berlin, New York 1988.

GIPPER, H.: Denken ohne Sprache? 2. erweiterte Auflage, Düsseldorf 1978.

GITT, W. (Hrsg.): Am Anfang war die Information, Forschungsergebnisse aus Naturwissenschaft und Technik, Gräfelfing/München 1982.

GITT, W.: In 6 Tagen vom Chaos zum Menschen. 6. Auflage, Holzgerlingen 2002.

GITT, W.: Energie – optimal durch Information, Neuhausen-Stuttgart 1986.

GITT, W.: Am Anfang war die Information. 3. Auflage, Holzgerlingen 2002.

GITT, W.: Sprache: Das Mittel zur Darstellung, Übertragung und Speicherung von Information, in: *factum*, Mai 1986, S. 30-40.

GITT, W.: Schuf Gott durch Evolution? 6. Auflage, Holzgerlingen, Bielefeld 2002.

GLASHOUWER, W.J.J./OUWENEEL, W.J.: So entstand die Welt, Neuhausen-Stuttgart 1980.

GLASHOUWER, W.J.J./OUWENEEL, W.J.: So entstand Israel, Neuhausen-Stuttgart 1982.

GLUECK, H.: Metzler Lexikon Sprache, Stuttgart/Weimar 1993.

GOETZE, A.: Kleinasien, Kulturgeschichte des Alten Orients, Dritter Abschnitt, Erster Unterabschnitt, München 1957.

GRANT, F.W.: The Numerical Bible, Being a Revised Translation of the Holy Scriptures with Expository Notes; Arranged, Divided, and Briefly Characterized According to the Principles of Their Numerical Structure, The Pentateuch, Eighth Printing, Neptune, New Jersey 1974.

GREEN, J.N.: Romance Languages, in: COMRIE: The World's Major Languages, a.a.O., S. 203-209.

GREEN, J.N.: Spanish, in: COMRIE: The World's Major Languages, a.a.O., S. 236-259.

GREIN, M.: „Sprachtypologie", in: Microsoft, Encarta 99 Enzyklopädie, 1993-1998.

GRIMES, B. F. (Hrsg.): Ethnologue, Languages of the World, Fourteenth Edition, Dallas, Texas 2000 (CD-ROM-Ausgabe).

GUKSCH, H.: Ägyptische Grammatik des Ägyptologischen Instituts der Universität Heidelberg, Wintersemester 1986/1987 (unveröffentlicht).

HAARMANN, H.: Universalgeschichte der Schrift, Frankfurt/Main 1994.

HAMILTON, V.P.: The Book of Genesis, Chapters 1-17, The New International Commentary on the Old Testament, R.K. HARRISON, general editor, Grand Rapids, Michigan 1990.

HARRIS, M.: French, in: COMRIE: The World's Major Languages, a.a.O., S. 210-235.

HARRIS, R.L./ARCHER, G.L. Jr./WALTKE, B.K.: The Theological Wordbook of The Old Testament, originally published by Moody Press of Chicago, Illinois 1980.

HARRIS, Z.S.: A Grammar of the Phoenician Language, New Haven, Connecticut 1936.

HARTMANN, F.: Der Turmbau zu Babel, Mythos oder Wirklichkeit, Turmbausagen im Vergleich mit der Bibel, Neuhausen-Stuttgart 1999.

HAUSER, M.D./CHROMSKY, W./TECUMSEH FITCH, W.: The Faculty of Language: What Is It, Who Has It, and How Dit It Evolve? in: *Science*, Bd. 298,22, November 2002, S. 1569-1579.

HAWKINS, J.A.: The Germanic Languages, in: COMRIE: The World's Major Languages, a.a.O., S. 68-76.

HEIJKOOP, H.L.: Gebetsheilungen, Zungenreden, Zeichen und Wunder im Licht der Schrift, Neustadt/Weinstrasse, o.J.

HENRY, M.: Commentary on the Old Testament, The Ages Digital Library, International Standard Bible Encyclopedia, Bd I, AGES Software, Albany, OR USA, Version 1.0, 1997.

HEMER, C.J.: The Book of Acts in the Setting of Hellenistic History, Tübingen 1989.

HETZRON, R.: Hebrew, in: COMRIE: The World's Major Languages, a.a.O., S. 686-704.

HILL, G./ARCHER, G.L.: The Discovery Bible, Chicago 1987.

HOCKING, W.J.: Der Sohn seiner Liebe, Neustadt/Weinstrasse 1973.

HOFFMANN, E.G./VON SIEBENTHAL, H.: Griechische Grammatik zum Neuen Testament, Riehen 1985.

Hoffnung für alle, Das Neue Testament, Basel und Giessen 1991.

HOLZHAUSEN, A.: Bibel trotz Babel, Das Buch der Bücher in den Sprachen der Welt, Moers 1992.

HÖRSTER, G.: Zungenrede, in: BURKHARDT, H./GRÜNZWEIG, F./LAUBACH F./MAIER, G. (Hrsg.): Das große Bibellexikon, Bd. III, a.a.O., S. 1732.

JAROŠ, K.: Hundert Inschriften aus Kanaan und Israel, Für den Hebräischunterricht bearbeitet, Fribourg 1982.

JASTROW, M.: Sepher Millim, A Dictionary of The Targumim, The Talmud Babli and Jarushalmi, and The Midrashic Literature, New York 1985.

JENNI, E.: Lehrbuch der hebräischen Sprache des Alten Testamentes, Basel und Stuttgart 1978.

JOSEPH, B.D.: Greek, in: COMRIE: The World's Major Languages, a.a.O., S. 410-439.

JOÜON, P.S.J./MURAOKA, T.: A Grammar of Biblical Hebrew, subsidia biblica 14/I, Translated and Revised by T. MURAOKA, Bde. I-II, Roma 1996.

JUNGRAITHMAYR, H.: Was ist primitiv? Zum Stand der Sprachgeschichtsforschung in Afrika, Sitzungsberichte der wissenschaftlichen Gesellschaft an der Johann Wolfgang Goethe-Universität Frankfurt am Main, Bd. XXIII, Nr. 5, Stuttgart 1987, S. (7)-(17) bzw. S. 189-201.

JUNKER, R.: Leben durch Sterben?, Schöpfung, Heilsgeschichte und Evolution, Studium Integrale, Neuhausen-Stuttgart 1994.

JUNKER, R.: Wie das Zebra seine Streifen bekam, Schöpfung oder Evolution, Neuhausen-Stuttgart 1998.

JUNKER, R.: Sündenfall und Biologie, Schönheit und Schrecken der Schöpfung, Holzgerlingen 2001.

JUNKER, R.: Jesus, Darwin und die Schöpfung, Warum die Ursprungsfrage für Christen wichtig ist, Holzgerlingen 2001.

JUNKER, R./SCHERER, S.: Entstehung und Geschichte der Lebewesen, Daten und Deutungen für den schulischen Bereich, Giessen 1986.

JUNKER, R./SCHERER, S.: Evolution – Ein kritisches Lehrbuch, 5. Auflage, Giessen 2001.

KÄSER, L.: Fremde Kulturen, Eine Einführung in die Ethnologie für Entwicklungshelfer und kirchliche Mitarbeiter in Übersee, 2. Aufl., Erlangen, Lahr 1998.

KAISER, W.C./DAVIDS, P.H./BRUCE, F.F./BRAUCH, M.T.: Hard Sayings of the Bible, Downers Grove, Illinois 1996.

KANG, C.H./NELSON, E.R.: Erinnerungen an die Genesis, Die Chinesen und die biblische Urgeschichte, Neuhausen-Stuttgart 1998.

KEDAR, B.: Biblische Semantik, Stuttgart, Berlin, Köln, Mainz 1981.

KEIL, C.F./DELITZSCH, F.: Commentary on the Old Testament, Bd. I, The Pentateuch, Three Volumes in one, Grand Rapids 1989.

KITTEL, G./FRIEDRICH, G.: Theological Dictionary of the New Testament, Bde. I - IX, Bd. X, (Index, compiled by PITKIN, R.E.), Reprinted, Grand Rapids, Michigan 1978.

KLEINSCHMIDT, S.: Grammatik der grönländischen Sprache, mit teilweisem Einschluß des Labradordialekts, Hildesheim 1968.

KÖHLER, L./BAUMGARTNER, W.: Hebräisches und aramäisches Lexikon zum Alten Testament, 3. Aufl., Bd. I, Leiden 1967, Bd. II, Leiden 1974, Bd. III, Leiden 1983, Bd. IV, Leiden 1990.

KÖNIG, E.: Hebräisches und aramäisches Wörterbuch zum Alten Testament mit Einschaltung und Analyse aller schwer erkennbaren Formen, Deutung der Eigennamen sowie der massoretischen Randbemerkungen und einem deutsch-hebräischen Wortregister, Leipzig 1910.

KONTZI, R.: Zur Entstehung der romanischen Sprachen, Darmstadt 1978.

KÜLLING, S.R.: Zur Datierung der „Genesis-P-Stücke“ namentlich des Kapitels Genesis XVII, 2. erweiterte und neu durchgesehene Auflage, Riehen 1985.

KÜLLING, S.R.: Sind die Genealogien in Gen 5 und 11 historisch und lückenlos? Riehen 1996.

LA HAYE, T./MORRIS, J.D.: The Ark on Ararat, Nashville, New York, 1976.

LAITMAN, J. T.: Konnte unser Urahn sprechen? Bild der Wissenschaft, Mai 1987, S. 38-47.

LANGE, J.P.: Theologisch-homiletisches Bibelwerk, Die Heilige Schrift, Alten und Neuen Testaments, mit Rücksicht auf das theologisch-homiletische Bedürfnis des pastoralen Amtes in Verbindung mit namhaften evangelischen Theologen, bearbeitet und herausgegeben von J.P. LANGE, Vierzehnter Theil: Der Prophet Jesaja, Theologisch-homiletisch bearbeitet von C.W.E. NAEGELSBACH, Bielefeld und Leipzig 1877.

LANGE, J.P.: Theologisch-homiletisches Bibelwerk, Die Heilige Schrift, Alten und Neuen Testaments, mit Rücksicht auf das theologisch-homiletische Bedürfnis des pastoralen Amtes in Verbindung mit namhaften evangelischen Theologen, bearbeitet und herausgegeben von J.P. LANGE, Erster Theil: Die Genesis oder das erste Buch Mose, Bielefeld 1864.

LENNEBERG, E.H.: Biologische Grundlagen der Sprache, 1972.

LES, B., Jr.: On the Origin of Language, Institute for Creation Research, *Impact* No. 44, „Vital Articles on Science/Creation“, February 1977. Herunterzuladen bei: www.icr.org.

LEWANDOWSKY, TH.: Linguistisches Wörterbuch, Bd. 3, Heidelberg 1975.

LI, Ch.N./THOMPSON, S.A.: Chinese, in: COMRIE: The World's Major Languages, a.a.O., S. 811-833.

LIDELL, G.H./SCOTT, R.: A Greek-English Lexicon, Revised and augmented by Sir Henry Stuart JONES, with the assistence Roderick MCKENZIE and with the cooperation of many scholars, with a supplement, Oxford 1968.

LIEBI, R.: Hebräische Poesie im Alten Testament, in: *factum*, Berneck, Mai 1988, S. 189-191.

LIEBI, R.: Erfüllte Prophetie, Messianische Prophetie – ihre Erfüllung und historische Echtheit, 5. Aufl., Berneck 1990.

LIEBI, R.: Der Mensch – ein sprechender Affe? Sprachwissenschaft contra Evolution, Berneck 1991.

LIEBI, R.: New Age! Daten, Fakten, Hintergründe, Hat die große Wende begonnen? Kritische Analysen zum gegenwärtigen Esoterik-Boom, Zürich 1991.

LIEBI, R.: Der verheißene Erlöser, Zürich 1994.

LIEBI, R.: Introduction à la poésie hébraïque, Cahiers des REBS, Nr. 8, 1994.
LIEBI, R.: Rockmusik! Daten, Fakten, Hintergründe, Ausdruck einer Jugend in einem sterbenden Zeitalter, 4. Aufl., Zürich 1995.
LIEBI, R.: Weltgeschichte im Visier des Propheten Daniel, 5. Aufl., Berneck 1997.
LINNENKUGEL, A.: Lateinische Grammatik, Paderborn 1957.
LIPINSKI, E.: Semitic Languages, Outline of a Comparative Grammar, Orientalia Lovaniensia Analecta, Leuven 1997.
LOUW, J.P./NIDA, E.A. (Ed.): Greek-English Lexicon of the New Testament Based on Semantic Domains, 2nd Edition, New York 1988.
LÜKEN, H.: Die Traditionen des Menschengeschlechts, 1. Aufl., Münster 1856.
LÜKEN, H.: Die Traditionen des Menschengeschlechts, 2. Aufl., Münster 1869.
MACDONALD, W.: Believer's Bible Commentary, Old Testament, Edition with Introductions by Arthur FARSTAD, Nashville 1992.
MACKENSEN, L.: Deutsche Etymologie, Ein Leitfaden durch die Geschichte des deutschen Wortschatzes, Bremen 1977.
MALLINSON, G.: Rumanian, in: COMRIE: The World's Major Languages, a.a.O., S. 303-321.
MCCARTER, P.K. Jr.: Ancient Inscriptions, Voices from the Biblical World, Washington 1996.
MCFALL, L.: The Enigma of the Hebrew Verbal System, Sheffield 1982.
MECHSNER, F.: Sprachevolution, Wer sprach das erste Wort? in: *GEO*, September 1998, S. 76-83.
MEILLET, A.: Einführung in die vergleichende Grammatik der indogermanischen Sprachen, vom Verfasser genehmigte und durchgesehene Übersetzung von Wilhelm PRINTZ, Leipzig und Berlin 1909.
Meyers Enzyklopädisches Lexikon, Mannheim/Wien/Zürich 1971.
MEYER, R.: Hebräische Grammatik, Bd. 1, Einleitung, Schrift- und Lautlehre, Bd. 2, Formenlehre, Flexionstabellen, Berlin 1969.
Microsoft, Encarta 99 Enzyklopädie, 1993-1998.
MILLARD, A.: Schätze aus biblischer Zeit, Giessen/Basel 1986.
MILLARD, A.: Images du monde biblique, Cergy-Pointoise 1987.
Miqra'oth Gedoloth, 8 Bde, Jerusalem 1972.
MITCHELL, B.: A Guide to Old English, Oxford 1975.
MOORE, H. (Ed.): Any given Day in the Life of the Bible, Wycliffe Bible Translator, Portland, Oregon 1992.
MOORE, H. (Ed.): The Alphabet Makers, A Presentation from the Museum of the Alphabet, Waxhaw, North Carolina, Hountington Beach, California 1990.
MORRIS, H.M.: Language, Creation and the Inner Man, Institute for Creation Research, *Impact* No. 28, „Vital Articles on Science/Creation" October 1975. Internetadresse: www.icr.org.
MORRIS, H.M.: The Genesis Record, A Scientific & Devotional Commentary on the Book of Beginnings, Forword by Arnold D. EHLERT, fifteenth Printing, Grand Rapids, Michigan 1990.
MOSCATI, S. (Ed.): An Introduction to the Comparative Grammar of Semitic Languages, Phonology and Morphology, By Sabatino MOSCATI, Anton SPITALER, Edward ULLENDORFF, Wolfram VON SODEN, Porta Linguarum Orientalum, Wiesbaden 1980.
NAGEL, V.: Italian, in: COMRIE: The World's Major Languages, a.a.O. S. 279-302.
NAVEH, J.: Origins of the Alphabets, Introduction to Archaeology, Jerusalem 1994.
NEGEV, A.: Archäologisches Bibellexikon, Neuhausen-Stuttgart 1991.

Neues Lexikon, Zürich 1965.
NEWMAN, P.: Hausa and the Chadic Languages, in: COMRIE: The World's Major Languages, a.a.O., S. 705-723.
NICCACCI, A.: The Syntax of the Verb in Classical Hebrew Prose, Sheffield 1990.
NIDA, E.A.: Coutumes et Cultures, Anthropologie pour missions chretiennes, Editions G.M., o.O. 1978.
NIDA, E.A.: Gott spricht viele Sprachen, Der dramatische Bericht von der Übersetzung der Bibel für alle Völker, Stuttgart 1966.
OUWENEEL, W.J.: Gedanken zum Schöpfungsbericht, Neustadt/Weinstrasse 1974.
OUWENEEL, W.J.: Hat die Evolutionslehre einen wissenschaftlichen Charakter? 2. Aufl., Schwelm 1977.
OUWENEEL, W.J.: Der Untergang des christlichen Abendlandes, Philosophische Strömungen und Kulturepochen, Eine Analyse, Wetzlar 1978.
OUWENEEL, W.J.: Die Sohnschaft Christi, Neustadt/Weinstrasse 1980.
OUWENEEL, W.J.: Evolution in der Zeitenwende, Neuhausen-Stuttgart 1984.
PAILER, N.: Geheimnisvolles Weltall, Hypothesen und Fakten zur Urknalltheorie, Neuhausen-Stuttgart 1994.
PARKINSON, S.: Portuguese, in: COMRIE: The World's Major Languages, a.a.O., S. 260-278.
PARROT, A.: La Tour de Babel, Neuchâtel/Paris 1953.
PETERS, B.: Zeichen und Wunder, 3. Aufl., Berneck 1983.
PETERS, B.: Über den Vokalismus des Hebräischen in vorexilischer Zeit, Eine zur Hauptsache an Inschriften vorgenommene Untersuchung, Universität Zürich 1985.
PINSKER, H.: Altenglisches Studienbuch, Düsseldorf 1976.
POEBEL, A.: Grundzüge der sumerischen Grammatik, Rostock 1923.
POPE, M.K.: From Latin to Modern French with Especial Consideration of Anglo-Norman, Phonology and Morphology, Manchester 1952.
PRICE, R.: The Stones Cry Out, What Archaeology Reveals about the Truth of the Bible, Eugene, Oregon 1997.
PRITCHARD, J.B. (Hrsg.): Ancient Near Eastern Texts Relating to the Old Testament, Third Edition with Supplement, Princeton/New Jersey 1969.
RICHARDSON, D.: Ewigkeit in ihren Herzen, Lahr 1983.
RIEM, J.: Die Sintflut in Sage und Wissenschaft, Hamburg 1925.
RIEMSCHNEIDER, K.K.: Lehrbuch des Akkadischen, 4. Aufl., Leipzig 1984.
RIENECKER, F.: Lexikon zur Bibel, 13. Gesamtauflage, Wuppertal 1978.
RISCH, E.: Griechisch, in: ANDRESEN, C. (Hrsg.): Lexikon der Alten Welt, Zürich und Stuttgart 1965, S.1165-1173.
RITSCHARD, G.: Bödellitüütsch, Wörterbuch mit Bildern aus dem Volksleben, Volkssprache der Gemeinden Bönigen, Interlaken, Matten, Unterseen und Wilderswil, Unterseen 1983.
ROBINSON, M.A./PIERPONT, W.G.: The New Testament in the Original Greek according to the Byzantine/Majority Textform, Introduction and appendix by the editors, executive editor W.D. MCBRAYER, Atlanta 1991.
ROHL, D.: Pharaonen und Propheten, München 1996.
ROSS, P.E.: Hard Words, Trends in Linguistics, in: *Sientific American*, April 1991, S. 70-79.
SANFORD, B.S.: Tamil and the Dravidian Languages, in: COMRIE: The World Major's Languages, a.a.O., S. 725-746.
SCHAUB, W.: Babungo, London, Sydney, Dover, New Hampshire 1985.

SCHENKEL, W.: Tübinger Einführung in die klassisch-ägyptische Sprache und Schrift, Tübingen 1997.
SCHERER, S. (Hrsg.): Die Suche nach Eden, Wege zur alternativen Deutung der menschlichen Frühgeschichte, Neuhausen-Stuttgart 1991.
SCHERER, S. (Hrsg.): Typen des Lebens, Studium Integrale, Neuhausen-Stuttgart 1993.
SCHEVEN, J.: Daten zur Evolutionslehre im Biologieunterricht, Kritische Bilddokumentation, Neuhausen-Stuttgart 1979.
SCHEVEN, J.: Karbonstudien, Neues Licht auf das Alter der Erde, Neuhausen-Stuttgart 1986.
SCHEVEN, J.: Mega-Sukzessionen und Klimax im Tertiär, Katastrophen zwischen Sintflut und Eiszeit, Neuhausen-Stuttgart 1988.
SCHRIRRMACHER, Th.: Urzeitmythen der afrikanischen Völker, in: *factum*, Oktober 1984, S. 18-25.
SCHIRRMACHER, Th.: Marxismus – Opium für das Volk? Berneck 1990.
SCHIRRMACHER, Th.: Galilei-Legenden und andere Beiträge zu Schöpfungsforschung, Evolutionskritik und Chronologie der Kulturgeschichte 1979-1994, Biblia et symbiotica, Band 12, Bonn 1995.
Schlachter-Bibel, Das Neue Testament und die Psalmen, nach dem Grundtext übersetzt von F.E. SCHLACHTER, Version 2000, Neue revidierte Fassung, Genf 1999.
SCHLEICHER, A.: Die Darwinsche Theorie und die Sprachwissenschaft, Weimar 1863.
SCHNEIDER, H.: Datierungsmethoden und ihre physikalische Relevanz, S. 114ff., in: GITT: Am Anfang war die Information, Forschungsergebnisse aus Naturwissenschaft und Technik, a.a.O.
SCHNEIDER, H.: Der Urknall und die absoluten Datierungen, Neuhausen-Stuttgart 1982.
SCHOTT, Th.: Die Kirche der Wüste, 1893.
SCHROEDER, R.: Le Messie de la Bible, Belgique 1974.
SCHWIDETZKY, I.: Über die Evolution der Sprache, Anatomie, Verhaltensforschung, Sprachwissenschaft, Anthropologie, Frankfurt am Main 1973.
SIMPSON, G.G.: The Biological Nature of Man, in: *Science*, Bd. 152, April 22, 1966, S. 476-477.
SLUSHER, H.S.: Critique of Radiometric Dating, Institute for Creation Research, San Diego USA 1981.
SOGGIN, A.: Das Buch Genesis, Kommentar, Darmstadt 1997.
SPROUL, B.C.: Schöpfungsmythen der östlichen Welt, München 1993.
SPROUL, B.C.: Schöpfungsmythen der westlichen Welt, München 1994.
STARLING, A. (Hrsg.): Peoplesfile Index, Pasadena CA 1986.
Studiengemeinschaft Wort und Wissen: Schöpfung oder Evolution? Denkansätze zwischen Glauben und Wissen, Neuhausen-Stuttgart 1996.
ST. JOHN, R.: Die Sprache der Propheten, Die Lebensgeschichte des Elieser Ben-Jehuda, des Schöpfers der neuhebräischen Sprache, Gerlingen 1985.
STURTEVANT, E.H./HAHN, E.A.: A Comparative Grammar of the Hittite Language, Revised Edition, Bd. I, New Haven 1951.
STUTZ, H.: Die Millionen fehlen, Argumente für eine junge Erde, Berneck 1996.
The British and Foreign Bible Societies: The Gospel in many Tongues, Specimens of 872 languages in which The British and Foreign Bible Society has published or circulated some portion of the Bible, London 1965.
The Greek New Testament, United Bible Societies, Fourth Revised Edition 1993.

THIELE, E.R.: The Mysterious Numbers of the Hebrew Kings, Grand Rapids, Michigan, 1994.

TIRKEL, E.: Hebräisch leicht gemacht, 'ivrith beqalluth, Tel-Aviv 1989.

TRAGER, G.L.: Languages of the World, in: Collier's Dictionary, New York, Toronto, Sydney 1994, Bd. 14, S. 307-313.

TRENCH, R.Ch.: Synonyms of the New Testament, Numerically coded to Strong's Exhaustive Concordance and edited by Robert G. HOERBER, Grand Rapids, Michigan 1989.

TRUAX, E.A.: Genesis according to the Miao People, Institute for Creation Research, *Impact* No. 214, „Vital Articles on Science/Creation", April 1991. Herunterzuladen bei: www.icr.org.

UHLMANN, R.F.: Sprache, in: BURKHARDT, H./GRÜNZWEIG, F./LAUBACH F./MAIER, G. (Hrsg.): Das große Bibellexikon, Bd. III, a.a.O., S. 1461-1462.

UNGER, M.F.: Ungers großes Bibelhandbuch, bearbeitet v. G.N. LARSON, Asslar 1987.

VANGEMEREN, W.A.: New International Dictionary of Old Testament Theology & Exegesis, Bde. I-V, Carlisle, Cumbria 1997.

VAN DER VEEN, P./ZERBST, U.: Biblische Archäologie am Scheideweg?, Für und Wider einer Neudatierung archäologischer Epochen im alttestamentlichen Palästina, Studium Integrale, Holzgerlingen 2002.

VETTER, J.: Menschliche Sprachfähigkeit und Ohrmuschel zufällig entstanden? *factum*, Oktober 1988, S. 436-444.

VILMAR, A.F.C.: Collegium Biblicum, Praktische Erklärung der heiligen Schrift Alten und Neuen Testaments, Aus dem handschriftlichen Nachlass der akademischen Vorlesungen von Dr. Aug. Friedr. Chr. VILMAR, weil. ord. Prof. der Theologie zu Marburg in Hessen, Herausgegeben von Christian MÜLLER, Pfarrer zu Fürstenau, Erster Teil: Einleitung, Der Pentateuch oder die fünf Bücher Mose, Neue Ausgabe, Gütersloh 1891.

VON SIEBENTHAL, H.: „So tötet nun eure Glieder, die auf der Erde sind: Hurerei...", Das altgriechische Verbalsystem und drei Befehlsformen in Kol 3, in: *Fundamentum* 4/82, S. 92-104.

VON SIEBENTHAL, H.: Die Mehrdeutigkeit sprachlicher Ausdrücke und Textinterpretation, *Fundamentum* 1/1984, S. 204-227.

VON SIEBENTHAL, H.: Kleine Einführung ins Akkadische, (unveröffentlichtes Vorlesungs- Script) 1984.

VON SODEN, W.: Grundriss der akkadischen Grammatik, Analecta Orientalia, 2. unveränderte Auflage, samt Ergänzungsheft zum Grundriss der akkadischen Grammatik, Analecta Orientalia 47, Roma 1969.

WALD, B.: Swahili and the Bantu Languages, in: COMRIE: The World's Major Languages, a.a.O., S. 991-1014.

WALLIS, E.E./BENNETT, M.A.: Noch 2000 Sprachen, Geschichte einer modernen Pioniermission, Wuppertal 1972.

WALTER, N.: 6000 Sprachen – und nur eine Grammatik? in: *Tages-Anzeiger*, 30. Juni 1995, S. 90.

WALVOORD, J.F./ZUCK, R.B.(Hrsg.): The Bible Knowledge Commentary, CD-ROM, NavPress Software 1987-1998.

WATSON, W.G.E.: Classical Hebrew Poetry, A Guide to its Techniques, Reprint with Corrections, Sheffield 1995.

WELLS, P.: Dieu a parlé, La Bible, semence de vie dans le coeur labouré, Préface d'Henri Blocher, Québec 1997.

WESTERMANN, C.: Genesis, I. Teilband Genesis 1-11, Biblischer Kommentar, Altes Testament, Begründet von Martin NOTH, Herausgegeben von Siegfried HERMANN und Hans Walter WOLFF, Band I/1, Genesis, Neukirchen-Vluyn 1975.

WHITCOMB, C./MORRIS, H.: Die Sintflut, Der Bericht der Bibel und seine wissenschaftlichen Folgen, Neuhausen-Stuttgart 1977.

WHITNEY, D.W.: A Sanskrit Grammar, Including both the Classical Language, and the Older Dialects, Of Veda and Brahmana, Second (Revised and Extended) Edition, Leipzig, London 1889.

WIESEMANN, U.: Seminar für Sprachmethodik, Phonologie, Ein wissenschaftliches Lehrbuch, Bd. A 1, 2. korrigierte Auflage, Bonn 2000.

WILDER SMITH, A.E.: Herkunft und Zukunft des Menschen, Neuhausen-Stuttgart 1972.

WILDER SMITH, A.E.: Der Mensch – ein sprechender Computer? Neuhausen-Stuttgart 1982.

WILDER SMITH, A.E.: Prions und das DNA-Molekül, *factum*, Januar 1986, S. 42-45.

WISEMAN, D.J.: Babel, in: BURKHARDT, H./GRÜNZWEIG, F./LAUBACH F./MAIER G. (Hrsg.): Das große Bibellexikon, Bd. I, a.a.O., S. 147-150.

WISEMAN, D.J.: Babylon, in: BURKHARDT, H./GRÜNZWEIG, F./LAUBACH F./MAIER G. (Hrsg.): Das große Bibellexikon, Bd. I, a.a.O., S. 150-153.

WISEMAN, D.J.: Shinar, Logos Bible Atlas 1.0a, Logos Research System 1994.

WISEMAN, P.J.: Die Entstehung der Genesis. Das erste Buch der Bibel im Licht archäologischer Forschung, Wuppertal, o.J.

WISKIN, R.: Die Bibel und das Alter der Erde, Neuhausen-Stuttgart 1996.

ZIMMER, D.E.: So kommt der Mensch zur Sprache, Über Spracherwerb, Sprachentstehung und Sprache & Denken, München 1986.

Glossar

Ablativ: Von-, Durch- und Mitfall
Ablativ-Instrumental: (im Sumerischen) Von- und Mitfall
Adhortativ: Ermahnungsform
Affix: an ein Morphem (vorne/hinten) tretendes Morphem; in ein Morphem eingefügtes Morphem
Agentiv: Handlungsfall
Akkusativ: Wenfall
Aktiv: Tatform
analytische Form: durch mehr als ein Wort umschriebene grammatikalische Form
Aorist: griechischer Punktual, im Indikativ mit Vergangenheitsbedeutung
Äquativ: Vergleichsform
Aspekt: Geschehensform des Verbs (ob punktuell, linear oder resultativ etc.)
Dativ: Wemfall
deskriptive Linguistik: beschreibende Sprachwissenschaft
diachrone Methode: Beschreibung einer bestimmten Sprache in ihrer zeitlichen Entwicklung
Diathese: Verhaltensrichtung des Verbs (aktiv, passiv oder medial)
Dual: Zweizahl
Durativ: Verbform, die eine Handlung in ihrem linearen Verlauf beschreibt
Energeticum: Verbalform zum Ausdruck des Energischen einer Handlung
Etymologie: Wortherkunfts-Forschung
Faktitiv: Semitischer Verbalstamm, der oft die Herbeiführung des durch den G-Stamm ausgedrückten Vorgangs bzw. Zustands zum Ausdruck bringt.
Femininum: weibliches Geschlecht
finite Form: Verbform, die Person und Numerus angibt
Futur: Zukunft
Futur I: einfache Zukunft (z.B. *Ich werde singen)*
Futur II: vollendete Zukunft (z.B. *Ich werde gesungen haben)*
Genera: Pl. von Genus (s.d.)
Genitiv: Wesfall
Genus: grammatisches Geschlecht
Glossar: erklärende Wortliste
Grammatik: Ein System von Gesetzmäßigkeiten, das Laute und ihre Zusammensetzungen regelt
Graphemik: Schriftlehre

gräzisiert: der griechischen Sprache angepasst
Hiph'il: der hebräische Kausativ-Stamm
Homophonie: zwei gleichklingende Lautkörper (Wörter) mit verschiedenen Bedeutungen
Hoph'al: das Passiv zum Hiph'il-Stamm im Hebräischen
Idiom: die einer bestimmten Gruppe eigentümliche Sprechweise
Imperativ: Befehlsform
Indikativ: Wirklichkeitsform
Infix: in ein Morphem dazwischen eingeschobenes Morphem
Jussiv: Aufforderungsform
Kal: der Grundstamm im Hebräischen
Kasus: Fall
Kasussystem: Fallsystem
Kausativ: Veranlassungsform
Kohortativ: Ermahnungsform
Komitativ: Gemeinschaftsfall
Komparative Linguistik: vergleichende Sprachwissenschaft
Konjunktiv: Möglichkeitsform
Konsonant: Mitlaut
Langue: das Sprachsystem (im Gegensatz zur Summe der einzelnen Sprechakte [Parole])
Linguistik: Sprachwissenschaft
Lokativ: Ortsfall
Lokativ-Adverbial: Ortsfall im Akkadischen
Lokativ-Terminativ: Richtungsfall im Akkadischen
Maskulinum: männliches Geschlecht
Medium: Verbform, die das Betroffensein des Subjekts durch die Tätigkeit zum Ausdruck bringt (z.B. in reflexivem Sinn: *Ich wasche mich*)
Modi: Plural von Modus (s.d.)
Modus: Aussageweise des Verbs (z.B. ob Indikativ, Konjunktiv etc.)
Morphem: kleinste bedeutungstragende Einheit
Morphologie: die Lehre von den Morphemen
Narrativ: Erzählform
Neologismus: Neubildung eines Wortes
Neutrum: sächliches Geschlecht
Niph'al: Passivstamm im Hebräischen
Nominativ: Werfall
Numeri: Pl. von Numerus
Numerus: Zahl
onomatopoetisch: lautmalerisch
Optativ: Wunschform
Paradigma: Muster einer bestimmten Deklination oder Konjugation, Flexionsmuster, Agglutinationsmuster

Parole: die Summe aller Sprechakte (im Gegensatz zur Langue)
passim: da und dort, allenthalben
Passiv: Leideform (z.B. *Ich werde gebissen*)
Permansiv: Verbalform zum Ausdruck von Zuständen
Person: Träger einer durch das Verb beschriebenen Geschehens (z.B. *ich gehe, du gehst etc.)*
Philologie: Sprach- und Literaturwissenschaft
Phonem: kleinste bedeutungsunterscheidende Einheit
Phonologie: die Lehre von den Phonemen
Pi'el: der hebräische Faktitiv- bzw. Intensiv-Stamm
Plural: Mehrzahl
Polysemie: Mehrdeutigkeit sprachlicher Ausdrücke
Präfix: vorne an ein Wort angehängtes Morphem
Präsens: Gegenwart
Präsens-Futur: Verbalformen zum Ausdruck gegenwärtiger und zukünftiger Handlungen
Präteritum: Vergangenheit
Prekativ: Wunschform
Prohibitiv: Verbotsform
Prosodie: Der rhythmische und metrische Aspekt der Sprache im Zusammenhang mit Ton, Intonation, Akzent und Länge
Prosodik: Die Lehre von der Prosodie (s. dort)
*Prospektiv:*Verbform der möglichen oder erwogenen Verwirklichung
Pu'al: das Passiv zum hebräischen Pi'el
Punktual: Verbform, die Handlungen als momentanes Ereignis beschreibt
Radikal: wurzelbildendes Phonem
Reduplikation: Verdoppelung
Reflexiv: rückbezüglich (z.B. *Ich wasche mich*)
Resultativ: Verbform, die Handlungen, die zu einem Ergebnis führen, beschreibt
Semantik: Wortbedeutungslehre
semantisch: die Wortbedeutung betreffend
Singular: Einzahl
Status absolutus: unabhängige Nominalform
Status rectus: unabhängige Nominalform
Status constructus: Konstruktionsform (Das Nomen im Status constructus lehnt sich an einen nachfolgenden Genitiv an)
Subjunktiv: spezielle Wortform in Nebensätzen
Suffix: hinten an ein Morphem angefügtes Morphem
synchrone Methode: Beschreibung einer bestimmten Sprache in ihrer Gestalt zu einem zu einem gewissen Zeitpunkt
Syntax: die Lehre vom Satzbau

synthetische Form: aus einem Wort zusammengesetzte Flexions- oder Agglutinationsform
Tempus: Zeitform des Verbs
Terminativ: Zielfall
Terminativ-Adverbial: Zielumstands-Fall
Tonem: bedeutungsunterscheidende Tonhöhe eines Lauts
Transitiv: auf ein Objekt hin zielend
Transliteration: Umschrift
Ventiv: Wortform, welche die Handlung in Richtung auf den Sprecher hin geschehend beschreibt
Verb: Tätigkeitswort
Vokal: Selbstlaut
Vokativ: Anredefall
Voluntativ: Wunschform
Vulgarismen: niedrige volkssprachliche Elemente
Zahl: Numerus (z.B. Einzahl oder Mehrzahl)

Bibliographie von Roger Liebi

- Erfüllte Prophetie, Messianische Prophetie – ihre Erfüllung und historische Echtheit, 5. Auflage, Berneck 1990 (84 SS.; Erstauflage 1983). Entspricht der Lizenzausgabe: Der verheißene Erlöser, Zürich 1994 (126 S.). Übersetzungen: Französisch, Holländisch, Italienisch und Ungarisch.
- Weltgeschichte im Visier des Propheten Daniel, 6. Auflage, Berneck 2002 (101 S.; Erstauflage 1986). Übersetzungen: Italienisch und Ungarisch.
- Rockmusik, Ausdruck einer Jugend in einem sterbenden Zeitalter, 4. Auflage, Zürich 1995 (32 S.; Erstauflage 1987). Übersetzungen: Französisch, Polnisch und Russisch.
- Introduction à la poésie hébraïque, Cahiers des REBS, Nr. 8, 1994 (13 S.).
- Einführung in die vier Evangelien, Zürich 1990 (80 S). Übersetzung: Italienisch.
- Der Mensch – ein sprechender Affe? Sprachwissenschaft contra Bibel, Berneck 1991 (99 S.; Erstauflage 1991).
- New Age! Kritische Bemerkungen zum gegenwärtigen Esoterik-Boom, Zürich 1991 (40 S.). Übersetzungen: Französisch, Ungarisch, Russisch und Spanisch.
- Wolfgang Amadeus Mozart, Zwischen Ideal und Abgrund, Berneck 1991 (96 S.).

- Défendre la foi chrétienne, Cahiers des REBS, No. 14, 1995 (30 S.; Seminar 1991).
- Israel und das Schicksal des Irak, Unruheherd Nahost im Licht der Bibel, 5. Auflage, Berneck (Erstauflage 1993). Übersetzungen: Italienisch, Spanisch.
- Das neue Europa – Hoffnung oder Illusion? 5. überarbeitete Auflage, Berneck 2002 (65 S.; Erstauflage 1994).
- Ist die Bibel glaubwürdig? Die Bibel ihre Autorität und Zuverlässigkeit, Zürich 1995 (48 S.).
- Jerusalem – Hindernis für den Weltfrieden, Das Drama des jüdischen Tempels, 4. überarbeitete Auflage, Berneck 2000 (172 S.; Erstauflage 1994). Übersetzungen: Französisch, Holländisch.
- Le prophète Ezéchiel, in: Sondez les Ecriture, Bd. 9, Koautor: Joël Prohin, Valence 1995, (166 S.).
- Livre des Proverbes, in: Sondez les Ecriture, Bd. 5, Koautor: Joël Prohin, Valence 1995, (130 S.).
- So entstand das Christentum: Die Welt der Evangelien und der Apostelgeschichte völlig neu erlebt, in: Liebi, R./Hunt, D./Seibel A./ Lieth, N.: Prophetie – zeitnah – zeitwahr – zeitklar, Pfäffikon 2000, S. 9-39.
- Ein neuer Blick auf die Passionswoche und ihren jüdischen Hintergrund; Das Schönste kommt noch – die himmlische Herrlichkeit im Buch der Offenbarung, in Gassmann, L./Lieth, N./Liebi, R.: Was uns die Zukunft bringt, Pfäffikon 2002.
- Der Messias im Tempel. Die Symbolik des Zweiten Tempels im Licht des Neuen Testaments, Bielefeld 2003.

Der Autor

Dr. theol. Roger Liebi (Dipl. Mus., B.Th., M.Th., Th.D.), Jahrgang 1958, verheiratet, sechs Kinder, studierte Musik, Sprachen der biblischen Welt (Griechisch, klassisches und modernes Hebräisch, Aramäisch, Akkadisch) und Theologie. Er ist als Referent und Bibellehrer in verschiedenen Ländern tätig. Aus seiner jahrelangen Beschäftigung mit der Heiligen Schrift und mit angrenzenden Gebieten ist eine Reihe von Veröffentlichungen hervorgegangen, in denen er sich mit Themen wie Exegese, Ursprung der Sprachen, hebräische Poesie, Musik, Kulturanalyse, Prophetie, Israel, Archäologie und Apologetik des christlichen Glaubens, Symbolik und Bedeutung des Zweiten Tempels beschäftigt. Als Bibelübersetzer hat er bisher im Rahmen von drei Projekten mitgewirkt.